Duden

Prüfungstraining

Biologie

Abitur

2., aktualisierte Auflage

Dudenverlag
Mannheim · Zürich

Dein Passwort für den Download:
AbiBio-4brk

Bibliografische Information der Deutschen Nationalbibliothek
Die Deutsche Nationalbibliothek verzeichnet diese Publikation in der
Deutschen Nationalbibliografie; detaillierte bibliografische Daten sind
im Internet über http://dnb.d-nb.de abrufbar.

Das Wort **Duden** ist für den Verlag Bibliographisches Institut GmbH als Marke geschützt.

Alle Rechte vorbehalten.
Nachdruck, auch auszugsweise, vorbehaltlich der Rechte, die sich aus den Schranken
des UrhG ergeben, nicht gestattet.

Für die Nutzung des kostenlosen Downloadangebots zum Buch gelten die Allgemeinen
Geschäftsbedingungen (AGB) des Internetportals www.schuelerlexikon.de, die jederzeit
unter dem entsprechenden Eintrag abgerufen werden können.

© Duden 2011   D C B A
Bibliographisches Institut GmbH
Dudenstraße 6, 68167 Mannheim

Redaktionelle Leitung: Simone Senk
Redaktion: Dipl.-Biol. Elke Schindler
Autor: Prof. Dr. Wilfried Probst
Grafiken: Robert Turzer

Herstellung: Andreas Preising
Layout: Günther Nord
Umschlaggestaltung: Hemm-communication.design, Filderstadt
Satz: Kösel, Krugzell
Druck und Bindung: Heenemann GmbH & Co. KG
Bessemerstraße 83–91, 12103 Berlin
Printed in Germany

ISBN 978-3-411-73172-5

Inhaltsverzeichnis

Wissen und Üben

1 Grundbausteine der Lebewesen 7–15
- 1.1 Bioelemente und Biomoleküle – 7
- 1.2 Zellen und Zellbestandteile – 9
- 1.2.1 Grundstrukturen in Zellen – 9
- 1.2.2 Procyt und Eucyt – 10
- 1.3 Kern- und Zellteilung – 12
- 1.4 Einzeller und Vielzeller – 13
- 1.5 Viren, Viroide und Prionen – 15

2 Stoffwechsel und Energieumsatz 16–36
- 2.1 Enzyme vermitteln Stoffwechselreaktionen – 16
- 2.1.1 Energieumsatz bei Stoffwechselvorgängen – 16
- 2.1.2 Verlauf einer enzymatischen Reaktion – 17
- 2.1.3 Bau und Wirkung der Enzyme – 17
- 2.1.4 Enzymaktivität – 18
- 2.1.5 Enzymregulation – 19
- 2.2 Stoffwechsel im Überblick – 21
- 2.2.1 Fotosynthese – 22
- 2.2.2 Zellatmung – 25
- 2.2.3 Mikrobielle Energiegewinnung – 28
- 2.3 Ernährung und Verdauung – 29
- 2.4 Stofftransport bei Tieren – 30
- 2.4.1 Atmung und Atmungsorgane – 31
- 2.4.2 Herz und Blutkreislauf – 31
- 2.4.3 Ausscheidung (Exkretion) – 33
- 2.5 Stofftransportsysteme bei Pflanzen – 35

3 Steuerung, Regelung, Informationsverarbeitung 37–58
- 3.1 Reiz und Reaktion – 37
- 3.1.1 Erregung – 37
- 3.1.2 Erregungsleitung – 39
- 3.1.3 Muskeln – 43
- 3.2 Sinne und Sinnesorgane – 45
- 3.2.1 Lichtsinn – 45
- 3.2.2 Mechanische und akustische Sinne – 48
- 3.3 Nervensysteme und Gehirn – 50
- 3.3.1 Gedächtnis, Lernen, Bewusstsein – 52
- 3.4 Hormone – 54
- 3.4.1 Hormone bei Tieren und dem Menschen – 54
- 3.4.2 Pheromone – 57
- 3.4.3 Hormone bei Pflanzen – 58

4 Genetik und Immunbiologie 59–81
- 4.1 Molekulare Grundlagen – 59
- 4.1.1 Nucleinsäuren – 59
- 4.1.2 Replikation – 60
- 4.1.3 Proteinbiosynthese – 61
- 4.1.4 Genregulation – 64
- 4.1.5 Mutationen – 65
- 4.1.6 Geschlechtsbestimmung – 67

Inhaltsverzeichnis

4.2	Vererbung – 68
4.2.1	Vererbungsregeln – 68
4.2.2	Erbkrankheiten – 69
4.3	Angewandte Genetik – 72
4.3.1	Züchtung – 72
4.3.2	Gentechnik – 73
4.4	Immunbiologie – 76
4.4.1	Unspezifische Abwehr – 77
4.4.2	Spezifische Immunabwehr – 77
4.4.3	Immunisierung – 79
4.4.4	Allergische Reaktionen – 80

5 Fortpflanzung und Entwicklung
82–95

5.1	Fortpflanzung und Vermehrung – 82
5.1.1	Fortpflanzung verschiedener Organismengruppen – 84
5.1.2	Reproduktionstechniken – 86
5.2	Grundlagen von Entwicklungsvorgängen – 88
5.2.1	Überblick über die Entwicklung von Tieren – 89
5.2.2	Genetische Steuerung der Entwicklung – 91
5.2.3	Gemeinsamkeiten der Entwicklungssteuerung – 93

6 Evolution und biologische Vielfalt
96–113

6.1	Indizien für die Evolution der Organismen – 96
6.2	Evolutionstheorien – 98
6.3	Evolutionsfaktoren – 99
6.3.1	Ideale Population und Evolutionsfaktoren – 99
6.3.2	Quellen genetischer Vielfalt – 100
6.3.3	Nischenbildung – 102
6.3.4	Symbiogenese – 102
6.4	Stammesgeschichte und Vielfalt der Lebewesen – 104
6.4.1	Mikroevolution und Makroevolution – 104
6.4.2	Phylogenetische Systematik – 107
6.4.3	Taxonomie (Systematik) – 109
6.4.4	Die systematische Einteilung der Lebewesen – 109
6.5	Evolution des Menschen – 110

7 Verhaltensbiologie
114–125

7.1	Methoden der Verhaltensforschung – 114
7.2	Entwicklung des Verhaltens – 115
7.3	Mechanismen des Verhaltens – 116
7.3.1	Angeborenes Verhalten – 117
7.3.2	Erlerntes Verhalten – 118
7.4	Angepasstheit des Verhaltens – 120
7.4.1	Fitnesssteigerung – 120
7.4.2	Kommunikation – 121
7.4.3	Soziale Strukturen – 122
7.4.4	Konfliktverhalten – 123
7.4.5	Fortpflanzungsverhalten und Brutpflege – 124

8 Ökologie
126–139

- 8.1 Lebewesen in ihrer Umwelt – 126
- 8.1.1 Abiotische Umweltfaktoren – 126
- 8.1.2 Biotische Umweltfaktoren – 128
- 8.2 Aufbau der Biosphäre – 130
- 8.2.1 Energiefluss und Stoffkreisläufe – 130
- 8.2.2 Ökosysteme – 133
- 8.3 Populationsökologie – 135
- 8.4 Mensch und Biosphäre – 138
- 8.4.1 Vom Menschen verursachte Umweltprobleme – 138

Trainingsklausuren
140–155

Anforderungsbereiche in den Klausuren – 140

Klausur 1: CO_2-Fixierung: Rubisco (Oxigenase-/Carboxylasewirkung), Glykolatzyklus, Fotorespiration („Lichtatmung"), C_4-Pflanzen – 141

Klausur 2: Pflanzen: Abwehrmechanismen gegen Herbivoren, Pheromone, Allomone, Koevolution von Pflanzen und Herbivoren – 145

Klausur 3: Stickstoff: Stickstoffkreislauf (mit anthropogenen Einträgen), Stickstoffdüngung, Stickstofffixierung (Nitrogenase), Endosymbiose, Mykorrhiza – 148

Klausur 4: Chorea Huntington: Erbgang, Stammbaum von Erkrankten, molekulargenetische Ursachen (Code-Sonne) neurologische Symptome – 151

Klausur 5: Wüstenbewohner: Anpassungen an Lebensraum (Verhalten und Anatomie), Verwandtschaftsbeziehungen (Kladogramm), Wasserhaushalt (Vergleich Kängururatte – Mensch) – 153

Lösungen
157–182

Lösungen *Wissen und Üben* – 157
Lösungen *Trainingsklausuren* – 177

Anhang

Register – 183

1 Grundbausteine der Lebewesen

In diesem Kapitel werden die wichtigsten Biomoleküle – Proteine, Nucleinsäuren, Kohlenhydrate und Lipide – vorgestellt. Sie sind die wesentlichen Bausteine der Zellstrukturen. Die Zelltypen Procyt und Eucyt werden erklärt und der Weg zur Vielzelligkeit erläutert.

1.1 Bioelemente und Biomoleküle

Von den ca. 100 Elementen, die natürlicherweise im Kosmos vorkommen, bilden die Elemente C, O, H, N, S, P („COHNS + P") die typischen Stoffklassen der Biomoleküle:

- Kohlenhydrate (C, H, O, seltener N),
- Lipide (C, H, O, weniger auch N, P),
- Proteine (C, H, O, N, weniger S),
- Nucleinsäuren (C, H, O, N, P).

Diese Biomoleküle sind in der Regel sehr große, aus gleichartigen Bausteinen aufgebaute Makromoleküle, sogenannte Biopolymere.

> **Wissen** **Bildung von Biopolymeren**
>
> Bei der Verbindung von Monomeren zu Biopolymeren handelt es sich chemisch gesehen um eine **Kondensation,** da dabei jeweils ein Molekül H_2O abgespalten wird. Der umgekehrte Vorgang, die Aufspaltung der Biopolymere, z. B. der Proteine in Aminosäuren, ist eine **Hydrolyse,** da dabei jeweils ein H_2O-Molekül aufgenommen wird.

Monomer (einzelner Baustein)	Oligomer (wenige Bausteine)	Polymer (viele Bausteine)
Aminosäure	Oligopeptid	Polypeptid
Monosaccharid (Zucker)	Oligosaccharid	Polysaccharid
Nucleotid	Oligonucleotid	Nucleinsäure

Kapitel 1 Grundbausteine der Lebewesen

> **Wissen — Funktionen der Biomakromoleküle**
>
> Die wichtigsten Funktionen der Biomakromoleküle sind:
> - **Kohlenhydrate:** Energiespeicher, Baustoffe
> - **Proteine:** Enzyme, Baustoffe
> - **Nucleinsäuren:** Informationsspeicher
> - **Lipide:** Baustoffe (v. a. Membranen), Energiespeicher

Weitere wichtige Biomoleküle sind z. B. die Tetrapyrrole, zu denen die oft mit Metallatomen komplex verbundenen **Porphyrine** gehören. Beispiele sind: *Chlorophylle* mit Mg sowie *Häme* und *Cytochrome* mit Fe.

Biologisch wirksame Tetrapyrrole sind meist an Proteine gekoppelt, so z. B. im Hämoglobin oder in den Fotosystemen.

Für Transportvorgänge an Membranen und für andere intra- und interzelluläre Regulationsvorgänge wichtige **Ionen** sind neben Protonen (H^+) auch K^+-, Ca^{++}-, Na^+- und Cl^--Ionen.

Wichtige **Spurenelemente** sind z. B. Molybdän (Mo) als Bestandteil verschiedener Enzyme für die Schwefel-Verwertung sowie Selen (Se), das in einer Aminosäure gebunden in mehreren Enzymen vorkommt.

Typische Aufgabenstellungen
- Nennen Sie wesentliche Funktionen der Proteine im menschlichen Körper und geben Sie dazu jeweils ein Beispiel an.
- Nennen Sie Beispiele für Vitamine und Mineralstoffe und geben Sie deren Bedeutung für den menschlichen Stoffwechsel an.

Aufgabe 1 Bei einem Protein unterscheidet man zwischen Primär-, Sekundär-, Tertiär- und Quartärstruktur.
Beschreiben Sie diese verschiedenen Organisationsebenen und erklären Sie ihr Zustandekommen.

Aufgabe 2 Proteine können gerinnen. Geben Sie einige Beispiele und erklären Sie den Vorgang.

Aufgabe 3 Gelatine und Agar sind sehr quellfähige Substanzen, die aus Biopolymeren hergestellt werden.
1. Erläutern Sie die Unterschiede im chemischen Bau und in der Gewinnung.
2. Erklären Sie, warum diese Unterschiede im Zusammenhang mit BSE („Rinderwahnsinn") besondere Bedeutung erlangten.

Kapitel 1 Grundbausteine der Lebewesen

1.2 Zellen und Zellbestandteile

Zellen sind die kleinsten Einheiten, die alle **Kennzeichen des Lebens** aufweisen:
- Stoffwechsel und Energieumsatz,
- Wachstum und Differenzierung,
- Bewegung (Motilität),
- Reizbarkeit,
- Fortpflanzung und Vermehrung (identische Replikation),
- Evolution (Variabilität und Anpassung).

1.2.1 Grundstrukturen in Zellen

Zellen sind aus fädigen (Filamente), flächigen (Membranen) und räumlichen (granulären) Grundstrukturen aufgebaut:
- **Filamente** und **Microtubuli** bilden das Cytoskelett. Sie sind für Bewegungsvorgänge verantwortlich und bestehen aus kettenförmig oder spiralig zu Röhren angeordneten Proteinmolekülen.
- **Membranen** grenzen die Zellen nach außen ab und sind für die Kompartimentierung des Zellinneren verantwortlich. Sie sind aus einer Lipid-Doppelschicht aufgebaut, in die Proteinmoleküle in unterschiedlicher Weise integriert sind. Sie trennen Reaktionsräume gegeneinander ab, sorgen aber gleichzeitig für selektiven Transport, Stoff- und Energieumsatz (Zellatmung, Fotosynthese), Erregung und Erregungsleitung. Viele spezifische, von Signalstoffen gesteuerte Reaktionen sind eng mit Membranfunktionen verbunden.
- **Granuläre Strukturen** sind mehr oder weniger kugelförmige Gebilde im Cytoplasma, so z. B. die **Ribosomen** oder die zu **Grana** angeordneten Thylakoide der Chloroplasten.

> **Tipp**
>
> Sehen Sie sich die „typischen Aufgabenstellungen" zu den einzelnen Kapiteln genau an und bearbeiten Sie nach diesem Muster mithilfe eines Lehrbuches selbst gestellte Aufgaben.

Aufgabe 4 Beschreiben Sie die Bedeutung von Lipiden beim Aufbau von Biomembranen.

1.2.2
Procyt und Eucyt

Prokaryoten sind erdgeschichtlich sehr alte Lebewesen, die in die beiden Domänen Archaea und Bacteria aufgeteilt werden. Ihre Zellen werden als Procyten bezeichnet. Durch Endosymbiosen und vielleicht auch durch Zellverschmelzung entstanden aus Prokaryoten Eukaryoten (Kernhaltige). Diese Entwicklung begann vermutlich vor etwa 2,1 Mrd. Jahren.

> **Wissen** **Kennzeichen der Procyten**
>
> - Größe meist zwischen 1 und 5 μm
> - Zellformen sind Kugeln, Stäbchen, Spiralen, Fäden
> - kein membranumgrenzter Zellkern, sondern ein ringförmiges, aufgeknäueltes DNA-Molekül (Kernäquivalent)
> - Cytoplasmaeinschlüsse v. a. zur Stoffspeicherung (z. B. Öltröpfchen, Polyphosphatgranula)
> - Ribosomen vom 70 S-Typ
> - bei Bakterien meist Zellwand aus sackförmigem Riesenmolekül (Mureinsacculus), oft mit aufgelagerter Schleimhülle
> - Geißeln (Flagellen) aus spiralig angeordneten kugeligen Proteinmolekülen (Flagellin)

Die Zellen der Eukaryoten werden Eucyten genannt. Sie unterscheiden sich in einer Reihe von Merkmalen von den Procyten:

> **Wissen** **Kennzeichen der Eucyten**
>
> - von einer Kernmembran umgebener Zellkern mit Chromosomen
> - Membransystem zur inneren Kompartimentierung (endoplasmatisches Reticulum, Golgi-Apparat mit Dictyosomen, Lysosomen, Cytosomen)
> - Cytoskelett
> - Vesikel, mit deren Hilfe Stoffe aufgenommen und abgegeben werden können (Endocytose, Exocytose)
> - Zellorganellen, die von einer Doppelmembran umgeben sind (Chloroplasten, Mitochondrien)
> - Geißeln (Undulipodien) von einheitlichem Bau (9 + 2 Mikrotubuli)
> - Ribosomen vom 80 S-Typ
> - Zellteilung mit vorausgehender Kernteilung (Mitose)

Der **Kern (Nucleus)** ist meist das größte Zellorganell. Er ist mehr oder weniger kugelförmig und von einer porösen Doppelmembran umgeben. Im Kerninneren liegen die **Chromosomen,** die aus DNA und Kernproteinen bestehen, sowie die **Kernkörperchen (Nucleoli,** Sing. **Nucleolus),** die vorwiegend aus RNA bestehen und bei der Bildung der Ribosomen mitwirken. Während der Kernteilung **(Mitose)** löst sich die

Kernmembran auf und die Chromosomen werden sichtbar. Nach der Zellteilung bildet sich die Kernmembran vom ER aus wieder neu.

Die 1 bis 10 µm langen **Mitochondrien** sind von einer Doppelmembran umgeben. Sie sind die Orte der Zellatmung. Die **Plastiden** sind typische Organelle von Algen und Pflanzen. Als **Chloroplasten** ermöglichen sie die Fotosynthese. Auch sie sind von einer Doppelmembran umgeben. Die vielfach aufgefaltete Innenmembran enthält die Fotosynthesepigmente. Mitochondrien und Plastiden enthalten eigene DNA.

Das **Endomembransystem** des Eucyten besteht aus Endoplasmatischem Reticulum, Golgi-Apparat mit Dictyosomen sowie Lysosomen und Cytosomen (Microbodies). Die Zisternen genannten Hohlräume zwischen den beiden Membranen des **endoplasmatischen Reticulums (ER)** dienen als Speicher- und Transportsystem. Außen kann das ER von Ribosomen besetzt sein **(granuläres ER)**. Der **Golgi-Apparat** mit **Dictyosomen** übt v. a. sekretorische Funktionen in der Zelle aus. **Lysosomen** sind von einer einfachen Membran umgebene enzymhaltige Bläschen. Insgesamt wurden aus den unterschiedlichen Lysosomen mehr als 60 verschiedene Enzyme isoliert. **Microbodies (Cytosomen)** schnüren sich im Unterschied zu Lysosomen nicht vom Endomembransystem ab, sondern gehen aus bereits bestehenden durch Teilung hervor. Auch sie enthalten Enzyme (**Peroxysomen:** Oxidasen, Katalase). Sowohl bei pflanzlichen als auch bei tierischen Zellen treten **Vakuolen** auf. Dies sind mit wässriger Flüssigkeit angefüllte Räume, die durch eine einfache Membran (bei Pflanzen:Tonoplast) vom Cytoplasma abgegrenzt sind.

Bei Pflanzen, Pilzen und vielen Protisten (Einzellern und Algen) liegt der äußeren Zellmembran **(Plasmalemma)** eine feste **Zellwand** auf, die v. a. aus Polysacchariden, bei Pflanzen vorwiegend **Cellulose,** besteht. Sobald das Zellstreckungswachstum abgeschlossen ist, verstärkt sich die Wand durch schichtweise Auflagerungen. Als äußerste Schicht können Wachse und korkartige Substanzen aufgelagert werden. Man unterscheidet **Primärwand, Sekundärwand** und **Tertiärwand.**

Typische Aufgabenstellungen
- Nennen Sie vier Kennzeichen von Lebewesen.
- Fertigen Sie auf der Grundlage des „fluid mosaic models" der Biomembran eine beschriftete Zeichnung (½ Seite) an mit einem Ausschnitt aus einer Biomembran. Erklären Sie mithilfe der Skizze den Vorgang der Exocytose.
- Fertigen Sie eine beschriftete Schemazeichnung eines Mitochondriums an. Erläutern Sie die wichtige Aufgabe der Mitochondrien.
- Erstellen Sie eine schematische Zeichnung einer Pflanzenzelle nach einem elektronenmikroskopischen Bild und beschriften Sie diese.

Kapitel 1 Grundbausteine der Lebewesen

Aufgabe 5

In einem Eucyten kann man folgende Kompartimente unterscheiden: Cytoplasma, Zellkern, Mitochondrien, Plastiden, Plasmamembran, endoplasmatisches Reticulum, Golgi-Apparat, Microbodies, Lysosomen, Vakuolen.

Stellen Sie in einer tabellarischen Übersicht die genannten Kompartimente zusammen und beschreiben Sie stichwortartig ihre jeweiligen Funktionen.

> **Wissen — Zellverbindungen**
>
> **Plasmodesmen** sind dünne, von einer Plasmamembran umgebene Plasmastränge, die zwei Pflanzenzellen durch die Zellwand hindurch verbinden.
>
> Bei Zellen ohne Zellwand werden folgende Zellverbindungen unterschieden:
> - undurchlässige Zellverbindung **(tight junction, zonula occludens)**,
> - durchlässige Zellverbindung **(gap junction)**,
> - haftende Zellverbindung **(Desmosom)**.

1.3 Kern- und Zellteilung

Bei **Prokaryoten** verdoppelt sich zunächst das ringförmige Nucleinsäuremolekül, danach teilt sich die Zelle. Die Tochterzellen sind bereits voll funktionsfähige neue Individuen.

Bei **Eukaryoten** teilt sich zuerst der Zellkern **(Mitose)**, dabei werden die Chromosomen repliziert und danach gleichmäßig auf die Tochterkerne verteilt. Dann folgt die Teilung des Cytoplasmas **(Cytokinese)**.

> **Wissen — Fünf Phasen der Mitose**
>
> 1. **Prophase:** Die Chromosomen werden sichtbar. Die Centrosomen wandern zu den Zellpolen und der Spindelapparat beginnt sich auszubilden.
> 2. **Prometaphase:** Die Kernmembran löst sich auf. Am Centromer bilden sich auf beiden Chromatiden die Kinetochore und verbinden sich mit Spindelfasern.
> 3. **Metaphase:** Die durch starke Aufspiralisierung extrem verkürzten Chromosomen ordnen sich in der Mitte zwischen den beiden Spindelpolen an. Das Centromer verliert seine Chromatiden verbindende Funktion.
> 4. **Anaphase:** Die Chromosomenhälften (Chromatiden) wandern auf den Zugfasern des Spindelapparates zu den Polen, sodass nachher an jedem Zellpol ein vollständiger Chromosomensatz vorliegt.
> 5. **Telophase:** Die Teilungsspindel verschwindet, die Chromosomenstruktur lockert sich und es bildet sich eine neue Kernhülle. Im Anschluss an die Kernteilung teilt sich die Zelle.

Den Prozess vom Abschluss einer Mitose mit Tochterzellbildung bis zum Ende der folgenden Mitose bezeichnet man als **Zellzyklus.** Er ist für alle sich mitotisch teilenden Zellen typisch und gliedert sich in mehrere Phasen. In der **G_1-Phase** wächst die Zelle bei hoher Stoffwechselaktivität heran. In der **S-Phase** verdoppelt sich die DNA. Dabei entstehen die **Chromatiden.**

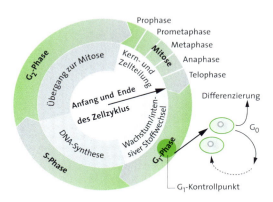

1.4
Einzeller und Vielzeller

Bei einzelligen Lebewesen entstehen aus jeder Zellteilung neue Individuen. Da die Mutterzellen in den Tochterzellen aufgehen, kann man von **potenzieller Unsterblichkeit** reden. Der Übergang zur **Vielzelligkeit** vollzieht sich dadurch, dass sich die Tochterzellen nicht mehr voneinander trennen. So entstehen zunächst Zellkolonien, die fädig, scheibenförmig oder kugelig sein können. Kommt es in diesen Zellkolonien zu einer **Arbeitsteilung** zwischen den einzelnen Zellen, kann man von echten Vielzellern sprechen. Schon bei einfach gebauten Vielzellern gibt es mehrere unterschiedlich differenzierte Zelltypen, die z. B. der Bewegung, der Fortpflanzung, der Informationsleitung oder Reizaufnahme dienen.

> **Wissen   Kennzeichen von Vielzellern**
>
> - **Gewebe:** Verbände aus mehreren gleichartig spezialisierten Zellen.
> - **Organe:** Funktionseinheiten aus bestimmten Gewebetypen. Am Aufbau und den Funktionen eines Organs beteiligen sich mehrere Gewebetypen.
> - **Musterbildung:** Ein Prozess, der zur Herausbildung der für einen Organismus charakteristischen Muster von Zelltypen und Geweben führt.

Bei allen Vielzellern entwickeln sich Organe und Gewebe aus nicht differenzierten totipotenten Zellen, bei Pflanzen aus **Meristemen** an Spross- und Wurzelspitze, bei Tieren und Mensch aus **embryonalen**

Kapitel 1 Grundbausteine der Lebewesen

Stammzellen, bei vielzelligen Protisten und Pilzen in unterschiedlicher Weise. Mit der Differenzierung ändert sich das Muster der jeweils aktiven Gene, die genetische Ausstattung bleibt aber grundsätzlich gleich. Jeder Differenzierung geht eine inäquale Zellteilung voraus, d. h. die Tochterzellen unterscheiden sich in ihrer stofflichen und/oder strukturellen Zusammensetzung. Ursache für diese Differenzierung können stoffliche Gradienten oder direkte Signale von Nachbarzellen sein.

Aufgabe 6

In der Abbildung werden somatische Stammzellen und embryonale Stammzellen dargestellt.

Stellen Sie die Unterschiede dar und erläutern Sie, wie es in der linken und mittleren Abbildung zur Differenzierung kommt.

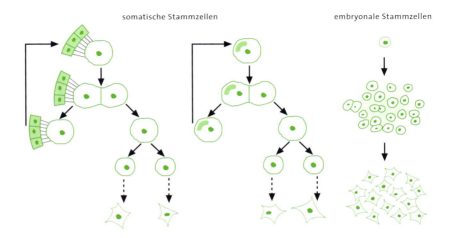

Tipp

- Achten Sie bei der Bearbeitung der Aufgaben darauf, dass Sie die Fragen richtig und vollständig beantworten. Grundvoraussetzung dafür ist das sorgfältige Lesen des Aufgabentextes.
- Beachten Sie die Wortwahl bei der Aufgabenstellung: „Erläutern Sie …" bedeutet, dass ein Sachverhalt ausführlich dargestellt werden soll, und zwar sowohl in Form eines Textes als auch evtl. mit begleitenden Formeln, Gleichungen oder Skizzen.
- Überlegen Sie bei jeder Aufgabe, wo das eigentliche Problem liegt, ob Lösungsansätze in der Frage und den zugehörigen Materialien vorhanden sind und welche Informationen Sie aus Ihrem eigenem Wissen haben.
- Achten Sie auf die logische Verknüpfung der Einzelsätze und auf eine sinnvolle Gliederung Ihrer Antwort. Benutzen Sie Fachausdrücke bei der Beantwortung der Fragen.
- Beachten Sie die Regeln für Rechtschreibung, Zeichensetzung und Grammatik und schreiben Sie deutlich und leserlich.

1.5 Viren, Viroide, Prionen

Viren bestehen meist aus einem Nucleinsäuremolekül (RNA oder DNA), das von einer Proteinhülle **(Capsid)** umgeben ist. Sie weisen unter bestimmten Bedingungen einige Merkmale von Lebewesen auf. Sobald sie in eine Wirtszelle eingedrungen sind, können sie mithilfe der Bestandteile dieser Zelle ihre eigene Vermehrung und die Weitergabe ihrer genetischen Information in die Wege leiten. Manche der über 2000 bekannten Viren besitzen weitere Hüllen, an denen auch Lipide und Polysaccharide beteiligt sein können (z. B. das HI-Virus).

Viroide sind infektiöse nackte RNA-Moleküle, die nur aus mehreren Hundert Nucleotiden bestehen. Ihre Synthese in der Wirtszelle setzt ein, wenn die für ihre Neubildung notwendigen Strukturen in der Wirtszelle vorhanden sind.

Prionen bestehen nur aus einem Protein. Das Besondere an ihnen ist, dass bestimmte, im Organismus schädlich wirkende Prionen normale Zellprionen zu einer Strukturänderung veranlassen können. Pathogene Prionen können also ihre eigene Struktur vermehren und dadurch infektiös wirken (z. B. bei BSE; Abk. für **b**ovine **s**pongiforme **E**nzephalopathie).

Typische Aufgabenstellungen
- Nennen Sie vier Kennzeichen von Lebewesen.
- Erläutern Sie, warum ein Virus nicht als Lebewesen bezeichnet werden kann.
- Beschreiben Sie den Bau und die Vermehrung eines Virus.
- Beschreiben Sie die Vorgänge bei der Infektion eines Bakteriums mit einem Phagen.

Aufgabe 7
Die Fähigkeit von Proteinen, die Struktur anderer Proteine zu beeinflussen, gibt es nicht nur bei Prionen.
Schildern Sie die Funktion der Chaperone bei der Proteinbiosynthese.

Aufgabe 8
Stellen Sie tabellarisch zusammen, welche „Kennzeichen der Lebewesen" für Viren, Viroide und Prionen zutreffen und welche jeweils fehlen.

2
Stoffwechsel und Energieumsatz

Dieses Kapitel beschäftigt sich mit den chemischen Reaktionen, die den Lebensvorgängen in einem Organismus zugrunde liegen. Dieser Stoffwechsel wird von Enzymen katalysiert und gesteuert. Das Verständnis der Energie liefernden und Energie aufnehmenden Reaktionen hilft, das Zusammenwirken von abbauenden und aufbauenden Stoffwechselvorgängen zu verstehen. Transportsysteme sorgen für die Bereitstellung der nötigen Stoffe am richtigen Ort.

2.1 Enzyme vermitteln Stoffwechselreaktionen

2.1.1 Energieumsatz bei Stoffwechselvorgängen

Auf molekularer Ebene betrachtet sind chemische Reaktionen statistische Vorgänge, die in beide Richtungen ablaufen. Zwischen Ausgangsstoffen und Endprodukten stellt sich ein Gleichgewicht ein. Dabei wird Energie umgesetzt. Ist der Energiegehalt der Endprodukte einer Reaktion höher als der Energiegehalt der Ausgangsstoffe, nennt man sie **exergonisch,** im umgekehrten Fall **endergonisch.** Im ersten Fall liegt das Gleichgewicht auf der Endproduktseite, im zweiten Fall bei den Ausgangsstoffen. Anders ausgedrückt: Exergonische Reaktionen laufen spontan ab, bei endergonischen Reaktionen muss Energie zugeführt werden.

Aufgabe 1 Welche der folgenden Stoffwechselreaktionen kann ohne Energiezufuhr ablaufen?
1. ADP + Phosphat → ATP + H_2O
2. $C_6H_{12}O_6$ → 2 $C_3H_6O_3$
3. 6 CO_2 + 6 H_2O → $C_6H_{12}O_6$ + 6 O_2
4. Stärke + n H_2O → n Maltose

2.1.2
Verlauf einer enzymatischen Reaktion

Zunächst muss **Aktivierungsenergie** zugeführt werden, um eine Reaktion in Gang zu setzen. Dies ist der Grund, warum z. B. auch „energiereiche" Stoffe wie Zucker oder Proteine bei Zimmertemperatur nicht mit O_2 oder H_2O reagieren. Ein **Katalysator** setzt die Aktivierungsenergie dadurch herab, dass er sich mit den Reaktionspartnern in einer ersten Reaktion verbindet. In einer zweiten Reaktion werden die Endprodukte freigesetzt und der Katalysator kann sich erneut mit den Ausgangsstoffen verbinden. **Enzyme sind Biokatalysatoren.**

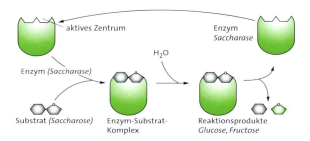

▶ *Wirkungsweise eines Enzyms am Beispiel der Saccharase*

Die Aktivierungsenergie für die Bildung des Enzym-Substratkomplexes ist geringer als für die direkte Reaktion.

Aufgabe 2

Stellen Sie den energetischen Verlauf der Reaktion

Saccharose + H_2O → Glucose + Fructose $\Delta G = -29$ kJ/mol

in einem Energiediagramm mit und ohne Katalyse durch das Enzym Saccharase dar (qualitative Darstellung reicht aus).

2.1.3
Bau und Wirkung der Enzyme

Fast alle Enzyme sind Proteine (Ausnahme Ribozyme, die aus RNA bestehen). Jedes Enzym besitzt eine katalytisch wirksame Region **(aktives Zentrum).** Es passt zum Substrat (Ausgangsstoff) wie ein Schloss zum Schlüssel **(Substratspezifität),** außerdem zu einem bestimmten Reaktionstyp **(Wirkungsspezifität).**

Viele Enzyme enthalten außer Aminosäuren auch nichtproteinartige Bestandteile, die den Ablauf der enzymatischen Reaktion beeinflussen.

> **Wissen — Coenzyme, Cofaktoren, prosthetische Gruppen**
>
> **Coenzyme**
> - $NAD^+/NADH+H^+$, $FAD/FADH_2$ übertragen Elektronen und Wasserstoff.
> - $ATP/ADP+P_i$ nimmt Energie auf bzw. gibt Energie ab.
> - Coenzym A überträgt Carbonsäuren.
>
> **Cofaktoren**
> - Fe^{2+}, Fe^{3+}, Cu^{2+}, Zn^{2+} wirken z. B. bei Redoxreaktionen mit.
>
> **prosthetische Gruppen**
> - Häm (enthält Fe als Cofaktor) bindet O_2 und Elektronen.
> - Chlorophyll a (enthält Mg als Cofaktor) nimmt Lichtenergie auf und überträgt Elektronen.
> - Flavin bindet Elektronen.
> - Retinal nimmt Lichtenergie auf.

Während Cofaktoren und prosthetische Gruppen dauerhaft an Enzyme gebunden sind, verhalten sich Coenzyme wie Substratmoleküle: Sie verändern sich bei Enzymkontakt und lösen sich dann von dem Enzym, um an anderen Reaktionen teilzunehmen. Auf diese Weise können sie z. B. chemische Gruppen übertragen (z. B. Acetyl-Coenzym A).

2.1.4 Enzymaktivität

> **Wissen — Parameter für die Enzymwirkung**
>
> - **Temperatur:** Zunächst nimmt die Reaktionsgeschwindigkeit mit der Temperatur zu. Wird die Temperatur zu hoch, denaturieren Enzyme wie andere Proteine auch. Besonders hohe Temperaturoptima haben jedoch die Enzyme von Prokaryoten aus heißen Quellen.
> - **pH-Wert:** Bei den meisten Enzymen liegt das Optimum zwischen pH 6 und 8.
> - **Substratkonzentration:** Durch die Erhöhung der Substratkonzentration kann die Reaktionsgeschwindigkeit bis zu einem Sättigungswert erhöht werden.

Die Reaktionsgeschwindigkeit einer enzymatischen Reaktion ist bei konstanter Enzymkonzentration von der Substratkonzentration abhängig. Bei den meisten Enzymen stellt sich der Zusammenhang zwischen Reaktionsgeschwindigkeit v der enzymatischen Reaktion und Substratkonzentration [S] als Hyperbel dar. Die Substratkonzentration (in mol/l) bei der halben maximalen Reaktionsgeschwindigkeit $\frac{1}{2} v_{max}$ wird nach wichtigen Erforschern der Enzymkinetik Michaelis-Menten-Konstante genannt. Wenn bei ausreichend hoher Substratkonzentration alle

Enzymmoleküle „beschäftigt" sind, bringt eine weitere Erhöhung der Substratkonzentration keine Geschwindigkeitserhöhung mehr, denn alles Enzym (E) liegt als ES-Komplex vor und die maximale Reaktionsgeschwindigkeit ist erreicht. Es stellt sich ein Gleichgewicht **(steady state)** zwischen Bildung und Zerfall des ES-Komplexes ein, welches zu dem charakteristischen Sättigungseffekt der enzymatischen Katalyse führt.

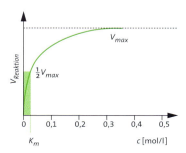

▶ Die Michaelis-Menten-Konstante K_m gibt diejenige Substratkonzentration in mol/l an, bei der die maximale Reaktionsgeschwindigkeit v_{max} zur Hälfte erreicht ist.

Aufgabe 3

Die Leistungsfähigkeit eines Enzyms wird durch die Anzahl der Substratmoleküle bestimmt, die pro Zeiteinheit von einem Enzymmolekül umgesetzt werden. Das Enzym Katalase spaltet Wasserstoffperoxid in Sauerstoff und Wasser. Berechnen Sie die Anzahl der pro Sekunde umgesetzten Substratmoleküle aus folgenden Größen:

Molekularmasse der Katalase	250 000 u
verwendete Enzymmenge	1 mg
pro min freigesetzte O_2-Menge (Volumen)	1,3 l

(1 mol O_2 hat bei 1 bar ein Volumen von 22,4 l)

2.1.5 Enzymregulation

> **Wissen** **Steuerung und Regelung der Enzymaktivität**
>
> ■ **Inhibitoren** (hemmende Stoffe) vermindern oder blockieren die Enzymaktivität reversibel, seltener irreversibel:
> a) **kompetitiv** (in Konkurrenz) mit dem Substrat am aktiven Zentrum,
> b) **nichtkompetitiv** an einer anderen Stelle.
> ■ **Allosterische Enzyme,** die meist aus mehreren Untereinheiten bestehen, treten in einer aktiven und einer inaktiven Form auf. Durch reversible Bindung eines Effektors an ein **regulatorisches Zentrum** werden sie angeregt **(positiver Effektor)** oder gehemmt **(negativer Effektor, Inhibitor)**.

Kapitel 2 Stoffwechsel und Energieumsatz

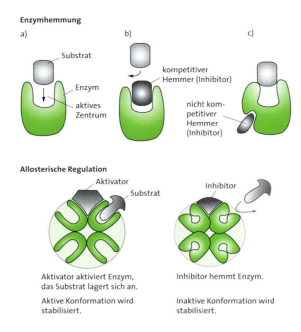

Für die Regulation von Stoffwechselvorgängen, die aus langen Reaktionsketten bestehen, sind Inhibition und allosterische Regulation von besonderer Bedeutung. Bei der **Endprodukthemmung** wirkt das Produkt einer Reaktionskette als Inhibitor auf das Enzym des ersten Reaktionsschrittes (negative Rückkopplung). So hemmt z. B. Citrat (Citratzyklus) das Enzym Phosphofructokinase (Glykolyse).

Typische Aufgabenstellungen
- Nennen Sie die Eigenschaften eines Biokatalysators.
- Erläutern Sie an einem selbst gewählten Beispiel die Wirkungsweise von Enzymen. Verwenden Sie dabei beschriftete Skizzen.
- Erläutern Sie anhand von beschrifteten Schemazeichnungen den Ablauf einer enzymatischen Reaktion.
- Das Sekret der Bauchspeicheldrüse enthält Enzyme, die jeweils Kohlenhydrate, Proteine und Lipide spalten. Begründen Sie, warum für den Abbau der o. g. Stoffe unterschiedliche Enzyme nötig sind.
- Die Aktivierung von Enzymen beruht oft auf der Interaktion der Enzyme mit anderen Molekülen. Erläutern Sie unter Verwendung von Skizzen, wie ein Enzym durch ein anderes Molekül in eine aktive Form überführt werden könnte.
- Der Milchzucker (Laktose) der Milch ist ein Disaccharid aus je einem Molekül Glucose und Galaktose. Er wird im Dünndarm durch das Enzym Laktase gespalten. Formulieren Sie eine Wortgleichung zu der von der Laktase katalysierten Reaktion.

Aufgabe 4

In den Diagrammen wird die Reaktionsgeschwindigkeit einer enzymvermittelten Reaktion in Abhängigkeit von der Substratkonzentration dargestellt. Die drei unteren Kurven zeigen jeweils verschiedene Formen der Enzymhemmung.

Geben Sie an, welcher Typ der Inhibition jeweils vorliegt und begründen Sie Ihre Antwort.

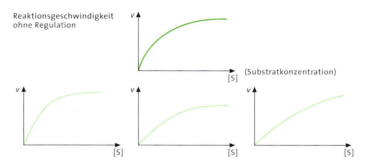

2.2
Stoffwechsel im Überblick

Alle in Organismen ablaufenden Stoffumwandlungen (= chemischen Reaktionen) werden zusammenfassend als Stoffwechsel oder **Metabolismus** bezeichnet. Dieser wird unter bestimmten Aspekten in Teilbereiche gegliedert:

- **Anabolismus, Assimilation:** Alle Reaktionen, bei denen komplexe Stoffe aus einfacheren aufgebaut werden.
- **Katabolismus, Dissimilation:** Reaktionen, bei denen komplexe Stoffe zu einfacheren abgebaut werden.

Dies kann der Bereitstellung von Energie dienen **(Energiestoffwechsel)** oder im Rahmen von Aufbau, Umbau oder Abbau von Zell- und Körperstrukturen geschehen **(Baustoffwechsel).**

Wissen	Stoffwechseltypen	
Energiequelle	Licht	foto-
	chemische Reaktion	chemo-
Elektronendonator	anorganisch	-litho-
	organisch	-organo-
C-Quelle	anorganisch	-autotroph
	organisch	-heterotroph

Fotoautotrophie wird meist „**Fotosynthese**", Chemoautotrophie „**Chemosynthese**" genannt.

Kapitel 2 Stoffwechsel und Energieumsatz

Alle Stoffwechselvorgänge dienen dazu, das offene System Lebewesen zu erhalten. Dies gelingt durch Regulationsprozesse, die dafür sorgen, dass die kleineren Moleküle **(Metaboliten)** immer in etwa gleichen Konzentrationen vorliegen **(Homöostase).** Dazu müssen ständig Stoffe aus der Umgebung aufgenommen und andere Stoffe an die Umwelt abgegeben werden. Nach Art und Weise von Stoffaufnahme und -assimilation sowie nach Energiequelle und Elektronenquelle werden die auf S. 21 genannten Stoffwechseltypen unterschieden.

2.2.1 Fotosynthese

Fotosynthese ist der Aufbau von Kohlenhydraten aus Kohlenstoffdioxid und Wasser unter Nutzung von Sonnenenergie.

Ein Teil der Prokaryoten und Protisten sowie Pflanzen sind auf der Basis dieser Reaktion und der zusätzlichen Aufnahme von Mineralstoffen in der Lage, alle körpereigenen Stoffe aus anorganischen Stoffen aufzubauen. Die Orte der Fotosynthese in Pflanzen und Protisten sind die **Chloroplasten,** die auf endosymbiotische Prokaryoten zurückgehen.

> **Wissen** — **Summengleichung der Fotosynthese**
>
> Die Bilanzgleichung der Fotosynthese ist die Umkehrung der Zellatmung:
>
> $$6\ CO_2 + 6\ H_2O \underset{\text{Atmung}}{\overset{\text{Fotosynthese}}{\rightleftarrows}} C_6H_{12}O_6 + 6\ O_2$$

Die für die Fotosynthese wichtigen Enzyme und Pigmente sind in **Fotosystemkomplexen** zusammengefasst. Sie bestehen aus einem **Reaktionszentrum** und einem **Antennenkomplex (light-harvesting-complex, LHC).** In diesen Komplexen sind die Pigmentmoleküle so angeordnet, dass die äußeren Pigmente die energiereichsten Photonen absorbieren und nach innen die Größe der aufzunehmenden Energiequanten abnimmt. So landen schließlich alle Energiequanten beim Reaktionszentrum, wo sie eine chemische Reaktion bewirken können. Dadurch, dass die in diesen Komplexen zusammengefassten Pigmentmoleküle unterschiedliche Absorptionsspektren haben, wird die Lichtausnutzung verbessert. Grundsätzlich werden die Reaktionen der Fotosynthese in lichtabhängige und lichtunabhängige Reaktionen unterteilt.

Die **lichtabhängigen Reaktionen** laufen in den Fotosystemkomplexen ab, wobei zwei Fotosysteme unterschieden werden: **Fotosystem II (P680)** absorbiert Lichtquanten der Wellenlänge 680 nm, **Fotosystem I**

(P700) solche der Wellenlänge 700 nm. Durch Absorption von Lichtenergie wird die Elektronegativität des Chlorophyllmoleküls erhöht. Das Redoxpotenzial wird vom positiven in den negativen Bereich verschoben. Das „angeregte" Chlorophyllmolekül des Fotosystems II gibt zwei Elektronen an einen primären Akzeptor ab.

- **Fotolyse des Wassers:** Durch die Abgabe der zwei Elektronen wird das Redoxpotenzial des Chlorophylls wieder so positiv (+810 mV), dass es dem Wasser Elektronen entzieht: $H_2O \rightarrow 2\ H^+ + \frac{1}{2}O_2 + 2\ e^-$
- **Nichtzyklische Fotophosphorylierung:** Das vom angeregten Fotosystem II abgegebene Elektronenpaar wird über eine **Elektronentransportkette** bis zum Fotosystem I (P700) weitergegeben und liefert Energie für die **Bildung von ATP**. Das angeregte P700 gibt zwei Elektronen an $NADP^+$ ab, zusammen mit $2\ H^+$ aus der Wasserspaltung reagiert dieses zu **$NADPH + H^+$**.
- **Zyklische Fotophosphorylierung:** Bei größerem Bedarf an ATP läuft am Fotosystem I zusätzlich ein zyklischer Elektronentransport ab, der ebenfalls zur Bildung von ATP führt. Hierbei gibt Fotosystem I ein Elektron an Ferredoxin (Fd) ab. Das Elektron kommt über Zwischenstufen zum Fotosystem I zurück. Dabei wird kein $NADH + H^+$ gebildet.
- **Lichtunabhängige Reaktionen („Dunkelreaktionen"):** Die Bereitstellung von ATP und $NADPH + H^+$ aus den lichtabhängigen Reaktionen ist die Voraussetzung dafür, dass im Stroma der Chloroplasten CO_2 aus der Luft an organische Moleküle gebunden werden kann. Dies geschieht in einem Reaktionszyklus, dem **Calvinzyklus.**

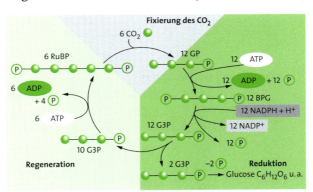

BPG = 1,3-Bisphospho-Glycerinsäure; GP = Glycerinsäure-3-phosphat; G3P = Glycerinaldehyd-3-phosphat; RuBP = Ribulose-1,5-bisphosphat

Wissen	**Bilanz des Calvinzyklus**

Im Calvinzyklus entsteht aus jeweils sechs in den Zyklus eingeschleusten CO_2-Molekülen ein Glucosemolekül. Dafür werden 18 ATP und 12 $NADPH + H^+$ verbraucht.

Kapitel 2 Stoffwechsel und Energieumsatz

Wissen Fotosynthesespezialisten

- **CAM-Pflanzen:** zeitliche Trennung zwischen primärer CO_2-Fixierung und sekundärer CO_2-Bindung im Calvinzyklus (Abb. unten links).
  Vorteil: Da die Spaltöffnungen nur nachts zur CO_2-Aufnahme geöffnet werden, sparen die Pflanzen dadurch Wasser.
- **C_4-Pflanzen:** räumliche Trennung von primärer CO_2-Fixierung und sekundärer CO_2-Bindung im Calvinzyklus (Abb. unten rechts).
  Vorteil: Bei hoher Lichtintensität wird durch Fotosystem II viel O_2 gebildet, das mit dem CO_2 um das Enzym Ribulose-1,5-bisphosphat-Carboxylase (Rubisco) konkurriert. Durch die räumlich getrennte CO_2-Bindung an ein anderes Enzym (Phosphoenolpyruvat-Carboxylase) werden diese Konkurrenz und der dadurch bedingte Effektivitätsverlust vermieden.

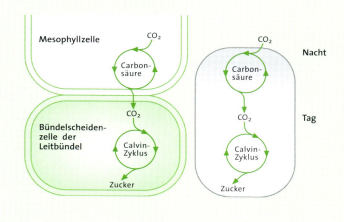

Typische Aufgabenstellungen
- Erläutern Sie anhand eines beschrifteten Schemas die wichtigsten Schritte der lichtunabhängigen Reaktionen der Fotosynthese.
- Erläutern Sie die verschiedenen Faktoren, welche die Fotosyntheserate bestimmen.

Aufgabe 5

Die Abb. zeigt die tägliche CO_2-Aufnahme von C_3- und C_4-Pflanzen in Abhängigkeit von der geografischen Breite. In Mitteleuropa sind im Vergleich zu C_3-Pflanzen relativ wenige C_4-Pflanzen heimisch.

Geben Sie eine Begründung, warum das so ist.

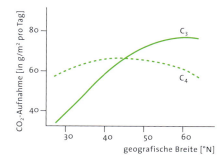

Aufgabe 6

Abb. a) zeigt das Absorptionsspektrum von gereinigtem Chlorophyll a, Abb. b) das Fotosynthese-Wirkungsspektrum einer Grünalge.
1. Wie lässt sich ein solches Wirkungsspektrum ermitteln?
2. Erklären Sie, warum beide Diagramme sich deutlich unterscheiden.

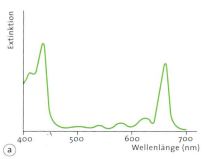
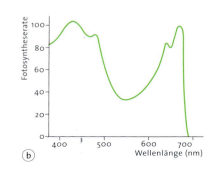

Aufgabe 7

Fast alle CAM-Pflanzen sind sukkulent (dickfleischig) mit großen Zentralvakuolen in den Zellen der fotosynthetisch aktiven Gewebe.
Erklären Sie den Vorteil der Sukkulenz im Zusammenhang mit dem speziellen Fotosyntheseweg.

2.2.2 Zellatmung

Als Zellatmung bezeichnet man die vollständige Oxidation der Glucose. Die Summenformel lautet wie folgt:

$$C_6H_{12}O_6 + 6\,O_2 \rightarrow 6\,CO_2 + 6\,H_2O \quad \Delta G = -2870 \text{ kJ/mol}$$

Die Zellatmung kann in drei (bzw. vier) Schritte eingeteilt werden:
- Glykolyse,
- (Pyruvatoxidation, Bildung von Acetyl-Coenzym A),
- Citratzyklus,
- Atmungskette (Endoxidation).

Bei der **Glykolyse,** die im Cytoplasma stattfindet, wird ein Molekül Glucose (C_6-Verbindung) in vielen Reaktionsschritten zu zwei Molekülen Brenztraubensäure (Pyruvat, C_3-Verbindung) abgebaut.

Wissen — Gesamtgleichung der Glykolyse

Glucose + 2 ADP + 2 P_i + 2 NAD^+ → 2 Pyruvat + 2 ATP + 2 NADH + 2 H^+ + 2 H_2O

Bei der **Pyruvatoxidation** im Mitochondrium wird Pyruvat unter Abspaltung eines Kohlenstoffdioxidmoleküls in einen C_2-Körper umgewandelt, der an ein Coenzym gebunden ist, das **Acetyl-Coenzym A**.

Ebenfalls im Mitochondrium läuft der **Citratzyklus** (Krebszyklus) ab. Da die gelösten Substrate in Ionenform vorliegen, benennt man die Ionen und nicht die dazugehörigen Säuren (Citrate sind Anionen der Citronensäure). Zyklische Prozesse wie der von H. A. Krebs 1937 entdeckte Citratzyklus sind charakteristisch für viele Stoffwechselwege.

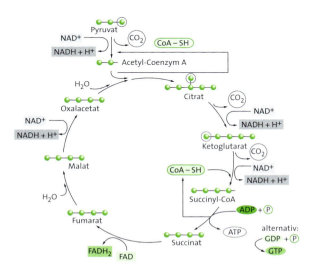

Acetyl-Coenzym A („aktivierte Essigsäure") wird im Citratzyklus **zu Kohlenstoffdioxid abgebaut.** Dabei werden pro Acetyl-Coenzym A drei Wassermoleküle angelagert und vier H_2 freigesetzt. Diese H_2 werden von den Coenzymen NAD^+ und FAD übernommen, außerdem wird pro Acetylrest ein ATP (bzw. bei Säugetieren ein GTP) gebildet. Der Citratzyklus ist eine **wichtige Drehscheibe des Intermediärstoffwechsels:** Er verbindet den Kohlenhydratstoffwechsel mit dem Fettstoffwechsel und dem Proteinstoffwechsel (über Ketoglutarat und Oxalacetat). Auch verschiedene andere Synthesewege nehmen hier ihren Ausgang. Ketoglutarat ist z. B. der Ausgangspunkt für die Purinsynthese, Oxalacetat für die Pyrimidinsynthese.

In der **Atmungskette (Endoxidation)** werden die 12 H-Atome des Glucosemoleküls von NAD^+ bzw. FAD als Wasserstoffüberträger übernommen und zu Wasser oxidiert. Bei dieser Reaktion wird viel Energie (Knallgasreaktion) durch das Hintereinanderschalten verschiedener Redoxsysteme stufenweise freigesetzt. Dabei werden 34 ATP gebildet

Kapitel 2 Stoffwechsel und Energieumsatz

(oxidative Phosphorylierung), sodass insgesamt bei dem Abbau eines Glucosemoleküls zu CO_2 und H_2O 38 ATP gebildet werden.

Die Zellatmung kann über verschiedene Rückkopplungsprozesse reguliert werden, z. B. über die ATP-Konzentration und über die Citratkonzentration.

Typische Aufgabenstellungen
- Erläutern Sie die aerobe Energiegewinnung aus Kohlenhydraten.
- Erläutern Sie, auf welche Weise der Citratzyklus zur Energiegewinnung der Zelle beiträgt.
- ATP ist ein Hemmstoff für Citratsynthase. Erläutern Sie die biologische Bedeutung dieser Hemmwirkung.
- Erläutern Sie die Rolle der Atmungskette in der aeroben Dissimilation.
- Stellen Sie in *einer* Skizze schematisch den Abbau von Stärke und von Fett bis zu CO_2 und H_2O dar, stellen Sie für beide Abbaureaktionen jeweils die Energiebilanz auf und geben Sie an, wo die Prozesse jeweils ablaufen.

Tipp

Zum besseren Verständnis der verschiedenen Stoffwechselreaktionen, die zur Bildung von ATP führen, ist es wichtig, grundsätzlich zwischen aerober und anaerober Oxidation zu unterscheiden (Oxidation = Abgabe von Elektronen). In jedem Fall wird Wasserstoff abgespalten und von NAD^+ aufgenommen ($NAD^+ + H_2 \rightarrow NADH + H^+$), das dann wieder regeneriert werden muss. Es gibt folgende Möglichkeiten der Oxidation sowie der Regeneration von NAD:

1. **Oxidation**
   - **aerob:** unter Aufnahme von O_2
   - Sonderfall **„unvollständige Oxidation":** nicht CO_2 sondern unvollständig oxidierte organische Verbindungen werden als Stoffwechselendprodukte abgegeben (z. B. Essigsäure von Bakterien, die Ethanol zu Essigsäure oxidieren)
   - **anaerob:** ohne Aufnahme von O_2

2. **Regeneration von NAD^+**
   - **Zellatmung:** durch O_2 bei der Endoxidation (Atmungskette)
   - **Gärungen:** durch organische H-Akzeptoren
   - **anaerobe Atmung:** durch „gebundenen Sauerstoff" (NO_3^-, SO_4^{2-})

2.2.3 Mikrobielle Energiegewinnung

Gärung nennt man die Energiegewinnung durch anaeroben, d. h. ohne Sauerstoff stattfindenden Abbau organischer Stoffe. Die vom Menschen am häufigsten genutzten Gärungen sind:

Alkoholische Gärung: typische Gärungsart für **Hefepilze** und **einige Bakterienarten.** Pyruvat wird in zwei Reaktionsschritten zu Ethanol umgewandelt, dabei wird CO_2 abgespalten. Die bei der Glykolyse abgespaltenen H werden vom Zwischenprodukt Acetaldehyd wieder aufgenommen. Die Energieausbeute beträgt zwei ATP pro Molekül Glucose. Die alkoholische Gärung wird z. B. beim Bierbrauen, der Weinherstellung und in der Hefebäckerei genutzt.

Milchsäuregärung: Pyruvat wird zu Lactat reduziert, wobei kein CO_2 entsteht. Die bei der Glykolyse abgespaltenen H werden vom Pyruvat wieder aufgenommen. Die Energieausbeute beträgt zwei ATP pro Molekül Glucose. Dieser Vorgang ist typisch für **Milchsäurebakterien** und wird z. B. in der Lebensmittelindustrie zur Herstellung von Käse, Joghurt oder Sauerkraut genutzt sowie in der Tierernährung (Silage). Die Milchsäuregärung kommt z. B. auch in Tier- und Pflanzenzellen vor.

Bei **Bakterien** kommen v. a. drei Formen der Energiegewinnung vor:

	Energiequelle	Kohlenstoffquelle	Elektronendonor (zum Energiegewinn und/oder zur Reduktion)
fotoautotrophe Bakterien	Licht	CO_2	H_2O, H_2S, organische Verbindung
chemolithoautotrophe Bakterien	Oxidation anorganischer Verbindungen	CO_2	anorganische Moleküle wie z. B. H_2, H_2S, NO_3^-
chemoorganoheterotrophe Bakterien	Oxidation organischer Verbindungen	organische Verbindungen	organische Verbindungen

Typische Aufgabenstellungen
- Erläutern Sie die anaerobe Energiegewinnung aus Kohlenhydraten.
- Vergleichen Sie Ablauf, Energieausbeute und Endprodukte von aerober und anaerober Dissimilation.
- Erklären Sie, warum bei der aeroben Energiegewinnung viel mehr ATP pro Molekül Glucose erzeugt werden kann als bei der anaeroben Energiegewinnung.
- Erläutern Sie die Energiegewinnung in der Chemosynthese.
- Erklären Sie, was unter anaerober Atmung verstanden wird.

2.3
Ernährung und Verdauung

Viele einzellige Eukaryoten sowie alle Pilze und Tiere sind **heterotroph,** d. h., sie beziehen ihre Nährstoffe aus lebenden oder toten Organismen. Verdauung und Resorption von Nährstoffen sind bei allen heterotrophen Lebewesen Voraussetzung für den Aufbau und Ersatz von Zellstrukturen und zur Energiegewinnung.

- **Verdauung** ist der chemische Abbau von Makromolekülen in kleinere Nährstoffmoleküle (Monosaccharide, Aminosäuren, Glycerol, Fettsäuren).
- **Resorption** ist die Aufnahme der kleinen Nährstoffmoleküle sowie von Wasser und Ionen durch die Zellmembran in Körperzellen und in die Körperflüssigkeiten.

Beim Menschen beginnt die Verdauung der **Kohlenhydrate** bereits im Mund durch die Sekrete der Speicheldrüsen. Diese enthalten Amylasen, die in geringem Umfang Stärke zu Maltose abbauen.

Im Magen werden durch die Magensäure und das Enzym Pepsin **Proteine** zu Polypeptiden abgebaut. Im Dünndarm findet dann der weitere Abbau aller Nährstoffe zu ihren resorbierbaren Bestandteilen statt. Stärke bzw. Maltose werden zu Glucose, die bereits denaturierten und gespaltenen Proteine werden durch Proteasen der Bauchspeicheldrüse und des Dünndarms, die unterschiedliche Wirkungsspezifitäten zeigen, weiter zu Polypeptiden und letztlich Aminosäuren abgebaut.

Fette werden durch die Gallenflüssigkeit emulgiert und dann durch Lipase aus der Bauchspeicheldrüse in **Fettsäuren** und **Glycerol** (Glycerin) zerlegt. Diese Stoffe werden von den Darmzellen resorbiert und zu Lipoproteinen, den **Chylomikronen** aufgebaut, die im wässrigen Milieu von Blut und Lymphe löslich sind.

Nucleasen bauen RNA und DNA aus der Nahrung zu Nucleotiden ab. Aus dem Dünndarm gelangen die Nährstoffe über die Darmzellen ins Blut und in die Lymphe und werden dann zu den Verbrauchs- oder Speicherorten transportiert.

Im Dickdarm schließlich werden noch Wasser und Salze resorbiert. So wird aus dem dünnflüssigen Dünndarminhalt der größte Teil des Wassers wieder zurückgewonnen. Außerdem befinden sich hier zahlreiche Bakterien, die u. a. wichtige Vitamine produzieren.

Vor allem der Hauptbetriebsstoff weil Hauptenergielieferant Glucose sollte immer in etwa gleich hoher Konzentration im Blut vorliegen (Toleranzbereich 80–100 mg pro 100 ml Blut), da insbesondere das Gehirn empfindlich auf Glucosemangel reagiert.

Die folgende Abbildung zeigt, wie der Blutzucker im menschlichen Körper reguliert wird.

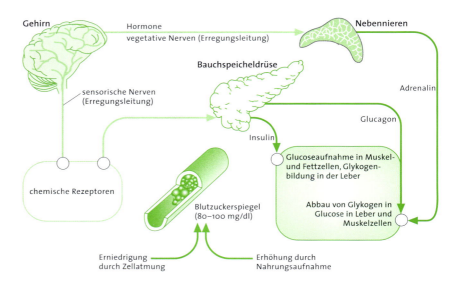

Aufgabe 8

1. Entwerfen Sie ein Regelkreisschema für die Blutzucker-Regulation bei Überzuckerung und bei Unterzuckerung.
2. Erörtern Sie die Unterschiede von Diabetes I und II.
3. Warum nennt man den Typ II auch „Altersdiabetes"?

Aufgabe 9

Auch wenn man sich fettarm ernährt, kann man Fett ansetzen. Begründen Sie, warum das so ist.

2.4 Stofftransport bei Tieren

Bei größeren Lebewesen von kompaktem Bau reicht Diffusion zum Stofftransport nicht aus. Die Aufnahmeorgane für Nahrung (Darm) und Sauerstoff (Lungen, Kiemen) müssen mit den verschiedenen Organen und Geweben verbunden werden. Gleichzeitig muss gewährleistet werden, dass Abfallstoffe aus den Geweben entfernt werden. Verantwortlich dafür ist das **Blutkreislaufsystem.** Es stellt die Verbindung zwischen Darm, Atmungsorganen, Ausscheidungsorganen (Nieren), Speicher- bzw. Umbauorganen (Leber, Fettdepots) und Verbrauchsorten (Muskelgewebe, Nervengewebe) her. Den Antrieb für den Transport übernimmt ein Hohlmuskel, das Herz. Seine Kontraktionen treiben den Blutkreislauf an.

Kapitel 2 Stoffwechsel und Energieumsatz

2.4.1
Atmung und Atmungsorgane

Bei vielen Tieren wird grundsätzlich unterschieden zwischen **äußerer Atmung,** die das Blut mit Sauerstoff versorgt und **innerer Atmung,** bei der Zellen kontinuierlich mit Sauerstoff versorgt werden. Dieser stammt entweder aus der Luft oder aus dem Wasser.

Respiratorische Oberflächen sind Bereiche, in denen Sauerstoff bei der äußeren Atmung aus der Umgebung in den Organismus aufgenommen und Kohlenstoffdioxid abgegeben wird **(Gaswechsel).** Bei Einzellern, Schwämmen, Nesseltieren und Plattwürmern kann dies die gesamte Körperoberfläche sein. Bei den meisten anderen Tieren sind die respiratorischen Oberflächen weitgehend auf spezielle Atmungsorgane beschränkt.

Insekten atmen durch **Tracheen,** Fische und Amphibienlarven durch **Kiemen.** Bei Lurchen, Reptilien, Vögeln und Säugern ist die respiratorische Oberfläche der **Lungen** unterschiedlich differenziert entwickelt.

Beim Menschen gelangt, wie bei allen Säugetieren, die Luft durch die **Nase,** den **Rachen** und den **Kehlkopf,** über die **Luftröhre (Trachea)** in die **Bronchien.** Jede Bronchie verzweigt sich etwa zwanzigmal in immer kleiner werdende **Bronchiolen,** die schließlich in den **Lungenbläschen** enden. Trachea und Bronchien sind mit Schleimhaut und Flimmerepithel ausgekleidet. An den Lungenbläschen findet der Gasaustausch zwischen der Atemluft und dem Blut statt: Sauerstoff diffundiert von der Atemluft in das Blut und wird dort vor allem vom **Hämoglobin** der roten Blutkörperchen aufgenommen, Kohlenstoffdioxid diffundiert vom Blut in die Luft der Lungenbläschen und wird ausgeatmet. Eingeatmete Luft enthält etwa 21 % Sauerstoff und 0,03 % Kohlenstoffdioxid, ausgeatmete Luft enthält etwa 16 % Sauerstoff und 4 % Kohlenstoffdioxid.

2.4.2
Herz und Blutkreislauf

Bei vielen Tieren ist das Blut Transportmittel für Nährstoffe, Sauerstoff, Kohlenstoffdioxid, Signalstoffe und Abbauprodukte. Dabei werden zwei Kreislaufsysteme unterschieden:
- **Offenes Kreislaufsystem:** u. a. bei Weichtieren und Gliederfüßern. So ist z. B. das Herz der Insekten ein lang gestreckter Schlauch auf der Rückenseite, der den Körpersaft, die aus Blut und Lymphe bestehende **Hämolymphe,** im Körper von hinten nach vorne befördert.

- **Geschlossener Blutkreislauf:** z. B. bei Ringelwürmern und Wirbeltieren. Bei Letzteren liegt das kräftige **Herz** auf der Bauchseite. Die Blutgefäße, die zum Herzen führen, heißen **Venen,** diejenigen, die vom Herzen abgehen, **Arterien.** Sehr feine, netzartig verzweigte Adersysteme, die **Kapillarnetze,** sind in den Kreislauf eingeschaltet. In ihnen findet der Stoffaustausch mit den Körperzellen statt.

> **Wissen   Kreislaufsysteme der Wirbeltiere**
>
> - **Fische:** Das Herz pumpt das verbrauchte, sauerstoffarme Blut aus dem Körper in die Kiemen, dort wird CO_2 abgegeben und O_2 aufgenommen.
> - **Landwirbeltiere:** Das Blut fließt im Lungenkreislauf vom Herzen in die Lunge und wieder zum Herzen zurück, in einem zweiten Schritt wird es durch den Körper gepumpt (Körperkreislauf).
>   - **Amphibien,** die meisten **Reptilien:** Die Herzkammer ist nur unvollständig aufgeteilt, weshalb es zu einer gewissen Vermischung der beiden Kreisläufe kommt.
>   - **Säugetiere, Vögel, Krokodile:** Das Herz wird durch eine Scheidewand vollständig in eine linke und eine rechte Hälfte geteilt. Beide Hälften arbeiten wie in Serie geschaltete Pumpen.

Typische Aufgabenstellungen
- Beschreiben Sie die Atmungssysteme (äußere Atmung), die Sie aus dem Tierreich kennen. Ordnen Sie Ihre Ausführungen in einer Tabelle und nennen Sie für jedes Atmungssystem eine Tierart als Beispiel.
- Erläutern Sie die lebenswichtige Bedeutung des Blutes.
- Die Sauerstoffaufnahme kann bei Tieren über unterschiedliche Organe erfolgen. Erläutern Sie an zwei verschiedenen Atmungsorganen den Zusammenhang von Bau und Funktion beim Gasaustausch.
- Vergleichen Sie den Blutkreislauf des Menschen mit dem der Amphibien nach drei selbst gewählten Kriterien.

Aufgabe 10

In der Abbildung (auf Seite 33) ist ein Säugerherz in der Kontraktionsphase (Systole) und der Erweiterungsphase (Diastole) dargestellt.
1. Beschreiben Sie die Funktion von Systole und Diastole für den Blutkreislauf.
2. Welche Bedeutung hat die vollständige Trennung der Herzkammern?
3. Herzklappenfehler können in einer Verengung, einer Schlussunfähigkeit oder in einer Kombination aus beidem bestehen. Schilden Sie die Folgen.
4. Was versteht man unter einem Herzinfarkt und warum ist er lebensbedrohend?

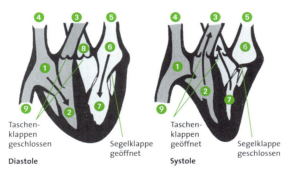

(1) rechte Herzvorkammer, (2) rechte Herzkammer, (3) Stamm der Lungenarterien, (4) obere Hohlvene, (5) Lungenvene, (6) linke Herzvorkammer, (7) linke Herzkammer, (8) Aorta, (9) untere Hohlvene. Hell: sauerstoffreiches Blut, dunkel: sauerstoffarmes Blut.

2.4.3 Ausscheidung (Exkretion)

Viele im Stoffwechsel entstehenden Endprodukte sind für den Organismus nutzlos oder schädlich und müssen daher als **Exkrete** ausgeschieden werden. Beim Abbau der Nährstoffe entstehen im Wesentlichen CO_2 und H_2O und beim Proteinabbau zusätzlich Ammoniak (NH_3).

CO_2 wird meist über die Atmungsorgane entfernt. NH_3 kann wegen seiner guten Wasserlöslichkeit von Wassertieren ebenfalls über die Atmungsorgane oder die Körperoberfläche ausgeschieden werden. Landlebende Tiere verwandeln den Ammoniak entweder in den leicht wasserlöslichen und osmotisch wirksamen **Harnstoff** (Säugetiere) oder in wasserunlösliche **Harnsäure** (Reptilien, Vögel), die als weiße Paste ausgeschieden wird. Harnstoff und Harnsäure werden durch besondere Organe, die **Ausscheidungsorgane (Exkretionsorgane)** abgegeben.

> **Wissen** **Die Aufgaben der Ausscheidungsorgane**
>
> - **Ausscheidung** der für den Körper wertlosen oder giftigen Stoffe, bei Tieren insbesondere stickstoffhaltige Verbindungen aus dem Proteinabbau.
> - **Osmoregulation,** d.h. das Konstanthalten des Ionenhaushaltes der Körperflüssigkeiten

Bei den verschiedenen Organismengruppen finden sich ganz unterschiedliche Ausscheidungsorgane:
- Pflanzen: Abscheidung überflüssiger Stoffe oft durch oberflächliche Drüsen oder durch Ablagern in besonderen Zellen oder Geweben (Kalk, Oxalat).

- Einzeller: meist Osmoregulation durch kontraktile Vakuolen.
- Tiere: meist besondere Kanalsysteme, die den Körper durchziehen und Exkrete, Flüssigkeit und Salze sammeln und ausscheiden:
  - **Protonephridien:** blind endende Schläuche, die durch einen Porus nach außen münden.
  - **Metanephridien:** Kanäle, die über einen offenen Wimpertrichter Flüssigkeit aus der Leibeshöhle aufnehmen. Im geschlängelten Nephridialgang werden Wasser und bestimmte andere Stoffe rückresorbiert (z. B. Weichtiere und Gliederfüßer).
  - **Malpighische Gefäße:** lange, schlauchartige Darmausstülpungen. Die Exkrete werden aus der Körperflüssigkeit aufgenommen und nach Rückresorption in konzentrierter Form in den Darm abgegeben (Insekten).
  - **Nieren:** aus Röhrensystemen (Nephrone) zusammengesetzte Blutfilter: Aus den abgefilterten flüssigen Bestandteilen des Blutes werden bei Säugetieren 99 % des Wassers und andere für den Körper wichtige Stoffe rückresorbiert. Die beiden bohnenförmigen Nieren des Menschen werden etwa 300 Mal pro Tag vom gesamten Blut durchströmt. Primärharn entsteht durch Druckfiltration aus arteriellem Blut (beim Menschen ca. 170 l pro Tag). Endharn (Urin) wird in wesentlich geringerer Menge ausgeschieden (0,5 bis 1,5 l pro Tag), da das meiste Wasser rückresorbiert wird. Auch Glucose und bestimmte Ionen werden durch aktiven Transport rückresorbiert.

Typische Aufgabenstellung
Erläutern Sie den Zusammenhang zwischen Bau und Funktion bei der menschlichen Niere. (Nutzen Sie Informationen aus dem Lehrbuch und eventuell auch aus dem Internet, um diese Frage zu beantworten. Bei der Abiturprüfung erhalten Sie entsprechende Materialien).

Aufgabe 11

Aus dem Primärharn werden durch aktiven Transport für den Körper wichtige Stoffe wie Glucose, Aminosäuren, NaCl rückresorbiert. Dies führt zu einer Zunahme des osmotischen Wertes im Nierenmark und dadurch zu einem passiven Nachstrom von Wasser.

Erklären Sie, was passiert, wenn bei Diabetikern die Glucosekonzentration im Blut so weit ansteigt, dass eine vollständige Rückresorbtion nicht mehr möglich ist (i. d. R. über 180 mg pro 100 ml Blut).

2.5
Stofftransportsysteme bei Pflanzen

Pflanzen besitzen im Allgemeinen im Verhältnis zu ihrem Volumen eine sehr große Oberfläche. Außerdem sind ihre Gewebe von Interzellularen durchsetzt. Zum Gasaustausch für Fotosynthese und Zellatmung brauchen sie deshalb kein besonderes Transportsystem.

Dies gilt nicht für Wasser, Mineralsalze, Assimilate und Phytohormone. Wasser und Nährsalze können meist nur vom Wurzelsystem aus dem Boden aufgenommen werden. Zu den oberirdischen Pflanzenteilen müssen sie – teilweise über 100 m hoch – transportiert werden. Nährstoffe (Assimilate) werden v. a. in den Blättern erzeugt und müssen in alle Pflanzenteile, auch in die z. T. sehr stoffwechselaktiven Wurzeln geleitet werden. Auch Phytohormone, die oft in Spross- oder Wurzelmeristemen gebildet werden, müssen über die Pflanze verteilt werden. Dafür stehen den Pflanzen zwei Transportsysteme zur Verfügung:

1. die aus abgestorbenen röhrenförmigen Zellen bestehenden Wasserleitungsbahnen **(Xylem).**
   Wasser wird durch die Wurzelhaare an den Wurzelspitzen osmotisch aufgenommen oder über die Zellwände bis zur Endodermis gesaugt. Durch die Endodermiszellen erfolgt eine aktive Abscheidung in den Zentralzylinder (Verbrauch von ATP). Von dort wird das Wasser durch den Transpirationssog über die Gefäße des Xylems bis in die Blätter gesaugt, wobei Kohäsion und Adhäsion der Wassermoleküle ein Abreißen der Wassersäulen verhindern. Von den Mesophyllzellen diffundiert das Wasser in die gasgefüllten Interzellularen und von dort durch die Spaltöffnungen in die Atmosphäre. Auf diesem Weg folgt das Wasser einem steilen Wasserpotenzialgefälle.

2. die aus lebenden Zellen mit siebartigen Querwänden versehenen Leitungsbahnen für die Assimilate, (Siebröhren, in ihrer Gesamtheit Siebteil, **Phloem**).
   Der genaue Mechanismus des **Phloemtransports** ist bis heute nicht geklärt. Siebröhren bestehen bei höheren Pflanzen aus dem Siebelement-Geleitzellen-Komplex. Die hintereinander gereihten, im ausdifferenzierten Zustand kernlosen Siebelemente bilden das transportierende Röhrensystem, die kernhaltigen Geleitzellen übernehmen die Energieversorgung und Steuerung. So werden Assimilate, Proteine und Signalstoffe, sogar RNA-Moleküle unter Energieeinsatz zunächst von den Siebröhren aufgenommen und dann auch transportiert. Dabei kann der Transport in beide Richtungen erfolgen.

Aufgabe 12 Erörtern Sie, wie sich folgende Erscheinungen auf den Wassertransport auswirken: 1. Verschluss der Spaltöffnungen, 2. hohe Luftfeuchtigkeit, 3. starke Sonneneinstrahlung, 4. starker Wind, 5. Bodenfrost.

Aufgabe 13 Blattläuse ernähren sich von Siebröhrensaft. Sie verwerten jedoch nur einen kleinen Teil der enthaltenen Saccharose, den größten Teil scheiden sie wieder aus.
1. Geben Sie eine Erklärung für diese scheinbare Verschwendung.
2. Der Energieverlust, den Pflanzen durch Blattläuse ertragen müssen, ist meist weniger problematisch als die Gefahr, mit Krankheitskeimen infiziert zu werden. Begründen Sie diese Aussage.

3
Steuerung, Regelung, Informationsverarbeitung

Dieses Kapitel beschäftigt sich mit den Geweben, Organen und Organsystemen, die dem Informationsaustausch und der Informationsverarbeitung des Organismus mit seiner Umgebung zugrunde liegen. Erregung und Erregungsleitung in Nerven und Muskeln und die Steuerung durch Signalstoffe (Hormone) werden behandelt.

3.1 Reiz und Reaktion

3.1.1 Erregung

Lebende Zellen bilden an der Zellmembran chemische und elektrische Konzentrationsgefälle (Gradienten) aus. **Erregung** einer Zelle bedeutet, dass sich die Membraneigenschaften und damit diese Gradienten ändern. Diese Änderungen können sich an der Zellmembran ausbreiten, dadurch kommt es zur **Erregungsleitung.** Die Erregung kann auch Zellgrenzen überspringen, bei den für Erregungsleitung spezialisierten Sinnes-, Nerven- und Muskelzellen geschieht dies an besonders ausgebildeten Kontaktstellen, den **Synapsen.**

Bei Tieren sind für spezielle Reize spezialisierte **Sinneszellen** ausgebildet, besonders effektive Erregungsleitung leisten **Nervenzellen (Neurone)** mit langen Fortsätzen **(Neuriten, Dendriten). Muskelzellen** führen bei Erregung geordnete Bewegungen durch.

Auf der Innenseite der Zellmembran finden sich normalerweise mehr negative Ladungen, auf der Außenseite mehr positive. Im Ruhezustand ist die Membran tierischer Zellen für K^+-Ionen etwa hundertmal besser durchlässig als für Na^+-Ionen, sodass K^+-Ionen dauernd aus der Zelle herausdiffundieren. Da die Anionen im Zellinneren nicht folgen können, ist das Zellinnere um 50 bis 100 mV negativer als das Zelläußere. Für dieses **Ruhepotenzial** ist die Natrium-Kalium-Pumpe verantwortlich, die Na^+-Ionen aus der Zelle heraus und K^+-Ionen in die Zelle hinein pumpt. Die Durchlässigkeit der Zellmembran für Ionen hängt von spezifischen

Ionenkanälen ab. Ihre Durchlässigkeit wiederum kann – wie bei den Natriumkanälen – spannungsabhängig sein. Eine schwache Depolarisation der Axonmembran führt zu einer plötzlichen Öffnung der Na$^+$-Kanäle, der Na$^+$-Einstrom bedingt eine Potenzialumkehr **(Aktionspotenzial)**.

> **Wissen** **Ablauf eines Aktionspotenzials**
>
> 1. **Depolarisation:** Durch Ströme an der Membran, die durch unterschiedliche Erregungsvorgänge erreicht werden, kommt es zu einer Abschwächung des Ruhepotenzials durch Öffnung einiger Na$^+$-Kanäle.
>
> 2. **Aktionspotenzial:** Erreicht das Potenzial einen Schwellenwert (–50 mV), öffnen sich in der Zellmembran plötzlich spannungsgesteuerte Kanäle für Na$^+$-Ionen. Es kommt zu einem raschen Einstrom und dabei schließlich zu einer Potenzialumkehr, bei der das Zellinnere 30 bis 50 mV positiver wird als das Zelläußere.
>
> 3. **Repolarisation:** Die Na$^+$-Kanäle schließen sich nach 1–2 msec und sind zunächst inaktiviert, d. h., die Zelle ist bis zum Wiedererreichen des Ruhepotenzials nicht erregbar **(Refraktärphase)**. Spannungsgesteuerte K$^+$-Kanäle öffnen sich und es kommt zu einer Repolarisation, die sogar eine leichte **Hyperpolarisation** erreichen kann.
>
> 4. **Wiederherstellung des Ruhepotenzials:** Alle spannungsgesteuerten Kanäle schließen sich, da der Wert des Ruhepotenzials wieder hergestellt ist. Der Ausgangszustand ist wieder erreicht und eine erneute Auslösung eines Aktionspotenzials ist möglich.

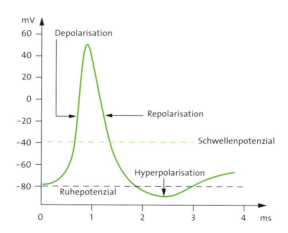

▶ *Verlauf des Aktionspotenzials*

Kapitel 3 Steuerung, Regelung, Informationsverarbeitung

> **Wissen Alles-oder-Nichts-Regel**
>
> Aktionspotenziale folgen der **Alles-oder-Nichts-Regel,** d. h., nur wenn das Schwellenpotenzial überschritten ist, werden sie ausgelöst, sonst nicht. Dabei haben sie – unabhängig von der Reizstärke – dieselbe Größe. Die Reizstärke drückt sich in der Frequenz der aufeinander folgenden Aktionspotenziale aus.

Typische Aufgabenstellungen
- Beschreiben Sie die elektrischen und biochemischen Vorgänge beim Verlauf eines Aktionspotenzials am Axon einer Nervenzelle.
- Vergleichen Sie das Aktionspotenzial einer Nervenzelle, eines Skelettmuskels und eines Herzmuskels.
  Entwickeln Sie eine Hypothese, um den Kurvenverlauf des Aktionspotenzials am Herzmuskel auf der Grundlage biochemischer und elektrischer Vorgänge zu erklären.

Aufgabe 1 Permethrin ist ein Nervengift aus der Gruppe der Pyrethroide, die natürlich bei Chrysanthemen-Arten vorkommen. Es bewirkt bei Insekten und anderen Gliederfüßern eine Öffnung der Na^+-Kanäle in den Nervenzellmembranen. Tetrodotoxin ist ein bei Kugel- und Igelfischen vorkommendes Nervengift, dessen Moleküle die Na^+-Kanäle in den Nervenzellmembranen vorübergehend blockieren.

Erläutern Sie die Wirkungsweise der beiden Giftstoffe und gehen Sie dabei vom Ablauf eines Aktionspotenzials aus.

3.1.2 Erregungsleitung

Nervenzellen (Neuronen) sind spezialisierte, mit bis meterlangen Fortsätzen versehene Zellen der Erregungsleitung bei Tieren. Sie bestehen aus einem Zellkörper **(Perikaryon)** sowie Fortsätzen, über die Erregungen zugeführt **(Dendriten)** bzw. weitergeleitet **(Neurit, Axon)** werden.

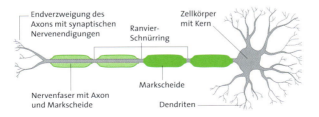

> **Wissen   Gliazellen**
>
> **Gliazellen** umgeben die Nervenzellen und füllen die Räume zwischen den Nervenzellen im Gehirn aus. Sie haben
> - Stütz- und Schutzfunktion,
> - Versorgungsfunktion,
> - elektrische Isolationsfunktion.
>
> **Schwannzellen** umwickeln die Neuriten im peripheren Nervensystem mit einer isolierenden Membranhülle (markhaltige Nervenfasern).
> **Oligodendrocyten** übernehmen im Zentralnervensystem ähnliche Funktionen wie die Schwannzellen im peripheren Nervensystem.
> **Astrocyten** dichten die Blutgefäße im Gehirn ab (Blut-Hirn-Schranke).

Bei der **intrazellulären Erregungsleitung** wird unterschieden zwischen kontinuierlicher und saltatorischer Errregungsleitung.

Kontinuierliche Erregungsleitung findet sich bei marklosen Nervenfasern. Die Depolarisation der Zellmembran wirkt wie ein elektrischer Reiz, der in den benachbarten Membranabschnitten Erregungen auslöst. So breitet sich die Erregung über die ganze Zelloberfläche aus.

kontinuierliche Erregungsleitung (markloser Neurit)

Saltatorische Erregungsleitung: Bei markhaltigen Neuriten fließt der Strom bei Erregungsausbreitung immer nur von Schnürring zu Schnürring. Die dazwischen liegenden Segmente bleiben unerregt. So können Leitungsgeschwindigkeiten von bis zu 120 m/s erreicht werden. Die saltatorische Erregungsleitung ist charakteristisch für Wirbeltiere.

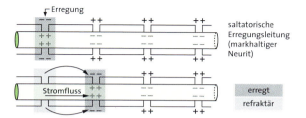

saltatorische Erregungsleitung (markhaltiger Neurit)

erregt
refraktär

Die interzelluläre Erregungsleitung, d. h. die Weiterleitung der Erregung an Nachbarzellen, geschieht über **Synapsen.** Diese können die Erregungsübertragung, die auf elektrischem (elektrische Synapse) oder meist chemischem Weg (chemische Synapse) erfolgt, fördern oder auch hemmen. Im ersten Fall bewirken sie ein **exzitatorisches postsynaptisches Potenzial (EPSP),** im zweiten Fall ein **inhibitorisches postsynaptisches Potenzial (IPSP).**

Die Stoffe, welche die chemische Erregungsübertragung an Synapsen bewirken, heißen **Neurotransmitter (Transmittersubstanzen).** Sie gehören unterschiedlichen chemischen Stoffklassen an:
- Amine: Adrenalin, Noradrenalin, Dopamin, Serotonin, Histamin
- Carbonsäureester: Acetylcholin
- Aminosäuren: Aspartat, Glutamat, Glycin, GABA (γ-Aminobuttersäure)
- Peptide: Substanz P, Endorphine
- Nucleotide: ATP
- andere einfache Moleküle: Stickstoffmonooxid (NO)

Wissen — Erregungsübertragung an Synapsen

Beispiel: cholinerge Synapse (u. a. Nerv-Muskel-Synapse = motorische Endplatte)

1. Durch das Aktionspotenzial werden Ca^{2+}-Kanäle geöffnet.
2. Ca^{2+}-Ionen führen zur Wanderung der Acetylcholin-haltigen Vesikel und zur Öffnung der **präsynaptischen Membran** zum **synaptischen Spalt.**
3. **Acetylcholin** verbindet sich mit den Acetylcholin-Rezeptor-Molekülen in der postsynaptischen Membran, Natriumionenkanäle öffnen sich.
4. Das Enzym Cholinesterase spaltet Acetylcholin (ACh) in Acetat (A) und Cholin (Ch).
5. Acetat und Cholin wandern teilweise in die Zelle zurück und werden zu Acetylcholin verbunden.

Synapsengifte hemmen die Freisetzung der Transmitter oder sie sind ihnen so ähnlich, dass sie an deren Stelle mit den Rezeptormolekülen reagieren. Das aus Giftpflanzen gewonnene südamerikanische Pfeilgift Curare z. B. wirkt als kompetitiver Hemmer an cholinergen Synapsen.

Tipp

Fertigen Sie Schemazeichnungen zur Erregungsleitung und zur Erregungsübertragung an und tragen Sie ein, an welcher Stelle hemmende und erregende Nervengifte sowie verschiedene Synapsengifte eingreifen. Machen Sie sich klar, welche Folgen die Giftwirkung jeweils hat. So gewinnen Sie einen Überblick über die Wirkung einiger bekannter Nervengifte (Batrachotoxin, Tetrodotoxin) und Synapsengifte (Atropin, Nicotin, Muscarin, Botulinumtoxin, Curare, E 605).

Ähnlich wie die cholinergen Synapsen funktionieren solche mit anderen Transmittersubstanzen. Bei Hemmung wird die Durchlässigkeit der **postsynaptischen Membran** für Na$^+$-Ionen nicht erhöht, sondern durch inhibitorische Transmitter, die Hyperpolarisation bewirken, verringert.

> **Methodik Patch-Clamp-Technik**
>
> Mithilfe der in den 1970iger Jahren von B. SAKMANN und E. NEHER entwickelten Methode kann der Ionenfluss an einzelnen Ionenkanälen gemessen werden:
> Eine Kapillarelektrode aus Glas mit einem Spitzendurchmesser von 2–5 µm wird unter leichtem Ansaugen auf die Zelloberfläche aufgesetzt. Mit einem sehr empfindlichen Ampèremeter kann man auf diese Weise den Strom messen, der durch einen oder wenige Ionenkanäle fließt. Mit derselben Technik kann man auch Membranstückchen (engl. patch) mit einer oder wenigen Poren aus der Zellmembran entnehmen. Durch Veränderung der Zusammensetzung der Lösungen beiderseits des Membranstückchens kann das Verhalten einzelner Ionenkanäle untersucht werden.

Typische Aufgabenstellungen
- Fertigen Sie eine Zeichnung eines markhaltigen Neurons an und markieren Sie die Abschnitte, an denen eine Substanz X (z. B. Batrachotoxin, Tetrodotoxin) ihre Wirkung entfaltet.
- Erläutern Sie die Funktion spannungsabhängiger Natriumionenkanäle bei der Erregung und leiten Sie die Auswirkungen einer Vergiftung mit einer Substanz X (z. B. Atropin, Nicotin, Botulinumtoxin) ab.
- Erläutern Sie die grundsätzlichen Unterschiede zwischen spannungsabhängigen Natriumionenkanälen und Natrium-Kalium-Ionenpumpen.
- Beschreiben Sie mithilfe einer beschrifteten Zeichnung die Vorgänge bei der Erregungsübertragung an der Synapse.
- Entwickeln Sie eine Hypothese, welche die Wirkung einer bestimmten Substanz (z. B. Atropin) an der Synapse erklärt.
- Erläutern Sie mögliche Störungen der Erregungsübertragung an der motorischen Endplatte und deren Auswirkungen.

Aufgabe 2 Die Myelinscheide eines markhaltigen Neuriten ist in regelmäßigen Abständen durch Ranvier-Schnürringe unterbrochen.
Wie groß ist die Leitungsgeschwindigkeit in einem Neuriten, der als marklose Faser mit 6 cm/sec leiten würde und der von einer Myelinscheide umgeben ist, die im Abstand von 2 mm von 1 µm breiten Schnürringen unterbrochen wird?

Kapitel 3 Steuerung, Regelung, Informationsverarbeitung

Aufgabe 3

Bei Wirbeltieren sind die beiden häufigsten inhibitorischen Transmitter Glycin und GABA. Sie öffnen ligandengesteuerte Chloridkanäle.
Auf welcher Membranseite muss die Chloridionenkonzentration höher sein, damit es zu einer Hyperpolarisation kommt?

Aufgabe 4

Ein Neuron ist über viele Synapsen (bis zu 50 000!) mit anderen Neuronen verbunden. EPSPs und IPSPs können räumlich und zeitlich summiert werden.

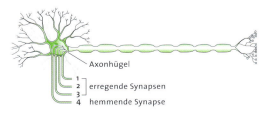

Axonhügel
1
2 } erregende Synapsen
3
4 hemmende Synapse

Zeichnen Sie jeweils ein Spannungs-Zeit-Diagramm für die Membran am Axonhügel für folgende Synapsen-Erregungsmuster, wenn jeweils drei Rezeptorpotenziale summiert werden müssen, um ein Aktionspotenzial auszulösen:
1–2–3 gleichzeitig, 1–2–3–4 gleichzeitig, 1–3 gleichzeitig
1–1–1 innerhalb 5 ms, 1–1–2 innerhalb 2 ms, 1–2–3–4 innerhalb 2 ms.

3.1.3 Muskeln

Bei allen Bewegungen von Zellen sind **Proteinfilamente** beteiligt, die z. B. zur Änderung der äußeren Form der Zelle aber auch zu Verschiebungen von Zellorganellen und zu Plasmaströmungen befähigen. Bei den Tieren haben sich im Laufe der Stammesgeschichte besonders spezialisierte Bewegungszellen, die **Muskelzellen,** herausgebildet. Sie enthalten hochgeordnete Proteinfilamente, das Actin und das Myosin, die in paralleler Anordnung sogenannte **Myofibrillen** bilden. In mehrkernigen Muskelzellen liegen sie in großer Zahl vor.

- **Myosin:** langgestreckte Proteine, die an einem Ende zwei kugelige Köpfchen aus globulärem Eiweiß tragen. Sie lagern sich zu langgestreckten Filamenten zusammen, an deren Oberfläche die Köpfchen nach allen Seiten abstehen.
- **Actin:** globuläre Eiweißmoleküle, die in einer Doppelschraube zu einer langen Kette (Actinfilament) verknüpft sind, an die noch zwei weitere Eiweiße, das Troponin und das Tropomyosin angelagert sind.

Muskelbewegung ist auf aktive Muskelkontraktion und passive Muskeldehnung zurückzuführen. Während Skelettmuskeln willentlich bewegt werden, funktionieren glatte Muskulatur und Herzmuskel unwillkürlich. Bei der Muskelkontraktion gleiten die dünneren Actinfilamente zwischen die Myosinfilamente **(Gleitfilamentmodell).** Das Gleiten kommt zustande durch das Binden der Myosinköpfchen an die Aktinfilamente (Querbrückenbildung). Durch anschließendes Abknicken, Loslassen und erneutes Binden „rudern" die Myosinköpfchen quasi an den Aktinfilamenten entlang. Die Länge der Filamente verändert sich bei der Muskelkontraktion demnach nicht, ebensowenig wie bei der Muskeldehnung, da hierbei die Filamente nur weiter auseinander gleiten.

Die äußere Zellmembran der Muskelfaser ist stark gefaltet und reicht tief in das Zellinnere hinein **(transversale** oder **T-Tubuli).** Das **sarkoplasmatische Reticulum (SR,** das ER der Muskelzelle) steht in engem Kontakt zu diesen T-Tubuli. Es dient als Speicher für Ca^{2+}-Ionen, die durch aktiven Transport aus dem Zellinneren in das Membransystem befördert werden. Wird eine Muskelzelle über eine motorische Endplatte erregt, breitet sich die Erregung über die ganze Zellmembran einschließlich der T-Tubuli aus. Die Erregung der Muskelzellmembran bewirkt zum einen eine Aktivierung spannungsgesteuerter Ca^{2+}-Kanäle (Dihydropyridin- oder DHP-Rezeptoren), die ihrerseits Ionenkanäle in der Membran des Ca^{2+}-Speichers aktivieren und dadurch die Freisetzung von Ca^{2+}-Ionen veranlassen. Zum anderen werden durch die DHP-Rezeptoren auch direkt Ca^{2+}-Ionen in das Cytoplasma der Muskelzelle eingelassen, die wiederum eine weitere Calciumionen-Freisetzung aus dem SR bewirken.

Im Cytoplasma bewirken die Ca^{2+}-Ionen das Ineinandergleiten der Myofibrillen. Durch aktiven Transport werden die Ca^{2+}-Ionen nach Abklingen der Erregung sofort wieder in das sarkoplasmatische Reticulum zurückbefördert. Außerdem werden die Actin-Myosin-Verbindungen durch eine ATP-verbrauchende Reaktion gelöst und in den entspannten Zustand zurückversetzt.

> **Wissen** **Rote und weiße Muskeln**
>
> Man unterscheidet zwei Skelettmuskel-Typen:
> - **Typ-I-Fasern (ST-Fasern** von „**s**low **t**witch"): niedrige ATPase-Aktivität, langsame Kontraktion, reich an Mitochondrien und Myoglobin, stark durchblutet – deshalb tiefrot gefärbt, „rote Muskulatur", sehr ausdauernd
> - **Typ-II-Fasern (FT-Fasern** von „**f**ast **t**witch"): hohe ATPase-Aktivität, weniger Mitochondrien und Myoglobin, schwächer durchblutet – daher heller gefärbt, „weiße Muskulatur", sehr schnell aber nicht ausdauernd

> **Tipp**
>
> Fertigen Sie mithilfe eines Lehrbuchs ein beschriftetes Schema der Vorgänge bei der Muskelkontraktion an, um sich das Zusammenwirken der Einzelprozesse klarzumachen.
> Informieren Sie sich im Lehrbuch oder Internet über Substanzen, mit denen Muskelkontraktionen gezielt beeinflusst werden können (z. B. Tubocurarin) sowie über Gegenmittel (z. B. Neostigmin) und darüber, wie deren Wirkung zustande kommt.

Aufgabe 5 Erklären Sie, wie es zur Totenstarre kommt.

3.2 Sinne und Sinnesorgane

Reize werden durch **Sinneszellen (Rezeptorzellen)** aufgenommen. Es gibt verschiedene Rezeptortypen:

- **primäre Sinneszellen:** Der Zellkörper geht in ein Axon über, das die Erregung auf eine Nervenzelle überträgt. Primäre Sinneszellen verhalten sich also wie Nervenzellen und sind auch aus ihnen hervorgegangen. Wirbellose besitzen ausschließlich primäre Sinneszellen.
- **sekundäre Sinneszellen:** Aus Epithel-, Muskel- oder Bindegewebszellen entstandene Sinneszellen, bei denen der Zellkörper von den Fortsätzen sensibler Neuronen (Dendriten) umschlossen wird. Die Erregung wird mithilfe eines Neurotransmitters auf Nervenzellen übertragen. Sie sind nur bei Wirbeltieren nachgewiesen.
- **freie Nervenendigungen:** Nervenzellen, die der Reizaufnahme dienen und deren Dendriten feinste Verzweigungen haben (z. B. Tastsinn, Schmerzempfindung der Wirbeltiere).

Bei den meisten Tieren bilden Rezeptorzellen zusammen mit anderen Gewebestrukturen komplexe **Sinnesorgane.** Ein Sinnesorgan vermittelt bestimmte Sinneseindrücke, deren Summe als **Sinnesempfindung** bezeichnet wird. Das Gehirn interpretiert die sensorische Erregung unter Einbeziehung von gespeicherten Informationen. Eine **Wahrnehmung** entsteht.

3.2.1 Lichtsinn

Licht besteht aus Lichtquanten (Photonen), die man sich als kurze „Wellenzüge" vorstellen kann. Mit dem Lichtsinn kann ein kleiner Ausschnitt aus dem elektromagnetischen Spektrum wahrgenommen werden, mit dem menschlichen Auge der Wellenlängenbereich zwischen 390 und 780 nm. Hoch entwickelte Lichtsinnesorgane haben z. B. Mollusken und Wirbeltiere, aber auch viele Insekten sind mit ihren Komplexaugen zu guten Sehleistungen befähigt. Einfachere Lichtsinnesorgane kommen bei vielen Wirbellosen und sogar bei Einzellern vor.

Das **menschliche Linsenauge** ist wie folgt aufgebaut:
- Der **optische Apparat** des Auges besteht aus Hornhaut, Kammerwasser, bikonvexer Linse und Glaskörper.
- Den Augapfel umgeben von außen nach innen **drei Häute:** Lederhaut, Aderhaut und Netzhaut.
- Die **Netzhaut (Retina)** entsteht aus einer Ausstülpung des Gehirns und enthält deshalb Sinneszellen, Nervenzellen und Nervenfasern, die in mehreren Schichten angeordnet sind: Direkt auf der zwischen Aderhaut und Netzhaut befindlichen Pigmentschicht bilden die **Sehzellen** (Fotorezeptoren) die erste Schicht. Sie liegen somit auf der dem Licht abgewandten Seite (inverses Auge). **Stäbchen** sind Hell-Dunkel-Rezeptoren, ihr Sehfarbstoff ist Rhodopsin. **Zapfen** ermöglichen das Farbensehen, ihre Farbstoffe unterscheiden sich durch den Proteinanteil. Es gibt drei Arten von Zapfen, die jeweils besonders empfindlich für blaues oder für rotes oder für grünes Licht sind.

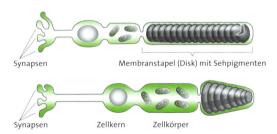

▶ *Stäbchen (oben) und Zapfen*

Mehrere Sehzellen leiten ihre Erregung jeweils auf eine **bipolare Nervenzelle** aus der zweiten Schicht. Mehrere Bipolare übertragen jeweils ihre Erregung auf eine große **Ganglienzelle** in der dritten Schicht. Die Axone der Ganglienzellen bilden den Sehnerv. In der zweiten Schicht befinden sich außerdem **Horizontalzellen,** welche die Sehzellen quer verbinden sowie **amakrine Zellen,** die Querverbindungen zwischen den Ganglienzellen herstellen.

Die **Iris** oder Regenbogenhaut ist eine verstellbare Blende, sie dient der **Adaption** an verschiedene Beleuchtungsstärken. Durch Veränderung der **Linsenkrümmung** kann die Brennweite verändert und damit die Scharfeinstellung auf unterschiedliche Entfernungen erreicht werden

(Akkomodation). Dafür ist der ringförmige Ziliarmuskel verantwortlich, durch dessen Anspannung die Linse entspannt wird und sich ihrer Eigenelastizität folgend stärker krümmt.

Folgende chemische Prozesse laufen bei der Reizaufnahme in der Netzhaut ab:

Alle Sehfarbstoffe bestehen aus einem Proteinanteil (Opsin) und einem Pigmentanteil (z. B. **11-*cis*-Retinal,** das durch Spaltung von β-Carotin entsteht). Das Opsin ist in den Membranstapeln der Sehzellen verankert, Retinal ist an Opsin gekoppelt, beide zusammen bilden den Sehpurpur **Rhodopsin (Opsin-11-*cis*-Retinal).** Dieser liegt in einer abgeknickten (*cis*-)Form vor, die durch Aufnahme von Photonen über Zwischenstufen in das gestreckte Opsin-all-*trans*-Retinal umgewandelt wird. Dies führt über eine Kaskadenreaktion zur Erregung der primären Sinneszellen. Unter Aufwendung von Stoffwechselenergie wird der Sehfarbstoff wieder in seine ursprüngliche Struktur überführt.

Stäbchen haben ein Ruhepotenzial von −20 mV, das bei Belichtung auf −60 mV bis −80 mV verändert wird. Es findet also eine Hyperpolarisierung statt. Während im Dunkeln die Natriumkanäle in der Membran geöffnet sind, schließen sie sich bei Belichtung, wobei Ca^{2+}-Ionen, die durch die Formänderung des Rhodopsins freigesetzt werden, eine Rolle spielen. Bei Dunkelheit schütten die Synapsen der Sehzellen ständig einen Transmitter aus, der in den Bipolaren die Erzeugung von Aktionspotenzialen hemmt. Bei Belichtung wird weniger Transmitter freigesetzt und die Bipolaren können Aktionspotenziale erzeugen.

> **Wissen** **Augenkrankheiten und Fehlfunktionen**
>
> - **Kurzsichtigkeit:** Linse zu stark gekrümmt bzw. Augapfel zu lang
> - **Weitsichtigkeit:** Linse zu schwach gekrümmt bzw. Augapfel zu kurz
> - **Astigmatismus:** Brechkraft des optischen Apparates ist in verschiedenen Ebenen unterschiedlich, dadurch kann z. B. ein Punkt als Stab abgebildet werden ("Stabsichtigkeit")
> - **Katarakt (Grauer Star):** Linsentrübung
> - **Glaukom (Grüner Star):** zu hoher Augeninnendruck führt zu Schädigung des Sehnerven
> - **Maculadegeneration:** eine Unterversorgung des Gelben Flecks (Macula lutea) führt zu teilweiser oder vollständiger Degeneration der Sinneszellen in dieser Region des schärfsten Sehens

Aufgabe 6 Vergleichen Sie die Erregung einer Lichtsinneszelle mit dem "Normalfall" eines durch Erregung ausgelösten Aktionspotenzials.

Kapitel 3 Steuerung, Regelung, Informationsverarbeitung

Aufgabe 7

1. Charakterisieren Sie folgende Lichtsinnesorgane mit einer kleinen Skizze, aus der die Lage der Lichtsinneszellen deutlich wird: Flachauge, Grubenauge, Blasenauge (Lochkamera-Auge), Linsenauge.
2. Geben Sie an, welche der folgenden Leistungen von diesen Organen jeweils erbracht werden: Hell-Dunkel-Unterscheidung, Richtungssehen, Bildsehen (unscharf), Bildsehen (scharf), Bewegungssehen.

Aufgabe 8

1. Die Elastizität der Augenlinse lässt mit zunehmendem Alter nach. Beschreiben Sie die Auswirkungen.
2. Eine im Alter häufiger auftretende Augenkrankheit ist die Maculadegeneration. Beschreiben Sie mögliche Symptome. Warum lassen sie sich mit einer Brille kaum lindern?

3.2.2
Mechanische und akustische Sinne

Einfache mechanische Sinne befinden sich vor allem in der Haut des Menschen in Form zahlreicher Rezeptoren für Druck, Berührung und Vibration (Tastrezeptoren), Schmerz (freie Nervenendigungen), Wärme und Kälte.

Druckschwankungen, die sich wellenförmig ausbreiten, werden als Schall bezeichnet. In **Schallsinnesorganen** werden sie in mechanische Schwingungen umgesetzt, die schließlich zur Erregung von Rezeptorzellen führen. Tierarten, die Laute erzeugen, haben in der Regel auch Gehörorgane, so z. B. Grillen, Heuschrecken und Zikaden und alle Landwirbeltiere.

Das **Gleichgewichtsorgan** liegt im Innenohr und besteht aus den drei **Bogengängen** und dem oberen **(Utriculus)** und unteren Bläschen **(Sacculus)**. Zum Gleichgewichtssinn gehören Lage- und Bewegungssinn. Die **statischen Sinnesorgane** des Lagesinns tragen Sinneszellen mit Cilien, die in eine gallertige Masse hineinragen. Eine Veränderung der Lage der Cilien durch Druckänderung bewirkt ihre Abscherung und damit ihre Reizung. So kann die **Richtung der Schwerkraft** wahrgenommen werden. Der Bewegungssinn ist in den drei senkrecht aufeinander stehenden **Bogengängen** lokalisiert. Jede Dreh- oder Linearbeschleunigung führt zu einer Bewegung der **Endolymphe;** diese durch Trägheit verursachte relative Bewegung der Endolymphe führt zum Abbiegen der **Cupula** und somit zur Abscherung der Sinneshärchen, was wiederum zu einer Reizung führt.

Kapitel 3 Steuerung, Regelung, Informationsverarbeitung

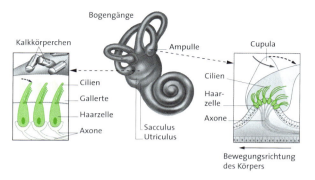

▶ Lage- und Bewegungssinn im Innenohr

Wissen Weg der Schallwellen im menschlichen Ohr

1. Schallwellen gelangen über die Ohrmuschel und den äußeren Gehörgang zum Trommelfell und versetzen dieses in Schwingungen.
2. Die Schwingungen des Trommelfells werden über die Gehörknöchelchen auf das Ovale Fenster übertragen und dabei rund 20 Mal verstärkt.
3. Hierdurch gerät die Perilymphe im Vorhofgang der Schnecke in Schwingungen.
4. Dies bewirkt die Auslenkung des Endolymphschlauchs im Schneckengang und dadurch die Bewegung der Basilarmembran des cortischen Organs.
5. Das wiederum führt zum Auslenken von Sinneshaaren und zur Erregung der Sinneszellen, d. h. zur Ausbildung von Rezeptorpotenzialen, wobei für jede Schallfrequenz die Haarsinneszellen an einer anderen Stelle erregt werden (Wahrnehmung der tiefsten Töne an der Schneckenspitze und der höchsten Töne an der Schneckenbasis).

Aufgabe 9

1. Beschreiben Sie, welche Sachverhalte zur Funktion unseres akustischen Sinns man mit der nebenstehenden Versuchsanordnung nachweisen kann.
2. Was würde sich ändern, wenn man den Schlauch mit Wasser füllen würde?

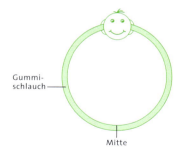

3.3
Nervensysteme und Gehirn

Nervensysteme dienen der Informationsverarbeitung und -speicherung und damit der Koordination aller Teile und Organe eines Organismus. Einfachste Systeme sind Neuronennetze ohne deutliches Zentrum (Hohltiere). Bei anderen *Wirbellosen* kommen radiärsymmetrische und bilateralsymmetrische Nervensysteme vor. Letztere bestehen meist aus einem **peripheren Nervensystem (PNS)** und einem **Zentralnervensystem (ZNS)**. Das Nervensystem der *Wirbeltiere* besteht aus Neuronen und Gliazellen, welche die Neuronen isolieren, schützen und nähren. Im ZNS werden Informationen verarbeitet. Das PNS sendet Informationen von den Rezeptoren in das ZNS (afferenter oder sensorischer Teil) und vom ZNS zu den Muskel- und Drüsenzellen (efferenter oder motorischer Teil).

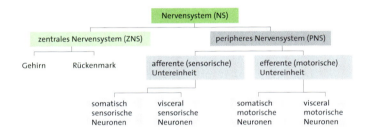

▶ *Überblick über die Organisation des Wirbeltier-Nervensystems*

Das **efferente PNS** gliedert sich in das **somatische Nervensystem**, das die Skelettmuskulatur steuert und dem Willen unterworfen ist, und das **viscerale Nervensystem**, das für die glatte Muskulatur der Organe und des Verdauungs-, Hormon- und Ausscheidungssystems sowie den Herzmuskel verantwortlich ist. Dieser Teil ist nicht willentlich beeinflussbar. Zusammen mit sensorischen und zentralnervösen Anteilen des Nervensystems, die unbewusst und unwillkürlich arbeiten, wird dieser Teil als **vegetatives** oder **autonomes Nervensystem** bezeichnet.

Das vegetative Nervensystem besteht aus zwei Gegenspielern: **Parasympathikus** (cholinerges System, „Erholung") und **Sympathikus** (adrenerges System, „Kampf, Flucht"). Es steuert die inneren Organe, indem es deren Funktion je nach Bedarf des Organismus hemmt oder anregt. Autonomes und somatisches Nervensystem sind aufeinander abgestimmt, sie werden durch den Hypothalamus im Zwischenhirn koordiniert.

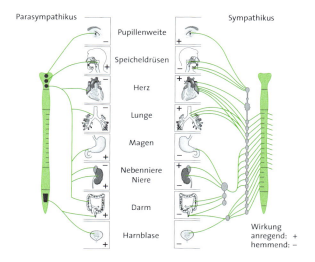

▶ *Vegetatives Nervensystem*

Das **Rückenmark** ist der im Wirbelkanal der Wirbelsäule verlaufende Teil des ZNS, der aus Nervenfasern **(weiße Substanz)** und schmetterlingsförmig angeordneten Nervenzellkörpern **(graue Substanz)** besteht. Das Rückenmark leitet Impulse weiter und vermittelt unbedingte Reflexe.

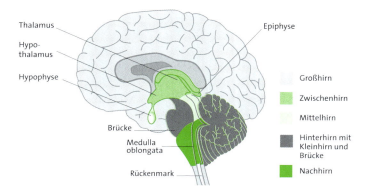

▶ *Bau (schematisch) des menschlichen Gehirns*

Das **Gehirn** der Wirbeltiere gliedert sich in fünf Abschnitte, von denen jeder bestimmte Aufgaben erfüllt. Kleinhirn und Großhirn bestehen aus Hirnrinde (graue Substanz) und Hirnmark (weiße Substanz). Die Oberfläche beider Hirnabschnitte ist durch Furchen und Windungen stark vergrößert. Die Hirnrinde (Cortex) des Menschen macht rd. 80 % der Gesamtmasse des Gehirns aus und enthält ca. 12 Milliarden Neuronen.

> **Wissen — Funktionen der Gehirnteile**
>
> - **Hirnstamm:** im Nachhirn Steuerung vieler lebenswichtiger Reflexe, außerdem liegen hier Kreislaufzentrum und Atemzentrum
> - **Mittelhirn:** u. a. Schaltung von Seh- und Hörreflexen, Pupillenreflex und Augenakkomodation, Steuerung von Schlaf- und Wachphasen
> - **Kleinhirn (Cerebellum):** u. a. Koordination von Körperbewegungen, Aufrechterhaltung von Körperhaltung und Körpergleichgewicht
> - **Zwischenhirn:** hier liegen der Thalamus als Hauptschaltstelle zwischen Sinnesorganen und Großhirn sowie der Hypothalamus, der als Schaltstelle zwischen Nerven- und Hormonsystem der Konstanthaltung der inneren Bedingungen des Organismus (Homöostaase) dient
> - **Großhirn** und **Großhirnrinde (Cortex):** größter und komplexester Teil des Säugergehirns, verantwortlich für höhere kognitive Fähigkeiten und komplexe Verhaltensweisen

Typische Aufgabenstellungen
- Nennen Sie die Hauptabschnitte des Gehirns und jeweils eine wichtige Funktion dieser Abschnitte.
- Erläutern Sie allgemein, wie die Aktivität der inneren Organe durch das vegetative Nervensystem beeinflusst wird.

3.3.1 Gedächtnis, Lernen, Bewusstsein

Als Gedächtnis bezeichnet man die wieder abrufbare Speicherung von Informationen. Gedächtnis setzt **synaptische Plastizität** voraus, also die aktivitätsbedingte Veränderung der Stärke der synaptischen Übertragung, z. B. durch
- Langzeitpotenzierung (eine schnelle Folge von Aktionspotenzialen bewirkt, dass die postsynaptische Zelle langfristig depolarisiert wird),
- Wachstumsprozesse (Vergrößerung der Synapsenfläche),
- Stoffwechselprozesse (Ausbildung von mehr Rezeptoren bzw. Kanalproteinen, Bildung von mehr Transmittersubstanz).

> **Wissen — Gedächtnisformen**
>
> **Kurzzeitgedächtnis**
> 1. Sensorisches Gedächtnis: speichert Informationen der Sinnesorgane nicht länger als eine Sekunde
> 2. Primäres Gedächtnis: speichert wenige Informationen höchstens wenige Minuten
>
> **Langzeitgedächtnis**
> 3. Sekundäres Gedächtnis: speichert Minuten bis Jahre
> 4. Tertiäres Gedächtnis: speichert auf Dauer

Kapitel 3 Steuerung, Regelung, Informationsverarbeitung

Als **Lernen** bezeichnet man die Veränderung von Verhalten aufgrund von Erfahrungen. Implizites (nicht kognitives) Lernen geschieht weitgehend unbewusst durch häufige Wiederholung („Einüben"), explizites (kognitives) Lernen erfordert eine bewusste Anteilnahme.

Bewusstsein kommt vermutlich durch eine komplexe Zusammenarbeit verschiedener Areale der Gehirnrinde zustande und hängt wohl mit dynamischen Aktivitätsmustern des gesamten Gehirns zusammen. Dabei wirken Wahrnehmung der Umwelt, Erinnerungen, Erwartungen, emotionale Zustände und Motivationen zusammen. Kennzeichen sind u. a. die Fähigkeit zur gerichteten Aufmerksamkeit, Abstraktionsfähigkeit, die Fähigkeit, die Folgen von Handlungen abzuschätzen, Selbsterkenntnis und die Entwicklung bzw. das Vorhandensein von Wertvorstellungen und Mitgefühl.

Kognition ist die Bezeichnung für alle Prozesse, die mit dem Erkennen zusammenhängen, z. B. Gedächtnis, Erinnerung, Lernen, Denken, Vorstellung, Beurteilung.

> **Wissen** **Wichtige bildgebende Verfahren in der Hirnforschung**
>
> - **Röntgentomografie (Computertomografie, CT):** Mit einem eng gebündelten Röntgenstrahl wird der Körper in vielen Richtungen einer Schnittebene durchleuchtet. Dadurch erhält man ein relativ hoch aufgelöstes Schnittbild.
> - **Positronen-Emissions-Tomografie (PET):** Wird radioaktiv markiertes Wasser in die Blutbahn injiziert, können Hirnbereiche mit erhöhter Stoffwechselaktivität markiert werden, da in diesen stark durchbluteten Bereichen vermehrt Wasser austritt. Auf diese Weise kann erkannt werden, welche Hirnbereiche bei bestimmten Tätigkeiten einer Versuchsperson aktiv sind.
> - **Kernspintomografie (Magnet-Resonanz-Tomografie, MRT):** Im starken Magnetfeld eines MRT erfahren die Atome des Körpers eine geringe Positionsveränderung. Bei Abschalten des Magnetfelds springen die Atome an ihre ursprüngliche Position zurück. Dabei senden sie Photonen aus, die durch Sensoren gemessen werden können. Im Gegensatz zur Röntgentomografie können so neben horizontalen auch noch andere Schnittebenen dargestellt werden, ohne die Lage des Patienten zu verändern.

Aufgabe 10 Der Psychologe D. O. Hebb formulierte 1949 in seinem Buch *The Organization of Behavior* im Bezug auf Neuronen „what fires together, wires together".

Geben Sie eine Erläuterung dieser Kurzfassung der oben formulierten Hebb'schen Regel.

Kapitel 3 Steuerung, Regelung, Informationsverarbeitung

3.4
Hormone

Hormone sind chemische Signalstoffe, die von den Bildungsorten in Körperflüssigkeiten (meist Blut) abgegeben werden und in kleinsten Mengen wirken.

> **Wissen — Funktionen der Hormone**
> - Hormone koordinieren Körperfunktionen,
> - beeinflussen den Stoffwechsel und den Energiehaushalt,
> - fördern bzw. hemmen das Wachstum und die Entwicklung,
> - beeinflussen die Homöostase (d. h. die Aufrechterhaltung des physiologischen Gleichgewichts) und das Verhalten.

3.4.1
Hormone bei Tieren und dem Menschen

In allen Tieren können Hormone nachgewiesen werden. Besonders gut untersucht bei den Wirbellosen sind die an Fortpflanzung und Entwicklung beteiligten Hormone. So sind z. B. für die Häutung und Entwicklung der Insekten drei Hormone verantwortlich:
- **Ecdyson** löst die Häutung aus und führt zur Ausbildung der adulten Merkmale,
- **Prothoracotropes Hormon (PTTH)** kontrolliert die Synthese von Ecdyson,
- **Juvenil-Hormon (JH)** bewirkt die Beibehaltung von Larvenstadien.

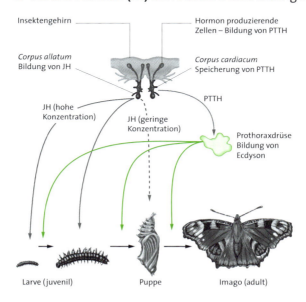

Die Einteilung der Hormone erfolgt nach ihrem **Bildungsort** in Drüsenhormone und Gewebshormone, nach ihren **chemischen Eigenschaften** in lipophile und hydrophile Hormone und nach ihrem **Wirkmechanismus** in glandotrope Homone, welche die Hormonproduktion von Hormondrüsen beeinflussen und effektorische Hormone, die direkt auf die Erfolgsorgane wirken. Hormon produzierende Zellen sind oft zu **endokrinen Drüsen** zusammengefasst. Sie produzieren Hormone, die in die Körperflüssigkeiten abgegeben werden, daher haben Sie keine Ausführgänge. Demgegenüber sondern **exokrine Drüsen** Substanzen wie Schleim, Schweiß und Verdauungssäfte ab. Sie besitzen Ausführgänge, welche die Drüsenprodukte zum Bedarfsort leiten. Manche Drüsen, so z. B. die Bauchspeicheldrüse haben einen exokrinen und einen endokrinen Anteil.

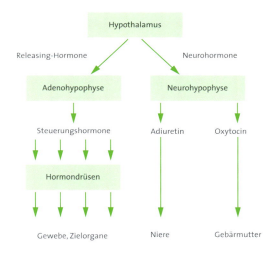

▶ *Steuerung des Hormonsystems bei Wirbeltieren*

Grundsätzlich werden bei Hormonen **zwei Wirkmechanismen** unterschieden:
- Lipophile Hormone wie die Steroidhormone (z. B. Östrogene) oder die Schilddrüsenhormone können die Plasmamembran ihrer Zielzellen leicht passieren. Sie dringen in die Zelle ein und binden dort an einen Rezeptor, der sie in den Zellkern transportiert. Dort bindet das Hormon über das Rezeptormolekül an die DNA und beeinflusst dadurch die Genexpression.
- Nicht lipophile Hormone binden an einen Rezeptor in der Zellmembran der Zielzelle. Diese Rezeptoren stehen entweder in Verbindung mit Enzymen (Protein-Kinase, z. B. bei Insulin) oder Ca^{2+}-Kanälen (z. B. Wachstumshormone, Adrenalin) oder sie lösen Signalketten aus, in denen vom Rezeptormolekül G-Protein als Überträger aktiviert wird

und dieses wiederum die Bildung von cAMP, einem second messenger, induziert (z. B. Glucagon, Adrenalin). Bei Hormonen, wie Adrenalin, die an zweierlei Rezeptoren binden können, hängt von den Rezeptoren der Zielzelle ab, welche Wirkung das Hormon jeweils hat.

Ein weiteres allgemeines Prinzip der Hormonwirkung ist die Kontrolle eines Hormons durch ein entgegengerichtetes, **antagonistisches Hormon.** Ein bekanntes Beispiel dafür ist das Zusammenspiel von Insulin und Glucagon bei der Regulation des Blutzuckers:

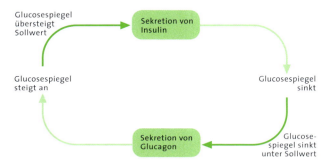

Im Unterschied zum Nervensystem, von dem schnelle, lokal meist eng begrenzte und nur kurzzeitig anhaltende Wirkungen ausgehen, wirkt das Hormonsystem langsamer, lokal weniger begrenzt und länger anhaltend. Zwischen beiden Steuerungssystemen bestehen enge strukturelle und funktionelle Beziehungen. Hormone sind teilweise auch Signalstoffe im Nervensystem. Die neuronale und hormonelle Kontrolle der Schilddrüsenfunktion und damit des Energiestoffwechsels ist ein Beispiel für das Zusammenwirken beider Systeme.

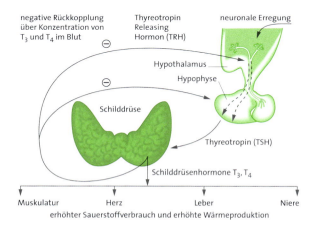

▶ *Neuronale und hormonelle Regulation der Schilddrüsenfunktion*

Kapitel 3 Steuerung, Regelung, Informationsverarbeitung

Typische Aufgabenstellungen
- Nennen Sie drei Hormondrüsen mit ihren Hormonen und beschreiben Sie deren Wirkung.
- Nennen Sie die grundlegenden Eigenschaften von Hormonen.
- Beschreiben Sie die Wirkungsweise eines beliebigen Hormons (z. B. Adrenalin) und die biologische Bedeutung seiner Wirkung. Wo wird das Hormon produziert und wie seine Ausschüttung gesteuert?

Aufgabe 11 Vergleichen Sie Nervensystem und Hormonsystem und beschreiben Sie an einem Beispiel die Wechselwirkung beider Systeme.

Aufgabe 12 Effektorische Hormone wirken direkt auf ein Erfolgsorgan, glandotrope Hormone wirken indirekt, indem sie andere Hormondrüsen stimulieren. Erläutern Sie die unterschiedliche Wirkung am Beispiel der Schilddrüse.

> **Tipp**
>
> Hilfreich zum Lernen ist das Anfertigen einer Tabelle, in der Sie die Hormondrüsen, die von ihnen gebildeten Hormone, deren Stoffklasse, den Wirkmechanismus (über Rezeptor oder Genexpression) sowie die von ihnen gesteuerte Funktion und eventuell Antagonisten auflisten.

3.4.2 Pheromone

Pheromone sind den Hormonen sehr ähnlich. Es sind kleine Moleküle, die sich schnell in der Umwelt verteilen und z. B. der Partnerfindung, dem Markieren des Territoriums oder auch als Warnsignal (z. B. Schreckstoffe bei Fischen) dienen. Ebenso wie Hormone sind sie in sehr geringen Mengen wirksam. So können die Sexuallockstoffe mancher weiblicher Insekten bei kilometerweit entfernten Männchen und in äußerst geringen Konzentrationen Verhaltensänderungen bewirken.

> **Wissen** **Pheromone und Allomone**
>
> **Pheromone** werden mithilfe exokriner Drüsen nach außen abgegeben und dienen im Unterschied zu Hormonen der Signalübertragung *zwischen Individuen einer Art* (z. B. Sexuallockstoffe bei Insekten). Wirken solche chemischen Signalstoffe *zwischen Individuen verschiedener Arten,* spricht man von **Allomonen** bzw. **Kairomonen** (z. B. Imitation tierischer Sexuallockstoffe durch Pilze und Pflanzen wie Trüffel, Fliegenragwurz).

Kapitel 3 Steuerung, Regelung, Informationsverarbeitung

3.4.3
Hormone bei Pflanzen

Phytohormone sind die Hormone der Pflanzen. Sie steuern das Wachstum und die Entwicklung von Pflanzen, indem sie auf Zellteilungen, Zellstreckungswachstum und Zelldifferenzierung Einfluss nehmen.

Phytohormon	Bildungsort	Hauptfunktion
Auxin	Embryo im Samen, Apikalmeristeme	stimuliert Differenzierung, Streckungswachstum, Apikaldominanz, Fruchtentwicklung
Cytokinine	Wurzel	stimulieren v. a. Zellteilungswachstum, Keimung und Blüte
Gibberelline	Apikalmeristeme, Wurzeln, junge Blätter, Embryo	fördern Samenkeimung und Austreiben der Knospen, Wurzelwachstum, Spross-Streckung, Blattwachstum, Blüte und Fruchtentwicklung
Abscisinsäure	Blätter, Stängel, grüne Früchte, Samen	hemmt Wachstum, fördert Blattfall, schließt bei Wasserstress die Spaltöffnungen
Ethylen	reifende Früchte, alternde Gewebe und Blüten	fördert die Reifeprozesse (z. B. Fruchtreife)
Jasmonate	verletzte Gewebe	Auslösen von Abwehrreaktionen

Aufgabe 13

Jasmonate gelten sowohl als Phytohormone wie auch als Pheromone und Allomone.
    Erläutern Sie dies mithilfe eines Lehrbuchs bzw. einer Internetrecherche.

4
Genetik und Immunbiologie

In diesem Kapitel wird das Zusammenwirken von Nucleinsäuren und Proteinen dargestellt, das dem Vererbungsgeschehen zugrunde liegt. Sein Verständnis ist die Voraussetzung für künstliche Eingriffe im Rahmen der Gentechnik. Bei der Abwehr von Schadstoffen und Krankheitserregern kann im Immunsystem die genetische Information modifiziert und ergänzt werden.

4.1
Molekulare Grundlagen

Leben ist charakterisiert durch das Zusammenwirken der informationsspeichernden **Nucleinsäuren** mit den die Lebensfunktionen steuernden **Proteinen.** Durch die **identische Replikation** der Nucleinsäuren ist gewährleistet, dass die Information von Zelle zu Tochterzellen und von Generation zu Generation weitergegeben wird. Ein Übersetzungsmechanismus **(Transkription** und **Translation)** gewährleistet die Umsetzung der Information in den Bau und die Funktion des Organismus.

4.1.1
Nucleinsäuren

Nucleinsäuren sind Polymere aus Nucleotiden. Jedes **Nucleotid** besteht aus Zuckerrest, Phosphorsäurerest und Purin- bzw. Pyrimidinbase. Die Nucleotide sind durch Phosphorsäurediesterbindungen verknüpft. Jeder Strang hat ein Ende mit einer OH-Gruppe am C-3-Atom des Zuckerrestes (3') und ein Ende mit einer OH-Gruppe am C-5-Atom des Zuckerrestes (5'). Man unterscheidet **Desoxyribonucleinsäuren (DNA)** und **Ribonucleinsäuren (RNA).** Die DNA besteht aus einem Doppelstrang, bei dem die beiden Einzelstränge einander entgegenlaufen, sie sind antiparallel. Gekennzeichnet wird dies durch die Angabe 3'-5'-Richtung bzw. 5'-3'-Richtung z. B. für die Ableserichtung. RNA ist normalerweise einzelsträngig, kann aber innerhalb des Strangs durch Schlingenbildung gepaarte Abschnitte besitzen.

	DNA	RNA
Zuckerrest	Desoxyribose	Ribose
Purinbasen	Adenin (A), Guanin (G)	
Pyrimidinbasen	Cytosin (C), Thymin (T)	Cytosin (C), Uracil (U)
Sekundärstruktur	Doppelhelix aus zwei gegenläufigen Nucleotidsträngen, die über zwei Wasserstoffbrückenbindungen zwischen A und T und drei Wasserstoffbrücken zwischen G und C verbunden sind	Einzelstrang oder in sich zum Doppelstrang gefaltetes Molekül

Typische Aufgabenstellungen
- Erläutern Sie den Aufbau der DNA anhand einer Schemazeichnung.
- Zeigen Sie anhand eines Schemas und mithilfe von Symbolen für Base, Zucker und Phosphorsäure das Prinzip der Verknüpfung von zwei Nucleotiden zu einem Dinucleotid.

Aufgabe 1 Welches der folgenden Verhältnisse der Nucleotidbasen ist nicht konstant und damit artspezifisch?

A/T	C/G	A+T/G+C	A+G/C+T

Aufgabe 2 Doppelhelices mit hohem G/C-Anteil lassen sich schwerer auftrennen als solche mit einem hohen A/T-Anteil. Begründen Sie dies.

4.1.2 Replikation

Die Weitergabe der genetischen Information bei der Kernteilung und vom Zellkern in das Cytoplasma beruht auf der Fähigkeit der Nucleinsäuremoleküle, sich identisch zu replizieren.

Im **Ablauf der Replikation** gibt es eine Reihe von Unterschieden zwischen Prokaryoten und Eukaryoten:
- In Bakterien werden etwa 500 bis 1000 Nucleotide pro Sekunde synthetisiert. Die Replikation beginnt an einem Replikationsursprung und dauert nur einige Minuten.
- Bei Eukaryoten werden etwa 30 bis 50 Nucleotide pro Sekunde synthetisiert. Die Replikation startet an Hunderten bis Tausenden Ursprüngen gleichzeitig und dauert bis zu einigen Stunden.
- Die DNA-Replikation verläuft ansonsten in allen Organismen prinzipiell gleich und kann in drei Hauptphasen unterteilt werden.

> **Wissen** **DNA-Replikation**
>
> 1. **Initiation:** Anlagerung von Initiationsproteinen, Entspiralisierung durch **Topoisomerasen,** Öffnung des DNA-Doppelstrangs durch **Helicasen.** Es entsteht eine sog. **Replikationsgabel** (Replikationsblase), an der sich die Replikationsenzyme anlagern. Des Weiteren lagern sich Proteine zur Stabilisierung der Einzelstrangabschnitte an.
> 2. **Elongation:** Beginn der Replikation mit einem sechs bis 30 Nucleotide langen **Primer** (Starter-Molekül) aus RNA vom 3' zum 5'-Ende des Matrizenstrangs und schrittweise Verlängerung der neuen DNA.
>   Am Leitstrang wird durch die **DNA-Polymerase** kontinuierlich ein neuer Strang synthetisiert, am Folgestrang wird die neue DNA entgegen der Öffnungsrichtung in kleinen Stücken, den **Okazaki-Fragmenten,** synthetisiert. Diese werden anschließend durch eine **Ligase** untereinander verknüpft.
> 3. **Termination:** Beenden der Replikation und Trennung der neu entstandenen Tochterstränge. Da jeder der neu entstehenden Tochterstränge einen alten und einen neu gebildeten Teilstrang enthält, wird die Replikation **semikonservativ** (halb bewahrend) genannt.

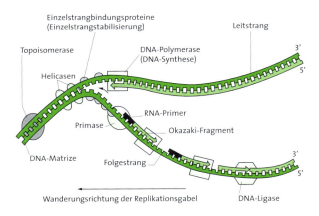

▶ *Schematische Darstellung der Vorgänge an der Replikationsgabel*

4.1.3 Proteinbiosynthese

Um die in der DNA enthaltene Information in der Zelle zu verwirklichen, muss sie „abgeschrieben" und „übersetzt" werden. Als **Transkription** bezeichnet man die Umschreibung der DNA-Sequenz in eine RNA-Sequenz, als **Translation** die Übersetzung der Nucleotidsequenz nach einem bestimmten Code in eine Aminosäuresequenz. Ein **Gen** (= Cistron) ist eine Funktionseinheit der DNA, die mit ihrer Basensequenz für ein Polypeptid oder Protein codiert **(Ein-Gen-ein-Polypeptid-Hypothese).**

Alle für die körpereigenen Proteine codierenden Gene werden als **Strukturgene** bezeichnet. Sie werden ihrerseits durch **Kontrollgene** reguliert. Die genetische Information liegt in Form der Basensequenz vor, wobei jeweils ein oder mehrere **Basentripletts (Codons)** für eine Aminosäure codieren. Diese Zuordnung der Basentripletts zu bestimmten Aminosäuren nennt man „**genetischen Code**".

Bei der **Transkription** wird die im Gen enthaltene Information in eine RNA übersetzt. Diese RNA wird **messenger-RNA** (mRNA, Boten-RNS) genannt.

   Processing: Bei Eukaryoten wird die zunächst gebildete Vorläufer-mRNA durch Herausschneiden **(spleißen)** bestimmter Abschnitte **(Introns)** verändert, sodass nur die translationsfähigen Abschnitte **(Exons)** übrigbleiben. Eine mögliche Funktion des Processing könnte sein, dass von einem Gen mehr als ein Polypeptid hergestellt werden kann, indem unterschiedliche Exons kombiniert werden.

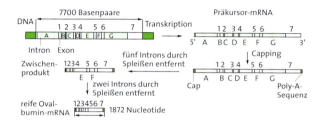

Translation: Die Information der mRNA wird an den **Ribosomen** in eine Aminosäuresequenz übersetzt und so das Protein aufgebaut. Die kleinen RNA-Moleküle, die mit einer Aminosäure beladen die Proteinsynthese an den Ribosomen bewerkstelligen, werden **transfer-RNA** (tRNA, Überträger-RNS) genannt. Das **Anticodon** ist das Nucleotidtriplett, das sich jeweils zu einem Basentriplett der mRNA, dem **Codon,** komplementär verhält.

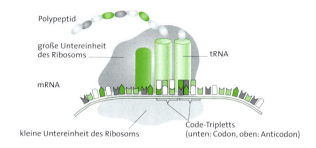

Kapitel 4 Genetik und Immunbiologie

Wissen — Chaperone

Normalerweise sind Sekundär-, Tertiär- und Quartärstruktur der Proteine durch die Primärstruktur, die Sequenz der Aminosäuren, festgelegt. Es kann jedoch auch zu „falschen" Faltungen der Polypeptidkette und damit zu nicht funktionsfähigen Proteinen kommen. Um solche Fehler zu vermeiden gibt es bestimmte Proteinmoleküle, die **Chaperone,** die als Formgeber dafür sorgen, dass die richtigen Proteinstrukturen gebildet werden.

Typische Aufgabenstellungen

- Beschreiben Sie die Biosynthese eines Proteins, ausgehend vom Gen bis zur Primärstruktur.
- Erläutern Sie, wie in der Proteinsynthese der genetische Code umgesetzt wird.
- Erstellen Sie mithilfe der Code-Sonne aus einer vorgegebenen Gensequenz die zugehörige Aminosäuresequenz bzw. umgekehrt aus einer vorgegebenen Aminosäuresequenz die möglichen Gensequenzen.
- Von einem Protein X ist bekannt, dass es aus 146 Aminosäuren besteht. Durch DNA-Sequenzanalysen ist die Zahl der Basenpaare für dieses Protein mit über 1200 bestimmt worden.
- Wie viele Basenpaare würden Sie für dieses Protein erwarten?
- Erläutern Sie, wie aus der genannten Zahl von Basenpaaren ein Protein mit 146 Aminosäuren entsteht.

Tipp

Bei komplexeren Prozessen wie der Proteinbiosynthese empfiehlt es sich, immer ein beschriftetes Schema der Abläufe sowie zusätzlich eine Beschreibung der einzelnen Schritte in Worten anzufertigen. Dieses Vorgehen verbessert das Verständnis und erleichtert damit das Lernen.

Aufgabe 3 Charakteristische Merkmale des genetischen Codes sind: Triplett-Code, universell, degeneriert, spezifisch, kommafrei, nicht überlappend. Geben Sie jeweils eine kurze Erklärung dieser Eigenschaften.

Aufgabe 4 Bei der Transkription wird mit Hilfe des Enzyms Transkriptase (RNA-Polymerase) RNA an einem DNA-Strang gebildet. Retroviren enthalten das Enzym Reverse Transkriptase (Revertase).
1. Erklären Sie die Wirkungs- und Vermehrungsweise von Retroviren.
2. Nennen Sie mögliche Anwendungen solcher Enzyme in der Gentechnik.

4.1.4 Genregulation

Im Stoffwechsel gibt es einerseits Reaktionen, die ständig ablaufen und damit auch Enzyme, die ständig gebraucht werden, andererseits gibt es Reaktionen und damit Enzyme, die nur zeitweise benötigt werden. Die codierenden Gene müssen also nur bei Bedarf exprimiert werden. Daher werden **Strukturgene** unterschieden in:

- **Konstitutive Gene,** die verantwortlich sind für den Grundstoffwechsel und ständig exprimiert werden und
- **Gene für spezielle Aufgaben,** die nur unter bestimmten Umständen exprimiert werden.

Bei der **Genregulation** kann grundsätzlich zwischen einer reversiblen kurzfristigen und einer irreversiblen langfristigen Regulation der Genaktivität unterschieden werden. Für die **Genregulation bei Prokaryoten** entwickelten J. Monod und F. Jacob das **Operon-Modell.** Nach diesem Modell wird die Genaktivität über vorhandene Substrate (Substratinduktion) oder gebildete Endprodukte (Endprodukthemmung) reguliert:

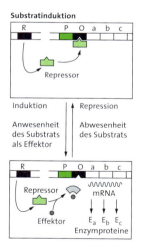 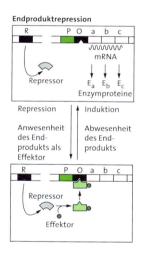

Die **Genregulation der Eukaryoten** ist komplexer. Gründe sind u. a. die wesentlich größere DNA-Menge, große Bereiche mit nicht codierenden Sequenzen (Introns), repetitive Sequenzen, die an der Ausbildung der Chromosomenstruktur beteiligt sind, Wiederholungen von Genabschnitten, die eine Multigenfamilie bilden und dadurch entweder die schnelle Produktion großer mRNA- und damit Proteinmengen (bei identischen Genabschnitten, z. B. Histon-Gene) ermöglichen oder die Herstellung vieler ähnlicher Proteine mit unterschiedlichen Aufgaben (bei sehr ähnlichen Genabschnitten, z. B. Globin-Gene).

Die Regulationsprozesse können im Verlauf der Genexpression auf verschiedenen Ebenen ansetzen:
- **Ebene 1:** Transkriptionskontrolle am Zellkern
- **Ebene 2:** Geschwindigkeit und Art des Processing der Vorläufer-mRNA und Lebensdauer der translationsfähigen mRNA
- **Ebene 3:** Geschwindigkeit der Peptidsynthese an den Ribosomen
- **Ebene 4:** Umwandlung der Polypeptide zu funktionsfähigen Proteinmolekülen.

Eukaryotengene bilden keine Operons. Sie haben zwar auch einen **Promotor** genannten Ort, an dem die RNA-Polymerase an die DNA bindet, jedoch müssen vorher mehrere **Transkriptionsfaktoren** genannte Proteine gebunden werden, die durch mitunter weit entfernt liegende aktivierende oder hemmende Proteine beeinflusst werden. Manche dieser genregulatorischen Proteine werden über Hormone oder andere Signalstoffe bzw. über Signalketten gesteuert. Daraus entstehende Produkte können wiederum hemmend oder aktivierend auf andere Signalketten oder direkt auf Genaktivitäten einwirken, sodass insgesamt ein kompliziertes Netzwerk aus gegenseitiger Hemmung oder Aktivierung vorliegt.

Typische Aufgabenstellung
Entwerfen Sie ein Modell der Genregulation für ein Enzym, das für die Abbaureaktion eines Stoffes verantwortlich ist (z. B. Alkoholdehydrogenase für Ethanol in den Leberzellen) und begründen Sie, warum Sie dieses Modell gewählt haben.

Aufgabe 5
Beschreiben Sie, wie nach dem Operon-Modell die Lactaseproduktion bei *Escherichia coli* geregelt werden könnte, wenn im Kulturmedium Glucose durch Lactose ersetzt wird.

4.1.5 Mutationen

Mutationen sind **Veränderungen der genetischen Information,** die bei der Replikation weitergegeben werden. Durch die Veränderung der DNA können einzelne Merkmale verändert werden. Individuen mit solchen Veränderungen werden **Mutanten** genannt.

Genommutationen (numerische Chromosomenaberrationen) sind Veränderungen der Anzahl der Chromosomen im Vergleich zum natürlichen Chromosomenbestand:
- **Euploidie:** Abweichung ganzer Chromosomensätze,
- **Aneuploidie:** Abweichung der Anzahl einzelner Chromosomen (z. B. Trisomie 21 = Down-Syndrom).

Chromosomenmutationen (strukturelle Chromosomenaberrationen) sind Strukturveränderungen an Chromosomen, die über die Grenze eines einzelnen Gens hinausgehen. Sie entstehen durch Crossing-over an falschen Abschnitten der Chromosomen. Sie führen zu Verlust, Austausch oder Verdopplung eines Chromosomenstücks und verändern dadurch die Reihenfolge, Anzahl oder die Art der Gene auf einem Chromosom. Man unterscheidet:
- **Duplikation:** Verdopplung eines Chromosomenabschnitts,
- **Deletion:** Verlust eines Chromosomenabschnitts,
- **Translokation:** Austausch von Chromosomenabschnitten zwischen verschiedenen Chromosomen,
- **Inversion:** Umkehrung eines Chromosomenabschnitts um 180° durch falsche Verknüpfung von Bruchenden.

Genmutationen sind Veränderungen an Genen, wobei einzelne Basen oder längere Genabschnitte betroffen sein können. Grundsätzlich wird zwischen **Basensubstitutions-Mutationen (Punktmutationen)** und **Leseraster-Mutationen** unterschieden. Bei Ersteren kommt es zum Austausch von Nucleotiden der DNA, was zum Austausch einer Aminosäure führen kann. Bei Letzteren verschiebt sich durch Einfügen, Verdoppeln oder Entfernen von Basen das Leseraster der mRNA am Ribosom. So kann es zum vorzeitigen Kettenabbruch oder zu Polypeptiden mit stark veränderter Aminosäuresequenz kommen.

> **Wissen** — **Ursachen von Mutationen**
>
> - **Replikationsfehler** (vorwiegend Genmutationen)
> - **Fehler bei der Chromosomenverteilung während der Mitose** (vorwiegend Chromosomenmutationen)
> - **Fehler bei der Chromosomenverteilung während der Meiose** (vorwiegend Genommutationen)
> - **Mutagene,** d.h. chemische Substanzen, die Mutationen auslösen können (z. B. Aflatoxine, Dioxin, Nitrit) oder physikalische Faktoren (z. B. radioaktive Strahlung, UV-Strahlung)

Im Gegensatz zu Mutationen sind **Modifikationen** von äußeren oder inneren Faktoren hervorgerufene Abweichungen des Phänotyps. Als **Reaktionsnorm** wird dabei das Ausmaß der umweltbedingten oder durch innere Faktoren verursachten Merkmalsabweichungen bezeichnet.

Typische Aufgabenstellungen
- Stellen Sie an je einem Beispiel dar, wie ein Protein durch eine Punktmutation seine spezifische Wirkung verliert bzw. wie die Proteinstruktur zwar verändert, nicht aber die Wirkung des Proteins beeinträchtigt wird.

Kapitel 4 Genetik und Immunbiologie

- Manche gegen bestimmte Krankheiten (u. a. AIDS, Krebs) eingesetzte Wirkstoffe zeigen große Ähnlichkeiten mit den Basen oder Nucleotiden der DNA (Basenanaloga bzw. Nucleotidanaloga). Erläutern Sie die Wirkungsweise einer solchen (vorgegebenen) Substanz.
- Zeigen Sie anhand der Prozesse am Ribosom die Folgen einer Punktmutation auf (z. B. bei der Phenylketonurie) auf.

> **Tipp**
>
> Informieren Sie sich in Lehrbüchern oder im Internet über Erkrankungen, die durch definierte Genmutationen verursacht werden, wie z. B. die Sichelzellanämie oder die Muskeldystrophie vom Typ Duchenne (DMD). Üben Sie, durch Vergleich des gesunden Gens mit dem mutierten Gen mithilfe der Code-Sonne den Mutationstyp herauszufinden sowie die Folgen für das codierte Protein zu beschreiben.

Aufgabe 6 Erklären Sie, wie es durch den fehlerhaften Ablauf der Meiose zu einer Genommutation kommen kann.

Aufgabe 7 Der Einbau von „falschen" Basen (Basenanaloga) in ein Nucleinsäuremolekül kann zu Mutationen führen. Ein Beispiel: Bromuracil, das sich von Thymin ableitet, bei dem eine CH_3-Gruppe durch Brom (Br) ersetzt ist.
Erklären Sie, wie es beim Einbau von Bromuracil zu einer Punktmutation kommen kann.

4.1.6
Geschlechtsbestimmung

Modifikatorische Geschlechtsbestimmung ist die Festlegung des Geschlechts eines Tieres in Abhängigkeit von inneren Bedingungen oder Umweltfaktoren. Demgegenüber wird das Geschlecht bei der **genotypischen Geschlechtsbestimmung** durch den Genotyp festgelegt.

Das Geschlecht eines Menschen wird – wie bei vielen Tieren und einigen Pflanzen – durch Geschlechtschromosomen (**Gonosomen**) bestimmt. Im Unterschied zu den Körperchromosomen (**Autosomen**, beim Menschen 22 Paare) ist meist nur ein Paar Geschlechtschromosomen vorhanden. Die Geschlechtsausprägung ist bei fast allen Säugetieren einschließlich dem Menschen und bei vielen anderen Tierarten gleich: Weibliches Geschlecht: **XX,** Männliches Geschlecht: **XY,** aber es kommt auch Homozygotie im männlichen Geschlecht vor, z. B. bei Vögeln, einigen Fischen, Amphibien und Insekten. Im Allgemeinen werden die Gonosomen dann mit **ZZ** (männlich) und **WZ** (weiblich) bezeichnet.

4.2 Vererbung

4.2.1 Vererbungsregeln

Wissen	Definitionen und Symbole in der Genetik

Gen: Erbanlage
Genom: Gesamtheit der Erbanlagen
Genotyp: die Gesamtheit der Erbanlagen eines bestimmten Organismus
Phän: Merkmal
Phänotyp: das Erscheinungsbild eines bestimmten Organismus
Allele: Versionen eines Gens, die auf identischen Abschnitten homologer Chromosomen liegen
homozygot: die Allele eines Gens bei beiden (allen) homologen Chromosomen sind gleich
heterozygot: die Allele eines Gens unterscheiden sich bei den (beiden) homologen Chromosomen
dominant: merkmalsbestimmendes Allel, gekennzeichnet durch einen großen Buchstaben
rezessiv: merkmalsunterlegenes Allel, gekennzeichnet durch einen kleinen Buchstaben
intermediär (codominant): beide Allele sind gleichberechtigt an der Ausprägung des Merkmals im Phänotyp beteiligt
monohybrid: Erbgang betrifft nur ein unterschiedliches Merkmalspaar
dihybrid: Erbgang betrifft zwei unterschiedliche Merkmalspaare
P: Parentalgeneration = Elterngeneration
F_1: 1. Filialgeneration = 1. Tochtergeneration
F_2: 2. Filialgeneration = 2. Tochtergeneration
X: Symbol für die Kreuzung zweier Individuen; die weiblichen Individuen werden i. A. zuerst geschrieben

G. MENDEL entdeckte durch Auswertung von Kreuzungsexperimenten die nach ihm benannten Vererbungsregeln, die er 1866 veröffentlichte. Er arbeitete bei seinen Untersuchungen an der Gartenerbse *(Pisum sativum)* nur mit einzelnen Merkmalen, die von dominanten oder rezessiven Erbanlagen bewirkt werden. Später konnte K. CORRENS auch intermediäre Erbgänge nachweisen. Die mendelschen Regeln wurden von CORRENS, TSCHERMAK und DE VRIES 1900 wieder entdeckt.

> **Wissen   Die mendelschen Regeln**
>
> 1. **Erste mendelsche Regel = Uniformitätsregel:** Kreuzt man reinerbige Eltern (P), die sich in einem Merkmal unterscheiden, so sind alle Nachkommen (F_1) untereinander gleich (uniform).
> 2. **Zweite mendelsche Regel = Spaltungsregel:** Kreuzt man die Individuen der F_1-Generation untereinander, so erhält man in der F_2-Generation eine Aufspaltung der Merkmale in festen Zahlenverhältnissen (bei dominant-rezessivem Erbgang 3:1, bei intermediärem Erbgang 1:2:1).
> 3. **Dritte mendelsche Regel = Unabhängigkeitsregel:** Kreuzt man homozygote Individuen (P), die sich in mehreren Merkmalen voneinander unterscheiden, so wird jedes Merkmal unabhängig von den anderen vererbt.

Die dritte mendelsche Regel hat nur Gültigkeit, wenn die Gene auf verschiedenen Chromosomen liegen. T. H. MORGAN wies nach, dass die Gene der Fruchtfliege *(Drosophila melanogaster)* auf insgesamt vier **Kopplungsgruppen** verteilt sind, was der Zahl der Chromosomen des einfachen Chromosomensatzes entspricht. Diese Gesetzmäßigkeit gilt für alle Organismen. Sie bestätigte die **Chromosomentheorie der Vererbung,** nach der die Chromosomen die Träger der Erbanlagen sind.

Die Kopplung der Gene innerhalb einer Kopplungsgruppe ist nicht vollständig. Dies erklärt sich dadurch, dass Gene, die auf demselben Chromosom liegen, während der Meiose durch Austausch von Chromosomenstücken **(Crossing-over)** getrennt werden können. Dieser Austausch findet während der Prophase I der Meiose statt, wenn die väterlichen und mütterlichen homologen Chromosomen gepaart sind. Dabei kommt es zu Überkreuzungen (Chiasmata, Sing. **Chiasma**), die das Crossing-over ermöglichen.

4.2.2
Erbkrankheiten

Auch beim Menschen werden viele Merkmale nach den mendelschen Regeln vererbt, darunter auch krankhafte Veränderungen. Die meisten Erbkrankheiten gehen auf Veränderungen der Autosomen zurück und sind rezessiv. Nur im Fall der Homozygotie kommen sie zum Ausbruch. Gene für Erbkrankheiten, die auf den X-Chromosomen liegen, führen dazu, dass es im männlichen Geschlecht wesentlich häufiger zur Ausprägung der Krankheiten kommt als im weiblichen Geschlecht.

Erbgang	Erbkrankheit
autosomal-rezessiv	Phenylketonurie, Albinismus, Mukoviszidose, Sichelzellenanämie, Galaktosämie, Alkaptonurie, Lippen-, Kiefer-, Gaumenspalte, Xeroderma pigmentosum
autosomal-dominant	erbliche Hypercholesterinämie, Chorea Huntington, Brachydactylie, Engelmann-Syndrom, Neurofibromatose
gonosomal-rezessiv	Hämophilie (Bluterkrankheit), Rot-Grün-Blindheit, Muskeldystrophie (Typ Duchenne)
gonosomal-dominant	Phosphatdiabetes (Hypophosphatämie)

Auch durch Chromosomenaberrationen können Erbkrankheiten bewirkt werden. Sie kommen durch Chromosomen- bzw. Genommutationen zustande. **Numerische Chromosomenaberrationen** sind Veränderungen der Chromosomenanzahl, die durch Verteilungsfehler während einer der Reifeteilungen durch Nondisjunktion hervorgerufen werden. **Euploidie** ist die Vermehrung oder Verminderung ganzer Chromosomensätze. Sie ist selten im Tierreich, häufiger im Pflanzenreich anzutreffen. Ist die Anzahl einzelner Chromosomen verändert, liegt **Aneuploidie** vor. Das Fehlen von Chromosomen ist fast immer letal (Ausnahme X0, das ist beim Menschen das Turner-Syndrom). Aneuploidien können sowohl gonosomal als auch autosomal sein.

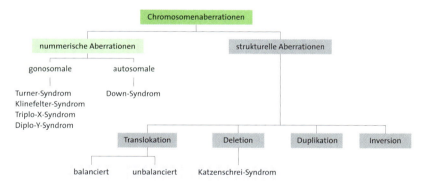

▶ *Chromosomenaberrationen beim Menschen (Auswahl)*

Typische Aufgabenstellungen
- Gegeben ist ein Stammbaum für eine Familie, in der eine bestimmte Erbkrankheit auftritt oder es muss aufgrund entsprechender Angaben selbst ein Stammbaum erstellt werden. Mögliche Fragen sind:
  – Wird die Krankheit dominant oder rezessiv, autosomal oder gonosomal vererbt? Begründen Sie dies anhand des Stammbaums.
  – Geben Sie die jeweils möglichen Genotypen an.

Kapitel 4 Genetik und Immunbiologie

- Die Eltern erwarten ein weiteres Kind, wie hoch ist die Wahrscheinlichkeit, dass es erkrankt/nicht erkrankt? Begründen Sie über ein Erbschema.
- Beispiel Sichelzellanämie (vorgegeben sind ein Stammbaum und weitere Materialien zur Verbreitung und Krankheitsauswirkung):
  - Hämoglobin von einigen Personen im Stammbaum wird einer Elektrophorese unterzogen. Gefragt ist die Zuordnung von Elektrophoresemustern mit Begründung.
  - Warum können trotz der Schutzwirkung gegen Malaria auch in Malariagebieten niemals 100 % der Bevölkerung bezüglich des Sichelzellallels heterozygot sein?
  - Erklären Sie die Verbreitung der Sichelzellanämie unter Zuhilfenahme evolutionsbiologischer Aspekte.

Aufgabe 8

1. Wie hoch ist das Erkrankungsrisiko für eine autosomal-rezessiv vererbte Krankheit in einer Bevölkerung, in der das mutierte Gen mit einer Häufigkeit von 1 ‰ vorkommt.
2. Warum und wie erhöht sich das Erkrankungsrisiko für Kinder, deren Eltern Cousins sind?

Aufgabe 9

Ordnen Sie die abgebildeten Stammbäume folgenden Erbkrankheiten zu: Hämophilie, Phenylketonurie, Chorea Huntington.

Begründen Sie Ihre Zuordnung, indem Sie (soweit möglich) die passenden Genotypen unter die Kästchen für die Merkmalsträger schreiben.

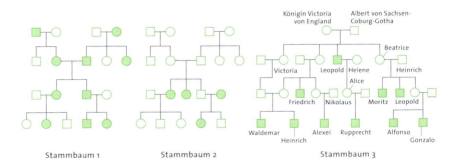

Stammbaum 1   Stammbaum 2   Stammbaum 3

Kapitel 4 Genetik und Immunbiologie

Aufgabe 10

Numerische Chromosomenaberrationen kommen bei älteren Müttern häufiger vor als bei jüngeren. Geben Sie dafür eine Erklärung.

> **Tipp**
>
> Befassen Sie sich mit den Reifeteilungen und finden Sie für die in der Abb. auf S. 70 beispielhaft genannten numerischen Chromosomenaberrationen heraus, in welchem Stadium der Reifeteilungen und bei welchem Elter (Vater, Mutter) ein Fehler passiert. Arbeiten Sie mit Skizzen.

4.3 Angewandte Genetik

4.3.1 Züchtung

Bei genetischer Diversität (Vielfalt) in einer Population ist es möglich, durch gezielte Paarung und Vermehrung ausgewählter Individuen bestimmte, genetisch verankerte Eigenschaften zu fördern und weiter zu entwickeln. Durch die Entdeckung der Vererbungsregeln konnten Kulturpflanzen und Nutztiere gezielter und damit wirkungsvoller auf die Entwicklung bestimmter Merkmale hin gezüchtet werden.

> **Wissen** **Züchtungsmethoden**
>
> **Auslesezüchtung:** Selektion natürlich vorhandener Varianten (Variation) mit angestrebten Eigenschaften zur Weiterzucht
> **Kreuzungszüchtung:** Vergrößerung der genetischen Formenvielfalt durch Kombination verschiedener Genotypen
> **Mutationszüchtung:** Auslese natürlicher sowie künstlich induzierter Mutationen
> **Erhaltungszüchtung:** Züchtung, durch die ein gewünschter Genotyp erhalten wird
> **Hybridzüchtung:** macht sich den Umstand zunutze, dass weitgehend heterozygote Individuen (Hybride, Heterozygote) gegenüber homozygoten Individuen eine bessere Vitalität aufweisen. Da diese Effekte v. a. in der F_1-Generation auftreten, muss das entsprechende Saatgut immer wieder aus den Ausgangssorten gewonnen werden.

Typische Aufgabenstellungen

- Erklären Sie, wie es zu einer großen Farbenvielfalt (es kann auch ein anderes Merkmal sein) bei einem Haustier im Vergleich zu der Wildform kommt.

- Benennen Sie einen in einer Abb. gezeigten Erbgang und erstellen Sie ein Kreuzungsschema für die F_2-Generation.
- Erläutern Sie anhand von Erbschemata, wie die Homozygotie eines Tieres der F_2-Generation in Bezug auf ein Merkmal nachgewiesen werden kann.

Aufgabe 11 Beschreiben Sie, wie durch die Anwendung der Vererbungsregeln zwei vorteilhafte Eigenschaften, die bei zwei verschiedenen Sorten einer Kulturpflanzenart vorkommen, in einer neuen Sorte erbkonstant vereinigt werden können.

4.3.2 Gentechnik

Unter Gentechnik versteht man experimentelle Verfahren, mit deren Hilfe DNA-Moleküle hergestellt werden, die neue Gene oder Genkombinationen enthalten. Aber auch ganze Organismen können durch gezielte Übertragung fremder Gene gentechnisch verändert werden **(transgene Organismen).**

Wichtige Hilfsmittel der Gentechnik sind:
- **Restriktionsendonucleasen (Restriktasen):** Enzyme, die DNA-Moleküle nur an ganz spezifischen Nucleotidsequenzen spalten, insbesondere solche, die den DNA-Doppelstrang versetzt spalten, sodass an den Spaltprodukten ungepaarte DNA-Strangstücke (sog. **klebrige Enden**) überstehen.
- **Restriktionsfragmente:** durch Restriktasen gewonnene DNA-Abschnitte.
- **Ligasen:** Enzyme, die DNA-Fragmente verknüpfen.
- **Vektoren:** Meist Virengenome oder Plasmide, mit deren Hilfe DNA in das Erbgut eines Lebewesens eingeschleust werden kann.
- **Rekombinante DNA:** DNA (z. B. Plasmide, Vektoren), in die mithilfe von Restriktasen und Ligasen fremde DNA-Abschnitte eingebaut wurden. Sie kann dann in eine Wirtszelle eingeschleust werden, in der sie vervielfältigt wird **(DNA-Klonierung).**
- **Plasmide:** Relativ kurze ringförmige Moleküle, die bei Bakterien außerhalb des Bakteriengenoms im Protoplasma vorkommen und die von Zelle zu Zelle übertragen werden können. Sie sind z. B. Träger von Resistenzfaktoren.
- **Reverse Transkriptase:** Eine Transkriptase in Retroviren, deren Erbsubstanz RNA ist. Sie katalysiert eine „umgekehrte Transkription" von RNA zu DNA.
- **Komplementäre DNA (cDNA):** Mit Hilfe von Reverser Transkriptase lässt sich aus mRNA ein DNA-Molekül herstellen, das die vollständige

codierende Sequenz eines Gens aber keine Introns enthält. In ein Bakteriengenom eingebaut können solche, von Eukaryoten stammende cDNA-Gene in Bakterien exprimiert werden und diese das jeweils gewünschte Protein bilden.
- **Genbibliothek:** Ein Satz rekombinierter (geklonter) DNA, der das gesamte Genom eines einzelnen Organismus enthält.
- **Gensonde:** Eine radioaktiv markierte einsträngige DNA oder RNA mit bekannter Basensequenz, die zu einem gesuchten Gen oder Genabschnitt komplementär ist. In einem Gemisch von DNA-Bruchstücken kann so gezielt nach einem bestimmten Gen gesucht werden.

> **Methodik   Gelelektrophorese**
>
> In einem Agarose-Gel wandern DNA-Moleküle nach Anlegen einer elektrischen Spannung je nach Größe unterschiedlich schnell zur Anode. Gewinnt man die Fragmente aus bestimmten, nicht codierenden Bereichen des Genoms, ergibt sich ein für jedes Individuum sehr charakteristisches Bandenmuster **(genetischer Fingerabdruck).**

Hybridisierung ist die Paarung von Nucleinsäuresträngen unterschiedlicher Herkunft, die z. T. komplementäre Basensequenzen haben. Bekannte Sequenzen können, radioaktiv oder mit einem Fluoreszenzfarbstoff markiert, als Sonden (Gensonde) oder Marker dienen. So können einzelne der mit Gelelektrophorese getrennten DNA-Fragmente lokalisiert und abgetrennt werden **(Southern-Blotting-Technik).**

Ablauf der Southern-Blotting-Technik

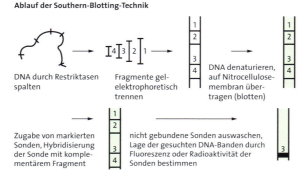

Heute gängiges Verfahren für die **DNA-Sequenzierung** ist die Kettenabbruch- bzw. Didesoxymethode nach F. SANGER und A. R. COULSON. Es wird mit DNA-Einzelsträngen und einer Mischung aus Nucleotiden gearbeitet, die neben normalen Nucleotiden auch modifizierte Nucleotide (Didesoxynucleotide) enthält. An diese kann sich kein neues Nucleotid anlagern, deshalb kommt es zum Kettenabbruch. Für jedes Didesoxynucleotid gibt es eine eigene Reaktionsmischung. Die entstandenen

Kapitel 4 Genetik und Immunbiologie

Fragmente werden im Anschluss durch Gelelektrophorese getrennt. Aus dem Bandenmuster kann die DNA-Sequenz abgelesen werden **(Genomanalyse)**.

Die **Polymerase-Kettenreaktion (PCR)** ist nach der Gen-Klonierung eine der wichtigsten neueren Methoden der Gentechnik. Unter Zuhilfenahme einer hitzestabilen bakteriellen DNA-Polymerase können kleinste DNA-Mengen schnell und relativ einfach vervielfältigt werden. Der dargestellte einzelne Zyklus der PCR wird etwa 30- bis 40-mal in einem Automaten (Thermocycler) durchlaufen.

Verfahren der Polymerase-Kettenreaktion

Ausgangsmaterial

DNA | DNA + Polymerase | DNA-Nucleotide (dATP, dCTP, dGTP, dTTP) | + Primer

1. Trennung der DNA durch Erhitzen auf etwa 80 °C

2. Bindung der Primer durch Abkühlung (Renaturierung)

3. Bindung der DNA-Polymerase und Kettenverlängerung

4. DNA-Probe wurde verdoppelt

Tipp

Sehen Sie sich die Transformationsversuche von Avery sowie den lysogenen und lytischen Zyklus eines temperenten Phagen an, denn dieser Grundprinzipien bedient sich die Gentechnik bei der Herstellung und Anwendung von Vektoren.

Erzeugung transgener Pflanzen: Zur Übertragung fremder Gene in Kulturpflanzen wird u. a. das Bodenbakterium *Agrobacterium tumefaciens*, das bei Pflanzen Wurzelhalsgallenkrebs verursacht, als Vektor benutzt.

Kapitel 4 Genetik und Immunbiologie

Während der Infektion integriert das Bakterium sein Ti-Plasmid in das Genom der Pflanzenzellen. Mithilfe gentechnisch veränderter, ungefährlicher Ti-Plasmide können Fremdgene durch die Bakterien in das Genom der Pflanzenzellen integriert werden. Aus diesen Zellen werden dann vollständige transgene Pflanzen herangezogen.

Genübertragung bei Pflanzen

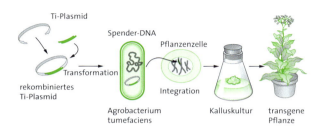

Typische Aufgabenstellungen
- Gegeben ist eine Restriktionsendonuclease mit Angabe einer bestimmten Schnittstelle und der Erkennungssequenz. Erfragt werden die Skizze und Beschreibung einer DNA-Sequenz, welche die Erkennungssequenz der Restriktionsendonuclease enthält, und zwar vor und nach dem Schneiden mit der Restriktionsendonuclease.
- Beschreiben Sie das Prinzip der Methode, nach der ein Protein (z. B. Erythropoetin) gentechnisch hergestellt wird.
  - Wie könnte die biologische Wirksamkeit des gentechnisch hergestellten Epo (bzw. des anderen Proteins) überprüft werden?
- Beschreiben Sie das Grundprinzip einer gentechnischen Veränderung eines (vorgegebenen) Bakteriengenoms.
- Beschreiben Sie ein Verfahren, mit dem man Knochenmarkstammzellen gentechnisch verändern kann.

Aufgabe 12 Beschreiben Sie, wie mithilfe von Restriktionsenzymen, Gelelektrophorese und Hybridisierungstechnik bestimmte DNA-Fragmente lokalisiert und abgetrennt werden können.

4.4 Immunbiologie

Gegenstand der Immunbiologie sind die Abwehrmechanismen eines Organismus als Schutz gegen die pathogene Wirkung von Fremdsubstanzen (**Antigene**). Grundsätzlich wird zwischen unspezifischer Abwehr (**passive und aktive Resistenz**) und spezifischer Abwehr (**Immunität**) unterschieden.

Kapitel 4 Genetik und Immunbiologie

4.4.1
Unspezifische Abwehr

Passive Resistenz: Krankheitserreger und Schadstoffe werden zunächst durch die Haut und durch bakterizide Wirkstoffe **(Lysozym)** in Tränen- und Speichelflüssigkeit sowie Absonderungen von Schleimhautzellen gehemmt.

Aktive Resistenz: Haben Antigene diese Barrieren überwunden, werden sie durch Makrophagen, Granulocyten, Mastzellen und natürliche Killerzellen angegriffen, die über Rezeptoren ein breites Spektrum von Erregern erkennen. Makrophagen und Granulocyten besitzen als sog. Fresszellen die Fähigkeit zur Phagocytose. Außerdem sondern sie Wirkstoffe ab, die Fieber auslösen.

Systeme, die zwischen spezifischer und unspezifischer Immunabwehr vermitteln:
- **Komplement:** durch Antikörper aktiviertes zellauflösendes Enzymsystem, das große Poren in die Membran von mit Antikörpern markierten Fremdzellen setzt, wodurch diese zugrunde gehen.
- **Opsonierung:** Markierung von Bakterien für die Phagocytose, u. a. mit Lektinen oder durch Anlagerung von Antikörpern.

4.4.2
Spezifische Immunabwehr

Die spezifische Immunabwehr beruht auf Speicherung von Informationen und deren Abruf. Sie wird erst in Gang gesetzt, wenn der Körper Kontakt mit dem betreffenden Antigen hat. Dabei arbeiten zwei Systeme zusammen: die humorale und die zelluläre Immunantwort.

Bei der **humoralen Immunantwort** werden von B-Lymphocyten passende Antikörper gebildet, welche die Krankheitserreger entweder neutralisieren, indem bestimmte Stellen auf dem Antigen (z. B. Bakterientoxine, Schlangengifte) blockiert und die Antigene dadurch neutralisiert werden oder indem durch Vernetzung von löslichen Antigenen **(Präzipitation)** bzw. Verklumpung **(Agglutination)** von Bakterien, die jeweiligen Antigene leichter phagocytiert werden können.
    Antikörper bestehen aus vier Polypeptidketten, die konstante und variable Bereiche besitzen **(Immunglobuline)**. Die variablen Ketten fungieren als Antigenbindungsstellen, an denen nach dem **Schlüssel-Schloss-Prinzip** der molekulare Kontakt mit dem körperfremden Antigen hergestellt wird. Die große Vielfalt der verschiedenen Antikörper – man schätzt sie auf bis zu 10^{11} – entsteht durch zufällige Kombination

von DNA-Abschnitten in den zugehörigen Genen. Während der Differenzierung des Immunsystems und v. a. der B-Lymphocyten kommt es zu einer ständigen Umordnung von DNA-Segmenten. Darüber hinaus werden Replikationsfehler nicht korrigiert und die Prozessierung läuft relativ ungenau ab. Alle diese Prozesse führen letztlich zu der Vielfalt der variablen Ketten der Antikörper. Es gibt fünf verschiedene Antikörpertypen: die Immunglobuline M, G, A, E und D.

B-Lymphocyten stehen im Dienst der humoralen Abwehr. Sie stammen wie alle Blutzellen von Stammzellen im Knochenmark (engl. **b**one marrow) ab. Dort findet auch ihre Differenzierung und Determination zu Antikörper produzierenden **Plasmazellen** und B-Gedächtniszellen statt.

Zelluläre Immunantwort: Aktive T-Killerzellen werden gebildet, die infizierte Körperzellen erkennen und durch Perforation der Zellmembran abtöten.

T-Lymphocyten stehen vorwiegend im Dienst der zellulären Abwehr. Sie stammen ebenfalls von Stammzellen im Knochenmark ab und reifen im **T**hymus zu immunologisch kompetenten Zellen. Unterschieden werden T-Helferzellen, T-Killerzellen und T-Gedächtniszellen.

T-Helferzellen werden durch Zellen – z. B. Makrophagen – aktiviert, die ihnen Antigenteile (Epitope) präsentieren. Darauf aktivieren T-Helferzellen über die Ausschüttung von **Interleukinen** sowohl die B-Lymphocyten (humorale Immunabwehr, Antikörperausschüttung) als auch die T-Killerzellen. Diese geben sog. Perforine ab, die in die Zellmembran infizierter Zellen Löcher stanzen (ähnlich dem Komplementsystem). Außerdem bilden die T-Helferzellen auch T-Gedächtniszellen.

Gedächtniszellen sind langlebige Zellen, die sowohl im Rahmen der zellulären (T-Gedächtniszellen) als auch der humoralen Immunantwort (B-Gedächtniszellen) gebildet werden. Bei erneuter Infektion mit dem betreffenden Antigen ist eine viel raschere Immunantwort möglich, da die Gedächtniszellen sofort aktiviert werden.

MHC-Proteine (**m**ajor **h**istocompatibility **c**omplex) kommen in allen Körperzellen (MHC Klasse I-Proteine) oder v. a. auf B-Lymphocyten und Makrophagen (MHC Klasse II-Proteine) vor. Sie präsentieren einen Antigenbestandteil an der Zelloberfläche, der von einem T-Zell-Rezeptor erkannt werden kann. MHC-Proteine sind dafür verantwortlich, dass das Immunsystem zwischen körpereigen und körperfremd (z. B. auch Transplantat) bzw. verändert (Tumorzellen) unterscheiden kann.

Typische Aufgabenstellungen
- Was versteht man unter Immunität?
- Erläutern Sie, unter welchen Bedingungen und von welchen Zellen Antikörper produziert werden.
- Welche Bedeutung haben Antikörper?

- Skizzieren Sie den Ablauf der humoralen Immunreaktion.
- Welche Auswirkungen hat ein Ausfall der T-Lymphocyten auf die humorale und zelluläre Immunabwehr und somit auf den Organismus?

> **Tipp**
>
> - Stellen Sie die humorale und zelluläre Immunabwehr sowie die Verbindungen zwischen beiden Teilen und mit den Bestandteilen der aktiven Resistenz auf einem großen Blatt grafisch dar. Benutzen Sie Symbole, die Sie aus dem Unterricht kennen. Versuchen Sie, die Grafik aus dem eigenen Verständnis der Prozesse zu entwickeln.
> - Beginnen Sie mit der Vorstellung, ein Antigen (z. B. Virus, Bakterium) sei in den Körper gelangt und fragen Sie sich dann: Was reagiert darauf? Welche Folgereaktionen resultieren daraus?
> - Behandeln Sie die verschiedenen Bereiche des Immunsystems erst getrennt (z. B. senkrecht nebeneinander skizzieren) und fragen Sie sich dann, welche Querverbindungen zwischen ihnen bestehen und tragen Sie diese ein.
>
> So erlangen Sie ein besseres Verständnis dieser komplexen Prozesse und können zum Lernen und Üben immer auf diese Grafik zurückgreifen.

4.4.3 Immunisierung

Aktive Immunisierung: Hierbei wird das immunologische Gedächtnis genutzt. Nach einer Impfung zeigt sich bei einer Infektion mit dem Erreger dieselbe schnelle und intensive Immunantwort wie nach einer bereits durchgemachten Erkrankung. Mögliche Impfstoffe sind u. a. das infektiöse Agens in niedriger Dosis, abgeschwächte oder abgetötete Erreger.

Passive Immunisierung: Hierbei werden direkt Antikörper gegen einen Erreger übertragen. Diese Form der Immunisierung hält nur einige Wochen an.

Bei der Gewinnung von Antikörpern z. B. für Impfstoffe zur passiven Immunisierung werden Gemische von Antikörpern erhalten, weil verschiedene Teile z. B. einer Bakterienzellwand oder einer Virushülle als Antigene wirken (polyklonale Antikörper). Werden tierische Plasmazellen, die nur einen bestimmten Antikörper herstellen mit Tumorzellen verschmolzen, so erhält man Hybridzellen (sog. Hybridomzellen), die sich in Massenkultur quasi unendlich vermehren lassen und dabei große Mengen dieses bestimmten Antikörpers produzieren. Solcherart hergestellte Antikörper werden als **monoklonale Antikörper** bezeichnet. Sie dienen in Medizin und Biologie z. B. zum Nachweis von Tumorzellen oder Viren, zur Herstellung spezifischer Impfstoffe oder auch zum spezifischen Anfärben von Geweben oder Zellbestandteilen (z. B. Rezeptoren in der Zellmembran).

Typische Aufgabenstellungen
- Die wirksamste Behandlungsmöglichkeit von Vergiftungen durch Giftschlangenbisse ist die Injektion des jeweiligen Schlangenserums.
  - Beschreiben Sie, wie ein Schlangenserum hergestellt wird.
  - Erläutern Sie, wie ein Schlangenserum wirkt.
- Erklären Sie, was man unter aktiver und passiver Immunisierung versteht und welchen Sinn diese Impfungen haben.

Aufgabe 13

Die nebenstehende Abbildung zeigt die Konzentrationen von zwei Antikörpern im Blut eines Versuchstieres, das zunächst eine Injektion mit Bakterien des Stammes A und nach 40 Tagen eine Injektion mit den Bakterienstämmen A und B erhält.
Interpretieren Sie die Kurvenverläufe.

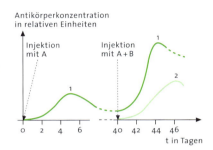

4.4.4 Allergische Reaktionen

Allergische Reaktionen basieren auf einer Überempfindlichkeit gegenüber nicht infektiösen Agenzien, den **Allergenen.**

Der größte Teil der Allergien gehört zu den Allergien vom Soforttyp **(Allergien** vom **Typ I),** bei denen die allergische Reaktion sehr zeitnah zum Kontakt mit einem Allergen auftritt.

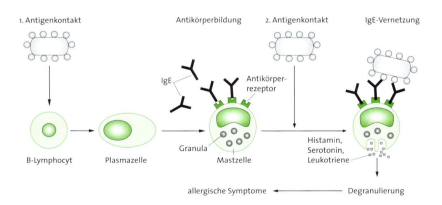

Kapitel 4 Genetik und Immunbiologie

Erster Antigenkontakt: B-Lymphocyten reifen zu Plasmazellen heran, die antigenspezifische Antikörper der Klasse IgE synthetisieren. Diese binden an Rezeptoren der Mastzellen (Immunzellen, die bei Entzündungsreaktionen eine wichtige Rolle spielen) im Blut und bewirken damit die Sensibilisierung des Organismus für dieses Antigen.

Zweiter Antigenkontakt: Es kommt zu einer Vernetzung zwischen IgE-Antikörpern und Antigenen auf der Oberfläche der Mastzellen, die daraufhin Histamin (erweitert die Gefäße), Serotonin, Heparin (verhindert die Blutgerinnung) u. a. **Mediatoren** genannte Substanzen freisetzen. Diese verursachen die typischen Symptome einer Allergie.

> **Wissen** **Weitere Allergieformen**
>
> - **Allergie-Typ II, cytotoxische Überempfindlichkeit:** durch direkt an Körperzellen bindende Allergene (Antigene) kommt es zur Immunreaktion gegen diese Zellen.
> - **Allergie-Typ III, Immunkomplexbildung:** größere Komplexe aus IgG und Allergenen regen die unspezifische Immunabwehr an.
> - **Allergie-Typ IV, Kontaktekzem:** ähnlich Typ II binden Allergene an Körperzellen. Spezifische T-Lymphocyten reagieren mit diesen Allergenen und schütten Cytokinine aus, die Fresszellen anlocken und das umliegende Gewebe schädigen können. Bei Folgekontakt kommt es zu einer heftigen, aber um bis zu 72 Stunden verzögerten Reaktion.

Die schwerste Form einer akuten allergischen Reaktion ist der **anaphylaktische Schock.** Hierbei kommt es zu lebensgefährlichen Reaktionen z. B. auf Medikamente oder auf durch stechende Insekten injizierte Antigene. Durch die explosive Degranulation (= Entleerung von Granula) von Mastzellen erfolgt eine massive Ausschüttung von Mediatoren, wodurch es zu einer abrupten Erweiterung peripherer Blutgefäße kommt. Daraus folgen ein extremer Abfall des Blutdrucks sowie eine Verengung der Bronchialmuskulatur. Dies kann zu einem Kreislaufkollaps führen, der im Extremfall tödlich verläuft.

Verschiedene Krankheiten wie Multiple Sklerose und rheumatoide Arthritis gehen darauf zurück, dass Antikörper gegen körpereigene Antigene gebildet werden **(Autoimmunreaktion).** Die Ursachen für Autoimmunerkrankungen sind nicht vollständig geklärt, doch spielen u. a. genetische Dispositionen eine Rolle.

Typische Aufgabenstellungen
- Beschreiben Sie die Vorgänge bei einer allergischen Reaktion in einem zusammenhängenden Text.
- Erläutern Sie, warum ein anaphylaktischer Schock lebensbedrohend sein kann, wenn er nicht rechtzeitig behandelt wird.

5
Fortpflanzung und Entwicklung

In diesem Kapitel werden verschiedene Formen von Fortpflanzung und Vermehrung behandelt. Mit der Fortpflanzung verbunden ist die Individualentwicklung. Mit dieser Entwicklung und Differenzierung von der Keimzelle bis zum fertigen Organismus befasst sich der zweite Teil des Kapitels.

5.1. Fortpflanzung und Vermehrung

Fortpflanzung, Vermehrung, Altern und Tod sind eng verbunden mit individuellem Leben. Es gibt aber eine Art „Unsterblichkeit" bei Einzellern, die sich durch Teilung vermehren, oder bei mehrzelligen Lebewesen, die sich durch Abspaltung von Tochterindividuen vermehren.

▶ Etwa 500 Sträucher des tasmanischen Strauches Lomatia tasmanica gehen auf eine Ursprungspflanze zurück, die sich vor 43 000 Jahren entwickelte.

Die Vermehrung bzw. Fortpflanzung eines Individuums durch Teilung, Knospung, Ausläufer- und Ablegerbildung, Brutzwiebeln u. Ä. wird als ungeschlechtliche Fortpflanzung bezeichnet. Grundlage ist die mitotische Teilung einzelner Zellen oder eines Zellverbands. Die Tochterindividuen besitzen alle die gleiche genetische Information. Hingegen beruht die geschlechtliche Fortpflanzung auf der Kombination des Erbgutes zweier genetisch unterschiedlicher Individuen, i. d. R. durch Verschmelzung zweier haploider Gameten zu einer diploiden Zygote.

Kapitel 5 Fortpflanzung und Entwicklung

> **Wissen** **Wichtige Begriffe**
>
> ■ **Fortpflanzung** ist häufig mit Vermehrung der Individuenzahl verbunden. Sie kann geschlechtlich oder ungeschlechtlich erfolgen.
> ■ **Ungeschlechtliche Fortpflanzung** beruht auf **mitotischen Teilungen.**
> ■ **Geschlechtliche Fortpflanzung** beruht auf Kernverschmelzung **(Befruchtung)** und **meiotischer Teilung.**
> ■ **Gameten** (Keimzellen, Geschlechtszellen) sind haploide Fortpflanzungszellen, die paarweise zu einer diploiden **Zygote** verschmelzen.
> ■ **Sporen** sind einzellige oder wenigzellige Verbreitungseinheiten, die durch Mitose (Mitosporen) oder Meiose (Meiosporen) entstehen und ohne Befruchtung neue Individuen bilden können.
> ■ **Fortpflanzungswechsel** bedeutet, dass bei ein und demselben Individuum unterschiedliche Fortpflanzungsweisen vorkommen.
> ■ **Generationswechsel** liegt vor, wenn sich verschiedene Generationen ein und derselben Art auf unterschiedliche Weise fortpflanzen.

Aufgabe 1 In unten stehender Abbildung sind die Entwicklungszyklen eines Hohltiers und einer Farnpflanze dargestellt.

Beschreiben Sie die Entwicklungszyklen und erläutern Sie an den Beispielen folgende Begriffe: geschlechtliche Fortpflanzung, ungeschlechtliche Fortpflanzung, Keimzellen, Meiosporen, Mitosporen, Generationswechsel.

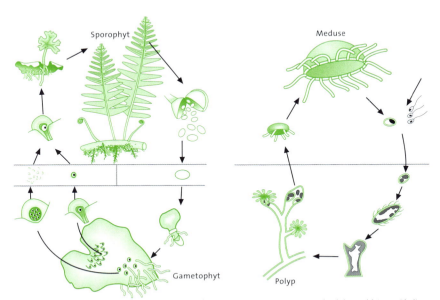

Generationswechsel des Tüpfelfarns (*Polypodium*) Generationswechsel des Hohltieres *Obelia*

5.1.1
Fortpflanzung verschiedener Organismengruppen

- **Prokaryoten:** Ungeschlechtliche Fortpflanzung durch **Zweiteilung** oder **multiple Zellteilung.** Unabhängig von Fortpflanzung und Vermehrung kann horizontaler Genaustausch durch **Konjugation, Transduktion** und **Transformation** stattfinden.
- **Protisten:** Ungeschlechtliche Fortpflanzung durch **Zweiteilung** oder **multiple Zellteilung** bei Einzellern, **Fragmentation** bei vielzelligen Algen. Bei vielen Gruppen, so z. B. Foraminiferen und Ciliaten kommt auch geschlechtliche Fortpflanzung vor.
- **Pilze:** Ungeschlechtliche Fortpflanzung durch Fragmentation oder Sporen. Bei der **Fragmentation** können durch Absterben alter Mycelteile aus einem ursprünglich zusammenhängenden Mycel viele Tochtermycelien entstehen. Pilze vermehren sich auch durch asexuell entstandene **Sporen.** Nach außen abgeschnürte Mitosporen werden auch **Konidien** genannt.
  Geschlechtliche Fortpflanzung kann auf unterschiedliche Art und Weise stattfinden: Nur bei den Flagellenpilzen (Chytridiomycota) gibt es begeißelte, **freie Gameten,** die verschmelzen. Bei den Jochpilzen (Zygomycota) und Schlauchpilzen (Ascomycota) verschmelzen ganze Gametocysten zu einer sog. **Sammelzygote.** Bei den Ständerpilzen (Basidiomycota) hingegen verschmelzen kaum differenzierte Hyphen, also somatische Zellen **(Somatogamie).** Daraus entsteht zunächst ein **Paarkernmycel (Dikaryon),** von dem immer wieder Fruchtkörper und Meiosporen (Basidiosporen, durch Reduktionsteilung entstanden) gebildet werden.
- **Pflanzen:** Ungeschlechtliche Fortpflanzung kann auf ganz verschiedene Arten und Weisen stattfinden. Lebermoose bilden **Brutbecher** aus, in denen Brutkörper gebildet werden. Laubmoose, Farnpflanzen und manche Samenpflanzen (z. B. Brutblatt) bilden **Brutkörper** oder **Brutknospen** aus. Eine andere Möglichkeit ist die Ausbildung von **Ausläufern** und **Ablegern.** So bildet die Erdbeere z. B. oberirdische Sprossausläufer und die Quecke unterirdische Sprossausläufer aus.
  Weitere Formen sind die Ausbildung von **Brutzwiebeln** sowie die **Fragmentation** bzw. Dividuenbildung.
  Die geschlechtliche Fortpflanzung ist bei allen Pflanzen an **Generations- und Kernphasenwechsel** gebunden. Aus den Zygoten entstehen Embryonen, die den Grundbauplan der späteren Pflanzen aufweisen (Gliederung in Wurzel, Sprossachse und Blätter). Während bei den Moosen der **Gametophyt** die vorherrschende (langlebigere, größere) Generation ist, gilt dies bei Farnen und Samenpflanzen für den aus der Zygote entstandenen diploiden **Sporophyten.**

- **Tiere und Mensch:** Ungeschlechtliche Fortpflanzung ist weitgehend auf Tiergruppen beschränkt, die entweder ein hohes Regenerationsvermögen haben oder bei denen sich aus wenig differenziertem Zellmaterial neue Individuen bilden. Vorkommende Formen sind **Teilung, Knospung** oder Bildung von undifferenzierten **Dauerstadien.**
Teilung kommt bei Polypen, Strudelwürmern und Ringelwürmern vor. Bei einigen Bandwürmern teilen sich die Larvenstadien.
Brutknospen bilden sich z. B. bei Schwämmen. Sie sind von einer festen Hülle umgeben. Knospenbildung kommt auch häufig bei Hohltieren (Süßwasserpolyp, Korallen) vor.
Polyembryonie (Teilung der befruchteten Eizelle bzw. des jungen Embryos) gibt es bei verschiedenen Tiergruppen. Bei parasitären Schlupfwespen (Erdwespen) teilt sich der Embryo in viele Furchungskugeln auf, sodass bis über 1000 Embryonen aus einem Ei entstehen. Beim Gürteltier entwickeln sich je nach Art vier bis zwölf Embryonen aus einer befruchteten Eizelle. Beim Menschen können eineiige Zwillinge durch Teilung früher Entwicklungsstadien entstehen.
Durch ungeschlechtliche Vermehrung kann ein **Klon** entstehen, d. h. eine Population (weitgehend) erbgleicher Individuen.
Bei der geschlechtlichen Fortpflanzung ist die **Befruchtung,** bei der sich die Keimzellen miteinander vereinigen und die beiden Kerne miteinander verschmelzen, die Regel.
Die Zellen, aus denen sich **Keimzellen** entwickeln, werden schon in einem sehr frühen Stadium der Keimesentwicklung festgelegt. Die Zellenfolge, die von der Zygote zu den Keimzellen des neuen Individuums führt, heißt **Keimbahn.**
Die **weiblichen Keimzellen (Eizellen)** sind im Vergleich zu männlichen Keimzellen sehr groß und enthalten Nährstoffe (Dotter) für die erste Entwicklung des Keimlings. Die Meiose, die zur Eizelle führt, ist inäqual: Bei beiden meiotischen Teilungen entstehen jeweils eine große Zelle und ein kleines „Polkörperchen". Die Eizellen sind aufgrund der ungleichen Verteilung des Dotters mehr oder weniger polar strukturiert. Sie werden von besonderen, verschieden gestalteten Hüllen geschützt, die unterschiedlicher Herkunft sein können.
Man unterscheidet **primäre Eihülle** (Dotterhaut), **sekundäre Eihüllen** (von den Follikelzellen des Eierstocks abgesondert) und **tertiäre Eihüllen** (von den Ausführgängen der Geschlechtsorgane dem Ei angelagert, z. B. Kalkschale der Vogel- und Reptilieneier).
Die **männlichen Keimzellen (Spermien, Samenzellen)** sind meist sehr klein, begeißelt und besitzen nur geringe Energievorräte. Daher ist ihre Bewegungsfähigkeit auf Stunden bis wenige Tage beschränkt. Das Spermium ist in Kopf, Mittelstück und Schwanz gegliedert. Am vorderen Ende des Kopfes sitzt das Akrosom, das die Eihülle auflösende Enzyme enthält, und so das Eindringen in die Eizelle ermöglicht.

Die **Parthenogenese** (Jungfernzeugung) ist eine Sonderform der geschlechtlichen Fortpflanzung, bei der sich unbefruchtete Eizellen zu vollständigen Individuen entwickeln. Nach den Chromosomenverhältnissen werden haploide und diploide Parthenogenese unterschieden. Bei Ersterer entwickeln sich die Eier nach Ablauf der normalen Reifeteilungen. Letztere kommt durch Ausfall der Reifeteilungen, der Reduktionsteilung, Verschmelzung der ersten Furchungskerne oder Verschmelzen des Eikerns mit dem ersten Richtungskörperchen zustande.

Typische Aufgabenstellungen
- Vergleichen Sie die geschlechtliche und ungeschlechtliche Fortpflanzung tabellarisch nach unterschiedlichen Kriterien.
- Stellen Sie wesentliche Unterschiede im Prozess der Weitergabe von Erbinformationen auf zellulärer Ebene bei geschlechtlicher und ungeschlechtlicher Fortpflanzung dar.

Aufgabe 2 Erklären Sie, warum horizontaler Genaustausch bei bakteriellen Krankheitserregern eine mögliche Heilung mit Antibiotika erschweren kann.

Aufgabe 3 Erläutern Sie folgende Aussage: „Keimbahnzellen sind wie Einzeller potentiell unsterblich. Die Körperzellen unterliegen dagegen dem natürlichen Tod." (Lexikon der Biologie, Spektrum Akademischer Verlag, Heidelberg/Berlin 2004)

5.1.2 Reproduktionstechniken

Reproduktionstechniken sollten anfangs dazu dienen, die Produktion landwirtschaftlicher Nutztiere und ihre Züchtung zu verbessern. Dann wurden sie auch beim Menschen eingesetzt, um ungewollt kinderlosen Paaren die Erfüllung des Kinderwunsches zu ermöglichen. Prinzipiell können **In-vivo-Techniken** und **In-vitro-Techniken** unterschieden werden. Bei ersteren werden die Embryonen durch Befruchtung mit Spender-Samen innerhalb, bei letzteren außerhalb des weiblichen Organismus erzeugt. In den meisten Fällen wird die Einleitung einer Schwangerschaft bzw. Trächtigkeit mittels **Embryotransfer** realisiert. Ausgangspunkt ist in jedem Fall das Auslösen einer Superovulation (Ovulation außergewöhnlich vieler Follikel) durch hohe Hormongaben im weiblichen Spenderorganismus. Danach können die Eizellen im Mutterleib befruchtet und die Embryonen nach fünf bis sieben Tagen abgesaugt werden oder dem Spenderorganismus die reifen Eizellen entnommen und die Befruchtung in einem Nährmedium vorgenommen werden **(In-vitro-Fertilisation)**. Nach den ersten Teilungen der

Zygote werden ein oder mehrere Embryonen in die Gebärmutter eines Empfängerorganismus implantiert. Dieser wurde zuvor ebenfalls durch Hormongaben auf die Einnistung des Embryos vorbereitet.

Ethisch sehr umstritten ist die Erzeugung überzähliger menschlicher Embryonen bei diesen Techniken. Ihre „Verwertung" u. a. zur Gewinnung embryonaler Stammzellen ist in Deutschland verboten.

Durch **Klonen** will man genetisch identische Organismen schaffen. Hinter diesem Begriff verbergen sich jedoch verschiedene Sachverhalte.
- **Klonen i. w. S.:** die natürliche und künstliche Entstehung/Herstellung erbgleicher Organismen
- **Klonen i. e. S.:** die künstliche Erzeugung eines Organismus mithilfe der gesamten genetischen Information (DNA), die einem bereits existierenden Organismus entnommen wurde
- **Klonieren:** Molekularbiologische Methode, bei der eine DNA-Sequenz auf einen Vektor (z. B. ein Plasmid) übertragen und in eine Wirtszelle (z. B. *Escherichia coli*) eingeschleust wird, die dann mit der Fremd-DNA beliebig vermehrt werden kann.

Methodik	Klonen durch Kerntransfer

Es existieren verschiedene Methoden des Klonens. Das Klonen durch Kerntransfer ist wohl die bekannteste Methode, da sie zur Erzeugung des Schafes „Dolly" angewendet wurde. Sie findet ebenfalls Anwendung beim **therapeutischen Klonen** zur Erzeugung **embryonaler Stammzellen.** Die Anwendung dieser Techniken beim Menschen ist ethisch sehr umstritten und in Deutschland verboten.

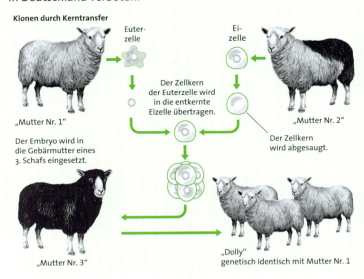

Klonen durch Kerntransfer

Aufgabe 4 Das Schaf Dolly war das erste künstlich geklonte Säugetier. Erläutern Sie die Aussage, dass es „drei Mütter" hatte.

Aufgabe 5 Im Februar 2004 meldete ein südkoreanischer Forscher, es sei ihm gelungen, einen menschlichen Embryo zu klonen. Genetische Analysen konnten diese Behauptung widerlegen. Man geht davon aus, dass sich die fraglichen embryonalen Zellen parthenogenetisch entwickelten. Erläutern Sie, wie dies durch Genanalysen nachgewiesen werden kann.

5.2
Grundlagen von Entwicklungsvorgängen

Aus einer befruchteten Eizelle entwickelt sich schrittweise ein ausdifferenzierter Organismus. Für die Entwicklung eines Organismus ist die **Musterbildung,** die Ausbildung einer räumlichen Organisation, wichtig. Bei Pflanzen findet eine solche Differenzierung ständig an den Wachstumspolen (Meristemen) an Spross- und Wurzelspitzen statt. Bei Tieren wird die räumliche Anordnung der Gewebe und Organe, der Bauplan, in frühen Embryonalstadien festgelegt. Dafür verantwortlich sind molekulare Signale, die in ihrer Gesamtheit als **Positionsinformation** bezeichnet werden. Durch sie erhält die einzelne Zelle Information über ihre Position im Verhältnis zu den anderen Zellen und auch darüber, wie sie und ihre Nachkommen zukünftig auf molekulare Signale reagieren. Da jeder Zellkern eines Vielzellers die gesamte genetische Information enthält, muss die Differenzierung von Zellen und Geweben primär vom Plasma ausgehen. Es enthält **Transkriptionsfaktoren,** die als Aktivatoren oder Repressoren auf Gene wirken und dadurch Konzentrationsgradienten bestimmter, von diesen Genen exprimierter Substanzen bewirken. In einer Zelle, z. B. in der Eizelle, entstehen solche Gradienten durch lokale Produktion von Proteinen, die als Transkriptionsfaktoren wirken. Durch Diffusion bilden sich Gradienten. Da diese Proteine relativ schnell abgebaut werden, bleiben die Gradienten längere Zeit relativ konstant. Man spricht von molekularen Vormustern. Bei Insekten beginnt die Keimesentwicklung mit Kernteilungen, denen erst einige Zeit später Zellteilungen folgen. Solange wirken die molekularen Vormuster. Wenn sich Zellen gebildet haben, können sich Transkriptionsfaktoren nicht mehr einfach durch Diffusion ausbreiten. Nun werden Signalmoleküle von den Zellen abgegeben, die benachbarte Zellen aktivieren. Räumliche Muster können sich aber auch dadurch bilden, dass eine Zelle, die sich differenziert, die benachbarten Zellen durch Signalstoffe hindert, das Gleiche zu tun **(Lateralinhibition).**

5.2.1
Überblick über die Entwicklung von Tieren

Die **Embryonalentwicklung** umfasst die Entwicklung der Eizelle bis zum Schlüpfen oder zur Geburt des Jungtieres bzw. des Säuglings.

Sie kann in vier Abschnitte eingeteilt werden: Furchung, Gastrulation, Ausbildung der Primitivorgane (Nervensystem, Darm, Leibeshöhle) und Organentwicklung. Die einzelnen Phasen können, abhängig von der inneren Strukturierung der Eizelle, ganz unterschiedlich ablaufen.

Die Anlage von Organen und Organsystemen erfolgt oft in Segmenten. Die daraus resultierende Segmentierung des Körpers wird als **Metamerie** bezeichnet.

Unter **Furchung** werden die ersten Teilungen des befruchteten Eies (Zygote) bis zur Ausbildung des Blasenkeims verstanden. Sie verläuft bei dotterarmen Eiern äqual, bei dotterreichen Eiern gibt es je nach Dotterverteilung unterschiedliche Furchungstypen. Bei der sich anschließenden **Gastrulation** erfolgt die Bildung der Keimblätter auf unterschiedlichen, vom Furchungstyp abhängigen Wegen.

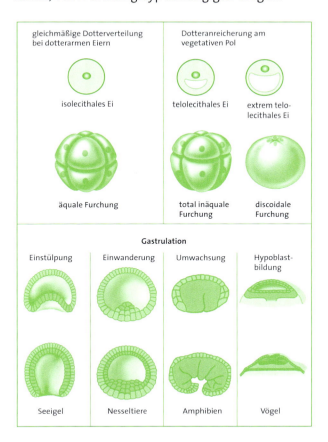

Kapitel 5 Fortpflanzung und Entwicklung

Neurulation und Ausbildung der Primitivorgane beginnen bei den Amphibien durch Einsenkung des dorsalen Teils des Ektoderms. Hierbei entsteht das Neuralrohr, das Entoderm bildet den Urdarm und aus dem Mesoderm entstehen Chorda dorsalis, Ursegmente (Somiten) und sekundäre Leibeshöhle (Coelom). Nach Abschluss der Neurulation zeigt der Embryo eine Gliederung in Kopf, Rumpf und Schwanz.

Übersicht über die Organbildungen aus den drei Keimblättern bei Wirbeltieren:
- **Ektoderm:** Oberhaut mit Drüsen und Anhangsgebilden (z. B. Nägel), Anfang und Ende des Darmkanals mit Drüsen, Nervensystem mit Sinneszellen, Außenskelett.
- **Entoderm:** Mitteldarmepithel mit Drüsen, Leber, Bauchspeicheldrüse, Schwimmblase, Lungen, Kiemen, Schilddrüse.
- **Mesoderm:** Innenskelett, Chorda, Muskeln, Bindegewebe, Blutgefäßsystem, Lymphsystem, Ausscheidungs- und Geschlechtsorgane.

> **Wissen — Primitivorgane**
>
> Als Primitivorgane bezeichnet man bei der Wirbeltierembryogenese die differenzierten Körperbereiche, die der Organentwicklung vorausgehen: Chorda dorsalis (Rückensaite), Neuralrohr, Somiten (gegliederte Muskelanlagen), Darmanlage, Coelom (vom Mesoderm umschlossene sog. sekundäre Leibeshöhle), extraembryonale Anhänge (Keimhüllen).

Neurulation und Mesodermentwicklung bei Amphibien

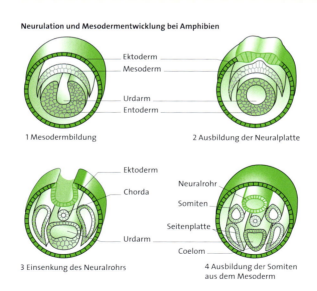

1 Mesodermbildung
2 Ausbildung der Neuralplatte
3 Einsenkung des Neuralrohrs
4 Ausbildung der Somiten aus dem Mesoderm

Bei Reptilien, Vögeln und Säugetieren entwickeln sich zusätzlich vier Embryonalhüllen, die von der Zygote abstammen, aber kein Teil des eigentlichen Embryos sind. Diese extraembryonalen Hüllen, Dottersack, Allantois, Chorion und Amnion, sind ein besonderer Schutz. Sie verhinden Wasserverlust und dienen der Ernährung, dem Gasaustausch sowie der Entsorgung von Abfallstoffen.

Bei der postembryonalen Entwicklung, also der Entwicklung außerhalb der Eihüllen bzw. des Muttertieres kann unterschieden werden zwischen direkter und indirekter Entwicklung.

- **Direkte Entwicklung:** Das Jungtier gleicht den Elterntieren. Im Verlauf der Entwicklung ändern sich nur noch die Körperproportionen.
- **Indirekte Entwicklung:** Aus dem Ei schlüpft eine Larve als Jugendstadium. Sie gleicht den Elterntieren wenig oder gar nicht und hat z. T. eigene Larvalorgane (z. B. Kiemen bei Amphibien). Die Umwandlung der Larve zum geschlechtsreifen Tier wird **Metamorphose** genannt. Sie kann allmählich (Seeigel, Amphibien) oder sprunghaft (viele Insekten: Raupe, Puppe, Schmetterling) erfolgen.

Typische Aufgabenstellungen
- Beschreiben Sie den Ablauf der Metamorphose bei Amphibien.
- Erläutern Sie Aufbau und Funktion der extraembryonalen Membranen bei Reptilien, Vögeln und Säugetieren (Chorion, Amnion, Allantois, Dottersack).

Aufgabe 6 Beschreiben Sie die vier verschiedenen Abschnitte der Embryonalentwicklung am Beispiel der Amphibien.

5.2.2
Genetische Steuerung der Entwicklung

Nachdem das Ei befruchtet wurde, können z. B. bei der Fruchtfliege *(Drosophila)* folgende Entwicklungsschritte beobachtet werden:
1. etwa zehn Kernteilungen ohne Zellwandbildung
2. Kerne wandern an die Peripherie
3. Nach etwa drei weiteren Teilungen bilden sich Zellwände um die Kerne, sie umgeben den unstrukturierten Dotter
4. Bildung der Segmente
5. Organbildung durch Umgruppierung von Zellen, die Larve (Made) schlüpft aus dem Ei
6. Wachstum und zwei Häutungen (drei Larvenstadien)
7. nach der dritten Häutung Verpuppung
8. Metamorphose zur fertigen Fliege, bei der sich alle Segmente voneinander unterscheiden und die charakteristischen Anhänge wie z. B. Mundwerkzeuge, Beine, Flügel oder Schwingkölbchen tragen.

Die einzelnen Entwicklungsschritte werden durch Gene gesteuert, die in einer charakteristischen zeitlichen und räumlichen Folge aktiviert werden. Sie bilden jeweils Transkriptionsfaktoren aus, die andere Gene und oft ganze Genkaskaden aktivieren. Deshalb werden sie auch **Mastergene** genannt. **Transkriptionsfaktoren** sind genregulatorische Proteine, die eine Rolle bei der Aktivierung oder Repression von Genen spielen. Sie wirken, indem sie sich an die Kontrollregion von Genen binden oder mit anderen DNA-bindenden Proteinen in Wechselwirkung treten.

Maternaleffektgene (= Eipolaritätsgene) bilden Proteine, die schon im unbefruchteten Ei die Körperachsen (vorne/hinten, oben/unten bzw. dorsal/ventral) festlegen. Die Gradienten der von den Maternaleffektgenen gebildeten Proteine aktivieren eine hierarchische Kaskade von **Segmentierungsgenen:**

Lückengene bilden Proteine, deren Gradienten den Körper grob unterteilen. Sie aktivieren **Paarregelgene,** die zur Segmentbildung führen. Paarregelgene aktivieren in jedem Segment **Polaritätsgene.** Als Ergebnis ist die Zahl und Orientierung der Segmente festgelegt.

Die richtige Differenzierung der Segmente wird von **homöotischen Genen** gesteuert. Sie bewirken z. B., dass an einem bestimmten Segment Beine, an einem anderen Antennen gebildet werden. Auch in diesem Fall werden Transkriptionsfaktoren gebildet, welche die entsprechenden Gene aktivieren. Mutationen der homöotischen Gene können die Umwandlung einer Körperstruktur in eine andere auslösen. So kann bei *Drosophila* eine Mutation des sog. Antennapedia-Gens bewirken, dass die Mutanten am Kopf Beine tragen, wo sonst Antennen sind.

> **Wissen** **Homöobox und Homöodomäne**
>
> Homöotische Gene enthalten alle einen 180 Nucleotide langen Bereich, die **Homöobox,** der für 60 Aminosäuren codiert. Diese **Homöodomäne** ist der Teil des Proteins, der an die DNA bindet, wenn das Protein als Transkriptionsfaktor wirkt. Diese Bindungsfähigkeit ist jedoch unspezifisch. Darüber, welche speziellen Gene aktiviert werden, entscheiden andere variable Bereiche der Transkriptionsfaktoren. Von Prokaryoten bis zu hin zu Säugetieren sind sehr ähnliche Homöobox-Sequenzen bekannt.

Die genetische Steuerung der Entwicklungsvorgänge bei Pflanzen und Tieren wurde an wenigen **Modellorganismen** genau untersucht: Acker-Schmalwand *(Arabidopsis thaliana)*, Fadenwurm *(Caenorhabditis elegans)*, Taufliege *(Drosophila melanogaster)*, Zebrabärbling *(Danio rerio)*, Hausmaus *(Mus musculus)*.

Aufgabe 7

Sobald Zellmembranen gebildet sind, können Transkriptionsfaktoren sich nicht mehr durch Diffusion ausbreiten. Nun erfolgt die Signalübertragung über besondere Signalmoleküle, die von Zellen abgegeben werden. Sie aktivieren (oder blockieren) direkt oder indirekt Transkriptionsfaktoren.

1. Beschreiben Sie die beiden Signalwege in der folgenden Abb.

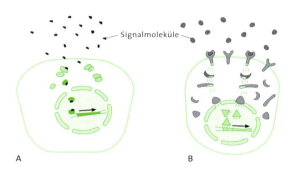

2. Bei welchem Signalweg muss es sich um fettlösliche Signalmoleküle handeln?
3. Erklären Sie, warum die Mutation unterschiedlicher Gene bei Signalweg B zu denselben Phänotypen führen kann.

5.2.3
Gemeinsamkeiten der Entwicklungssteuerung

Wirbeltiere unterscheiden sich in ihrer Körpergliederung grundsätzlich von Insekten, aber sie besitzen ebenfalls einen segmentalen Körperbau. Man erkennt dies vor allem an der Muskulatur (Somiten) und den Wirbeln. Alle Wirbeltiere besitzen jeweils vier Komplexe aus 13 Homöobox-Genen. Diese sind auf den Chromosomen normalerweise als zusammenhängendes Cluster (als **Hox-Gene** bezeichnet) angeordnet. Bei Wirbeltieren liegen diese vier Cluster oder „Gen-Familien" auf vier verschiedenen Chromosomen. Die Hox-Gene entscheiden über die Differenzierung der unterschiedlichen Bereiche entlang der Körperlängsachse. Innerhalb eines Clusters entspricht die lineare Genanordnung dem Ort ihrer Aktivität entlang der „Kopf-Schwanz-Achse": Das heißt, diejenigen Hox-Gene eines Clusters, die dem 3'-Ende am nächsten liegen, werden im vorderen Bereich des Embryos exprimiert, die Hox-Gene, die weiter hinten in Richtung des 5'-Endes des Genkomplexes liegen, werden an einem weiter hinten liegenden Abschnitt des Embryos exprimiert. Dadurch erhalten unterschiedliche Bereiche des Embryos unterschiedliche Kombinationen von Hox-Genprodukten und diese wirken wieder als Transkriptionsfaktoren. Während so die Hox-Gene v. a.

Kapitel 5 Fortpflanzung und Entwicklung

die Kopf-Schwanz-Differenzierung steuern, gibt es andere Gene, die für die Rücken-Bauch-Differenzierung zuständig sind.

Hox-Gene kommen auch bei allen anderen Eukaryoten und sogar bei Prokaryoten vor, dürften sich also schon sehr früh im Laufe der Evolution herausgebildet haben.

Zwar hat man einige Homöobox-Gene auch bei Pflanzen nachgewiesen, doch sind für die Differenzierung die verwandten **Organidentitätsgene** mit einer Sequenz, die als **MADS-Box** bezeichnet wird, besonders gut untersucht. Auch hierbei handelt es sich um Mastergene, die über Transkriptionsfaktoren Genkaskaden aktivieren und so komplexe Entwicklungsvorgänge in Gang setzen können.

Aufgabe 8

In der Abbildung ist dargestellt, wie das Wirken von Transkriptionsfaktoren im noch nicht durch Zellwände geteilten Keim von Drosophila zu einem molekularen Vormuster führen kann, das den späteren Segmenten entspricht.

Erklären Sie, wie das molekulare Muster durch Transkription, Translation und Diffusion zustande kommen kann.

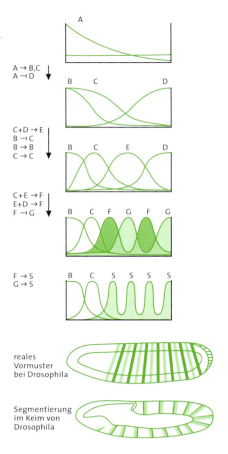

Kapitel 5 Fortpflanzung und Entwicklung

Aufgabe 9

Bei der Differenzierung der verschiedenen Blütenorgane einer bedecktsamigen Pflanze (Fruchtblätter, Staubblätter, Kronblätter, Kelchblätter) wirken teilweise zwei Organidentitätsgene zusammen. Sie bilden einen aus zwei Untereinheiten zusammengesetzten (dimeren) Transkriptionsfaktor.

	Kelchblatt	Kronblatt	Staubblatt	Fruchtblatt
Organidentitätsgene		B	B	
	A	A	C	C

Erklären Sie, wie es nach dem dargestellten Schema der Organidentitätsgene bei Mutanten zur Ausbildung von gefüllten Blüten kommen kann.

6
Evolution und biologische Vielfalt

In diesem Kapitel geht es um die Ursachen und den Ablauf der biologischen Evolution. Die Wirkungsweise der Evolutionsfaktoren wird dargestellt. Die Erkenntnisse über den Ablauf der Evolution ermöglichen die Aufstellung von Stammbäumen, die die natürliche Verwandtschaft der Lebewesen darstellen und die Grundlage der Systematik liefern.

6.1 Indizien für die Evolution der Organismen

Die heute lebenden Arten haben sich in langsamer, steter Abwandlung aus früher lebenden entwickelt. Zwischen allen Lebewesen besteht ein genealogischer Zusammenhang. Die Evolutionslehre beschäftigt sich mit den naturwissenschaftlich erforschbaren Ursachen und Gesetzmäßigkeiten dieser Entwicklung.

Prinzipiell lassen sich drei Fragestellungen zur Evolution der Organismen unterscheiden:

1. **Tatsachenproblem:** Hat Evolution stattgefunden? Hierfür kann man eine große Zahl von **Indizienbeweisen** anführen.
2. **Faktorenproblem:** Welche Ursachen liegen der Evolution zugrunde? Damit beschäftigen sich Evolutionstheorien im engeren Sinne, z. B. die **synthetische Theorie.**
3. **Stammbaumproblem:** Wie ist die Evolution abgelaufen? Dies ist Forschungsgegenstand der **phylogenetischen Systematik** oder Kladistik.

Indizien für die Evolution der Organismen sind:
- **biochemische Gemeinsamkeiten aller Lebewesen:** Identische Stoffwechselwege (z. B. Glykolyse), gemeinsamer genetischer Code, abgestufte Ähnlichkeit der bei Lebewesen weit verbreiteten Enzyme und Redoxsysteme (z. B. Cytochrome).
- **Fossilien:** Dies sind Reste oder Spuren von Organismen früherer Erdzeitalter. Sie verdeutlichen durch den Vergleich mit heutigen Lebewesen den Formenwandel und die Verwandtschaftsbeziehungen der Organismen. Durch eine Altersbestimmung ermöglichen sie Aus-

sagen über den zeitlichen Ablauf der Evolution. **Leitfossilien** sind Fossilien, mit denen sich das relative Alter der sie umschließenden Gesteine ermitteln lässt. Sie müssen häufig vorkommen, leicht erkennbar, auf eine kurze Epoche beschränkt und geografisch weit verbreitet sein.

Nach der Art ihrer Entstehung werden mehrere Typen von Fossilien unterschieden:

- **Übergangsformen** oder **Brückenorganismen:** Lebewesen, die Merkmale von Organismen zweier unterschiedlicher systematischer Gruppen in sich vereinen (z. B. der Urvogel *Archaeopteryx* als Brückentier zwischen Reptilien und Vögeln).
- **Ontogenie:** Ontogenetische Merkmale, d. h. solche, die im Verlauf der Individualentwicklung auftreten, unterliegen im Allgemeinen einem geringeren Selektionsdruck. Deshalb sind sie sehr konservativ und können Hinweise auf Verwandtschaften geben. So erkannte DARWIN, dass Seepocken aufgrund ihrer Larvenformen zu den Krebsen gehören müssen.
- **Rudimentäre Organe:** Dies sind rückgebildete Organe, die im Verlauf der Evolution ihre ursprüngliche Funktion ganz oder teilweise verloren haben und nur noch als Organreste vorhanden sind. Beispiele sind rückgebildete Augen bei Höhlentieren, der Wurmfortsatz des Blinddarms oder die Muskeln zur Bewegung der Ohren beim Menschen.
- **Atavismen:** Nur gelegentlich bei einzelnen Individuen einer Art ausgebildete Strukturen, die an frühere stammesgeschichtliche Stadien erinnern. Sie weisen darauf hin, dass die verantwortlichen Gene noch vorhanden, aber normalerweise unterdrückt sind. Beispiele sind beim Menschen ein schwanzartig verlängertes Steißbein oder Körperstellen mit fellartiger Behaarung.

6.2 Evolutionstheorien

Fast in allen Kulturkreisen gibt es Schöpfungsmythen, aber schon in der Antike versuchten Philosophen, rationale Erklärungen für die Vielfalt des Lebendigen zu finden. Dabei geht es zum einen um die Entstehung und Entwicklung des Universums (Kosmologie), zum anderen um die Entstehung und Entwicklung der Lebewesen (biologische Evolution). Auf der Grundlage der biblischen Schöpfungsgeschichte nahm man die einmalige Schöpfung und fortdauernde Konstanz aller Arten von Lebewesen an. Erst im 18. Jahrhundert zweifelten verschiedene Naturwissenschaftler an der Konstanz der Arten.

> **Wissen**   **Evolutionstheorien des 19. Jahrhunderts**
>
> - **Katastrophentheorie** (nach GEORGE BARON DE CUVIER 1769–1813): Das Auftreten anderer Arten in früheren Erdzeitaltern wird mit Katastrophen und anschließenden Neuschöpfungen erklärt. Die Katastrophentheorie ist keine echte Evolutionstheorie.
> - **Lamarckismus** (nach JEAN BAPTISTE LAMARCK 1744–1829): Alle Lebewesen gehen auf einen gemeinsamen Ursprung zurück. Dabei führt Anpassung der Lebewesen an sich ändernde Umweltbedingungen zu Veränderungen, z. B. werden Organe durch Gebrauch vergrößert, durch Nichtgebrauch verkleinert. Solche erworbenen Eigenschaften werden auf die Nachkommen vererbt. Dies führt zum Artenwandel und zur Artenaufspaltung.
> - **Selektionstheorie** (**Darwinismus**; nach CHARLES R. DARWIN 1808–1882 und ALFRED R. WALLACE 1823–1913): Alle Lebewesen gehen auf einen gemeinsamen Ursprung zurück, Ursache für den Artenwandel und die Artenaufspaltung ist jedoch nicht die Vererbung erworbener Eigenschaften sondern die ungerichtete Variabilität und die stärkere Vermehrung der besser angepassten Individuen sowie die genetische Isolation von Teilpopulationen. Die entscheidenden Evolutionsfaktoren waren für DARWIN **Variation, Selektion** und **Isolation.**

DARWIN vertrat die Ansicht, dass die Evolutionsfaktoren in der Gegenwart gleich wirksam sind, wie sie dies in der Vergangenheit waren. Damit übernahm er das Aktualitätsprinzip, das der Geologe CHARLES LYELL (1797–1875) auf erdgeschichtliche Vorgänge angewandt hatte.

Die Grundprinzipien der von DARWIN und WALLACE formulierten Evolutionstheorie, die Veränderlichkeit der vererbbaren Merkmale und die stärkere Vermehrung der Individuen mit den vorteilhaften Merkmalen, haben bis heute Gültigkeit. Über das Zusammenspiel und die Gewichtung der einzelnen Faktoren dieses Wirkungsgefüges wird jedoch diskutiert und es ergeben sich immer wieder neue Erkenntnisse. Vor allem in der ersten Hälfte des 20. Jahrhunderts haben die Ergebnisse der Populationsgenetik wichtige Beiträge zur Weiterentwicklung der Evolutionstheorie DARWINS geliefert und führten so zur Entwicklung der Synthetischen Theorie der Evolution. Ab den 1950er-Jahren wurden die Erkenntnisse der Molekularbiologie in die Evolutionsforschung mit einbezogen und etwa ab den 1970er-Jahren wurde vor allem im Rahmen der Soziobiologie versucht, über Kosten-Nutzen-Analysen quantitative Aussagen für die Selektionsprozesse zu machen.

Typische Aufgabenstellung
- Geben Sie eine zusammenfassende Darstellung der Grundgedanken der Evolutionstheorien von J. B. DE LAMARCK und CH. R. DARWIN.

Tipp

Nutzen Sie Ihr Lehrbuch, andere Literatur und/oder das Internet zur Informationsbeschaffung, wenn Sie Fragen wie die oben stehende beantworten. In der Prüfung bekommen Sie z. B. Quellentexte, aus denen Sie die relevanten Informationen entnehmen können. Üben Sie, aus Texten die Grundaussagen herauszuziehen und in eine logische Reihenfolge zu bringen.

Aufgabe 1

Nach dem Aktualitätsprinzip könnte man annehmen, dass auch in der Gegenwart eine spontane Entstehung von Lebewesen aus Unbelebtem („Urzeugung") möglich sein müsste.
Nehmen Sie Stellung zu dieser Annahme.

6.3
Evolutionsfaktoren

6.3.1
Ideale Population und Evolutionsfaktoren

G. H. HARDY (1877–1947) und W. R. WEINBERG (1862–1937) fanden 1908 unabhängig voneinander eine Gesetzmäßigkeit, nach der Genhäufigkeiten in einer Population sich sexuell vermehrender Lebewesen weitergegeben werden. Sie fanden heraus, dass die Allelhäufigkeit sich nicht verändert, wenn die Population bestimmte Voraussetzungen erfüllt („ideale Population").

Diese Voraussetzungen sind:
1. Es treten keine Mutationen auf.
2. Die Reproduktionsrate aller Individuen ist gleich groß.
3. Die Population besteht aus unendlich vielen Individuen.
4. Es findet keine Einkreuzung aus fremden Populationen statt.
5. Die Paarungschance für jedes mögliche Paar ist gleich groß.

Wenn eine oder mehrere dieser Voraussetzungen nicht erfüllt sind, gilt die **Hardy-Weinberg-Regel** nicht mehr, d. h. dann treten innerhalb der Population von Generation zu Generation Veränderungen auf und dies bedeutet wiederum, es findet Evolution statt.

Alle „realen Populationen" erfüllen zumindest einige dieser Voraussetzungen nicht, das heißt, sie verändern sich. Diese Erkenntnis führte zur Formulierung der „Synthetischen Theorie der Evolution". Eine besondere Bedeutung kommt danach der zufälligen Auslese zu, die auch **„Gendrift"** genannt wird. So ist weitgehend vom Zufall abhängig, welche Genotypen einer Population bei einer Naturkatastrophe übrig bleiben oder welchen Genpool eine kleine Gründerpopulation mitbringt, die ein Gebiet neu besiedelt.

> **Wissen** — **Synthetische Theorie der Evolution**
>
> 1. Es treten Mutationen und Rekombinationen auf.
> 2. Die Reproduktionsraten der Individuen sind unterschiedlich (Anpassungsselektion, „natürliche Zuchtwahl").
> 3. Die Population besteht aus einer endlichen Zahl von Individuen (Zufallsselektion, Gendrift).
> 4. Es findet Einkreuzung aus fremden Populationen statt (Migration, Genfluss).
> 5. Die Paarungschancen für verschiedene mögliche Paare sind unterschiedlich (Isolation).

Aufgabe 2

1. Erläutern sie die Wirkungsweise der fünf Evolutionsfaktoren der synthetischen Theorie auf populationsgenetischer Grundlage an möglichen Beispielen.
2. Welcher dieser Faktoren kann zur Aufspaltung der Population und damit zur Artneubildung führen?

6.3.2 Quellen genetischer Vielfalt

Als **Mutationen** bezeichnet man spontan oder aufgrund bestimmter physikalischer oder chemischer Einwirkungen auftretende Veränderungen im Genotyp. Aus experimentellen Befunden lässt sich ableiten, dass höchstens eine von 1000 Mutationen „nützlich" ist, d. h. dass sie bei ihren Trägern zu einem Selektionsvorteil führt. Nimmt man an, dass eine Art aus 100 Millionen Individuen besteht und eine Lebensdauer von 50 000 Generationen hat, so wäre in dieser Zeitspanne immerhin mit 500 Millionen nützlicher Mutanten zu rechnen. Da erste Lebewesen vermutlich vor fast vier Milliarden Jahren entstanden sind, käme hier ein beträchtliches Potenzial zusammen.

Die Entwicklung komplexer strukturierter, eukaryotischer Lebewesen umfasst jedoch nur gut eine halbe Milliarde Jahre. Man kann davon ausgehen, dass bei der genetischen Variabilität der Eukaryoten die Rekombination bereits vorhandener Gene mindestens genauso wichtig wenn nicht wichtiger war als die Mutation. Dafür sprechen auch die vielen Gemeinsamkeiten, die man bei der Erforschung des Genomaufbaus verschiedener Eukaryoten feststellen konnte (vgl. z. B. Hox-Gene, S. 93). Wichtigster Motor für neue **Rekombinanten** ist die **Sexualität,** aber in jüngerer Zeit hat sich gezeigt, dass auch **horizontaler Gentransfer** möglich ist – in großem Umfang bei Prokaryoten, aber in geringerem Umfang wohl auch bei Eukaryoten. Auch das aktive Wandern von DNA-Abschnitten (sog. **Transposons**) in einem Genom dürfte zur genetischen Vielfalt beitragen.

Bis heute ist umstritten, inwieweit Anpassungsselektion oder Zufallsselektion (Gendrift) für Evolutionsvorgänge besonders wichtig sind.

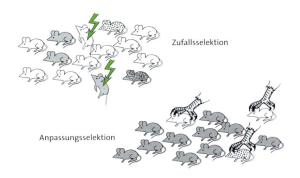

Typische Aufgabenstellungen
- Begründen Sie, warum Hox-Gene auch bei entfernter verwandten Lebewesen gleich sind.
  Welche evolutionsbiologische Schlussfolgerung kann daraus gezogen werden?
- Geben Sie eine mögliche Begründung dafür, dass es viele phänotypische Unterschiede zwischen Mensch und Schimpanse gibt, obwohl die DNA weitgehend identisch ist.

Kapitel 6 Evolution und biologische Vielfalt

Aufgabe 3 Erklären Sie, warum der Einfluss der Gendrift als Evolutionsfaktor bei kleinen Populationen stärker ist als bei großen.

Aufgabe 4 Die Erhaltung der Biodiversität (Artenvielfalt) gilt als wichtiges Naturschutzziel. Meist werden hierfür ökologische, aus der Sicht des Menschen auch ökonomische Gründe angeführt.
Erläutern Sie, ob und wenn ja, welche evolutionsbiologischen Gründe für die Erhaltung der Biodiversität sprechen.

6.3.3 Nischenbildung

Unter der ökologischen Nische einer Art versteht man das Beziehungsgefüge aus biotischen und abiotischen Faktoren, in das eine Art in ihrem Lebensraum eingebunden ist. Die Veränderung von Faktoren (z. B. Klima) dieses Beziehungsgefüges kann zu einer gerichteten Selektion führen: Phänotypen, die in einer bestimmten Richtung vom Mittel abweichen, erreichen dadurch eine höhere Fitness (bessere Anpassung) und somit eine höhere Reproduktionsrate. Umgekehrt kann eine Art mit der Zeit auch die abiotischen und biotischen Faktoren ihrer Nische verändern und damit aktiv die eigene Selektion beeinflussen.

Aufgabe 5 Viele Bevölkerungsgruppen mit traditioneller Milchwirtschaft, auch die Europäer, besitzen kein Lactase-Restriktionsallel, was bedeutet, dass das Enzym Lactase auch bei Erwachsenen vorhanden ist und Lactose abgebaut werden kann. Aus 4300 bis 7300 Jahre alten Knochenfunden in Mitteleuropa konnte man das Gen jedoch isolieren.
1. Erklären Sie, welche Vorteile der Population durch Verlust des Lactase-Restriktionsallels erwuchsen.
2. Welche neue ökologische Nische wurde dadurch eröffnet?

6.3.4 Symbiogenese

Symbiosen sind Gemeinschaften verschiedener Arten, die für beide Partner von Vorteil sind. Neben lebenslangen Partnerschaften (z. B. Darm-Endosymbiosen bei Wiederkäuern) können sie auch nur von kurzer Dauer sein (z. B. Blüte und bestäubendes Insekt). Vorübergehende Beziehungen, wie sie zwischen Putzerfischen und großen Rifffischen herrschen, werden auch als **Allianz** bezeichnet. Wenn eine Symbiose zur Entstehung neuer Arten beiträgt, spricht man von **Symbiogenese.**

Kapitel 6 Evolution und biologische Vielfalt

Symbiotische Vorgänge haben im Laufe der Erdgeschichte immer wieder eine entscheidende Rolle bei der Evolution der Lebewesen gespielt. Einen besonders großen Evolutionsschub brachte die Entstehung der ersten Eukaryoten aus Prokaryoten durch Endosymbiose.

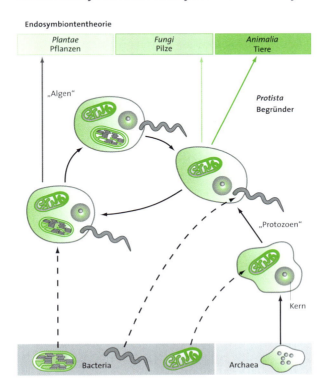

Einige weitere Beispiele für Symbiosen, die ganz neue Evolutionswege eröffneten:

- **Verdauungs-Symbiosen:** Holz- bzw. Cellulose fressende Insekten (z. B. Borkenkäfer, Termiten) mit Darmbakterien und Einzellern oder auch Pflanzen fressende Säugetiere mit Darmbakterien und Einzellern. Dabei werden die Endosymbionten häufig von Generation zu Generation – zum Teil schon über die befruchteten Eizellen – weitergegeben.
- **Symbiosen mit prokaryotischen N_2-Fixierern:** Hülsenfrüchtler (Erbse, Bohne, Wicke) und Bakterien *(Rhizobium)* in besonderen Wurzelknöllchen, die das Luftstickstoff-Molekül N_2 assimilieren können, des Weiteren Erlen oder Sanddorn und N_2 bindende endosymbiotische Aktinobakterien der Gattung *Frankia* oder auch der Schwimmfarn *Azolla* und N_2 bindende Blaugrüne Bakterien der Gattung *Anabaena* (fördern die Fruchtbarkeit von Reisfeldern).

- **Eukaryotische Algen als Endosymbionten:** Beispiele sind u. a. Pilze mit vorwiegend einzelligen Algen **(Flechten),** aber auch Schwämme, Korallenpolypen, marine Würmer und Mollusken mit einzelligen Algen. Die Riesenmuschel (Gattung *Tridacna*) z. B. ernährt sich zu einem erheblichen Teil von endosymbiotischen Algen in ihrem Mantelsaum.
- **Ameisenpflanzen:** Bemerkenswerte symbiotische Gemeinschaften bestehen zwischen Ameisen und Pflanzen (Myrmecophyten). Die Pflanzen bauen z. T. Wohnungen für die Ameisen (Hohlräume in Pflanzenteilen) und sie bilden teilweise auch Nährkörper speziell für ihre Ameisengäste aus. Als Gegenleistung schützen die Ameisen die Pflanzen vor Fressfeinden, Parasiten und Konkurrenten.

Wenn sich die Evolution einer Artengruppe auf die Evolution einer anderen Artengruppe auswirkt, die mit dieser in enger Wechselbeziehung steht, spricht man von **Coevolution.** Beispiele sind die Evolution von Parasiten und ihren Wirten oder von Blüten und ihren Bestäubern.

Aufgabe 6

Bei einer Temperaturerhöhung warmer Meere kann es zu einem „Ausbleichen" der Korallenstöcke kommen. In der Folge sterben die Korallenpolypen meist ab.
1. Erklären Sie diesen Vorgang.
2. Könnte dies auch Auswirkungen auf die Evolution haben?

6.4
Stammesgeschichte und Vielfalt der Lebewesen

6.4.1
Mikroevolution und Makroevolution

Nach der biologischen Definition sind **Arten** geschlossene genetische Systeme. Sie umfassen alle Individuen, die einer Fortpflanzungsgemeinschaft angehören. Wird diese Fortpflanzungsgemeinschaft unterbrochen **(reproduktive Isolation),** kann es zur Bildung neuer Arten kommen. Sich ausschließlich asexuell fortpflanzende Organismen werden von dieser Definition nicht erfasst. Reproduktive Isolation kann unterschiedliche Gründe haben. Man unterscheidet z. B.:
- **geografische Isolation:** Separation u. a. durch Meerestransgressionen (z. B. Inselbildung durch Anstieg des Meeresspiegels) oder Gebirgsbildungen
- **ökologische Isolation** durch Nutzung unterschiedlicher ökologischer Nischen

- **verhaltensbiologische Isolation** z. B. durch Veränderung des Balzverhaltens bei einer Teilpopulation.

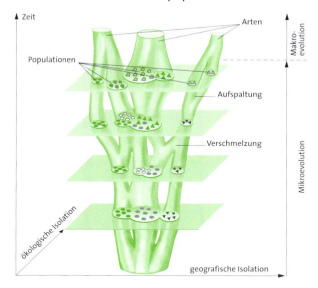

Wie in der Abb. dargestellt, ist dieser Prozess jedoch i. A. kein Vorgang, der durch ein einmaliges Ereignis abgeschlossen wird. Vielmehr kann es mehrfach zur reproduktiven Isolation und anschließend zur erneuten Vereinigung von Teilpopulationen kommen. Diese Prozesse, die innerhalb einer Art stattfinden, werden **Mikroevolution** genannt. Sind durch reproduktive Isolation die Unterschiede zwischen den getrennten Populationen so groß geworden, dass sie sich nicht mehr miteinander fortpflanzen können, sind zwei (oder mehr) neue Arten entstanden. Die evolutiven Veränderungen innerhalb dieser neuen Arten gehen natürlich weiter. Evolution oberhalb des Artniveaus wird als **Makroevolution** bezeichnet. Makroevolution führt zu einer abgestuften Ähnlichkeit der Arten, die sich durch ein hierarchisches System darstellen lässt. Die Kategorien dieses Systems (taxonomische Kategorien) sind jedoch im Gegensatz zur Art relativ willkürliche Festlegungen der Taxonomen.

- **Allogenese (adaptive Radiation):** Aufspaltung in zahlreiche evolutive Linien innerhalb einer adaptiven Zone, z. B. wenn eine Ursprungsart auf eine noch unbesiedelte Insel gelangt (Beispiel: Grundfinken auf den Galapagos-Inseln).
- **Arogenese:** Evolutionsablauf, der es einer kleinen Gruppe von Arten oder nur einer Art gestattet, aus einer adaptiven Zone in eine andere zu wechseln. Arogenese ist eine Voraussetzung für neue **adaptive Radiationen** (Beispiel: Entwicklung von Kieferbögen aus Kiemenbögen bei frühen Fischen).

Kapitel 6 Evolution und biologische Vielfalt

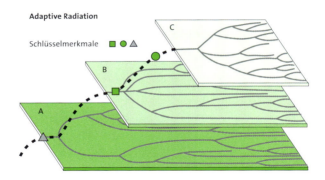

In Lebensräumen mit sehr konstanten Umweltbedingungen kann es zu einer stabilisierenden Selektion kommen, die dazu führt, dass Lebensformen sich über lange erdgeschichtliche Zeiträume kaum verändern und auch keine Artaufspaltung auftritt. Eine solche **Stasigenese** kann zur Erhaltung sehr urtümlicher Formen führen, die als **lebende Fossilien** bezeichnet werden.

Methodik Altersbestimmung

Es gibt eine Reihe von Methoden, um das Alter von Fossilien recht genau zu bestimmen. Die Wahl der Methode richtet sich danach, welche Beschaffenheit das zu bestimmende Material hat und welche Zeitspanne mit welcher Genauigkeit datiert werden soll. Oft werden mehrere Methoden miteinander kombiniert, um genauere Ergebnisse zu erhalten.

1. **Radiometrische Verfahren:** Sie beruhen auf dem Prinzip, dass in geologischen und organischen Materialien natürlich auftretende radioaktive Isotope vorhanden sind. Deren Restkonzentrationen werden gemessen und aus Kenntnis der Halbwertszeit des radioaktiven Zerfalls kann auf das Alter der Probe geschlossen werden. Wichtige Methoden sind:
   - Radio-Karbon-Methode (^{14}C-Methode) → 300 bis 70 000 Jahre,
   - Uran-Thorium-Methode → > 100 000 bis Mio. Jahre.
2. **Dendrochronologie:** Dies ist die Altersbestimmung anhand der Anzahl und Breite der Jahresringe von Bäumen → bis ca. 10 000 Jahre.
3. **Leitfossilien:** Fossilien, die nur in bestimmten Gesteinsschichten vorkommen und daher eine relative Datierung erlauben.

Typische Aufgabenstellungen
- Beschreiben Sie die Radio-Karbon-Methode und zeichnen Sie eine beschriftete Zerfallskurve, ausgehend von einer Halbwertszeit von 5600 Jahren.
- Erläutern Sie, welche Evolutionsmechanismen der Entstehung der Artenvielfalt zugrunde liegen.

Kapitel 6 Evolution und biologische Vielfalt

Aufgabe 7 Nennen Sie einige Beispiele für lebende Fossilien und begründen Sie jeweils, warum man diese Arten so bezeichnen kann.

6.4.2
Phylogenetische Systematik

Ziel der Systematiker ist, ein System zu entwickeln, das der natürlichen Verwandtschaft nahe kommt. Hierzu dienen **Merkmalsvergleiche.** Dabei kann es sich um morphologische, physiologische, verhaltensbiologische und heute vor allem auch molekulargenetische Merkmale handeln.

Merkmalsausprägungen, die in einer einheitlichen Abstammungsgruppe **(monophyletischen Gruppe)** ursprünglich vorhanden sind, werden **plesiomorphe Merkmale** genannt. Abgeleitete Merkmalsausprägungen nennt man **apomorph.** Darüber, welche Merkmalsausprägung ursprünglich ist, gibt ein Vergleich mit einer Außengruppe Auskunft. Nur wenn zwei von drei Arten oder höheren Taxa ein gemeinsames, abgeleitetes Merkmal mehr besitzen, sind sie enger miteinander verwandt als mit der dritten Art. Gemeinsames Auftreten ursprünglicher Merkmale sagt nichts über die Verwandtschaft aus und kann daher bei der Aufstellung eines natürlichen Systems nicht als Kriterium herangezogen werden. Die systematische Forschung, die auf diesem von dem deutschen Zoologen WILLI HENNIG 1950 begründeten Ansatz beruht, nennt man auch **Kladistik** (auch Cladistik).

Ziel der Kladistik ist die Entwicklung eines Systems aus monophyletischen Gruppen. Als **monophyletisch** werden Gruppen bezeichnet, die alle Arten umfassen, die von einer einzigen Stammart abstammen. Diejenigen Gruppen, die aus Teilgruppen bestehen, die ihrerseits von unterschiedlichen Vorfahren abstammen, nennt man **polyphyletisch.** Gruppen, die nicht alle Teilgruppen enthalten, die von einem gemeinsamen Vorfahr abstammen, nennt man **paraphyletisch.**

Soll nach phylogenetischen Kriterien ein natürliches System aufgestellt werden, kann eine Reihe von Problemen auftreten, vor allem das sog. **Homologieproblem.** Es muss sicher sein, dass ein Merkmal oder eine Merkmalsausprägung wirklich auf ein gemeinsames Stammmerkmal zurückzuführen sind. Begründet man das System auf molekulargenetische Daten, muss horizontaler Gentransfer ausgeschlossen werden.

Kapitel 6 Evolution und biologische Vielfalt

> **Wissen — Homologiekriterien**
>
> 1. **Kriterium der Lage:** Zwei Strukturen sind homolog, wenn sie gleiche Stellen im Bauplan verschiedener Arten einnehmen bzw. auf eine stammesgeschichtlich gemeinsame Ursprungsstruktur zurückgehen (z. B. die Mundgliedmaßen der Insekten).
> 2. **Kriterium der spezifischen Qualität:** Komplex gebaute Organe, die während der Phylogenese die Lage im Gefügesystem verändert haben, können auch dann homologe Organe sein, wenn sie in zahlreichen Merkmalen übereinstimmen. Danach sind z. B. die Hautschuppen des Haies mit den Schneidezähnen der Säugetiere homolog.
> 3. **Kriterium der Stetigkeit:** Einander unähnliche und verschieden gelagerte Organe sind dann homolog, wenn sie sich durch eine Reihe von Zwischenformen miteinander verbinden lassen (z. B. die Blutkreisläufe der verschiedenen Wirbeltierklassen).

Typische Aufgabenstellungen

- Definieren Sie den biologischen Artbegriff.
- Geben Sie eine Definition des Begriffs Homologie und formulieren Sie die Homologiekriterien.
- Beschreiben Sie am Beispiel von zwei Arten (z. B. Maulwurf und Maulwurfsgrille) die durch konvergente Entwicklung entstandene Analogie.
- Beurteilen Sie, inwiefern die Entstehung einer Analogie als Indiz für die Evolution der Organismen gewertet werden kann.
- Untersuchen Sie bei sehr ähnlichen Tierpaaren (z. B. Nandu und Strauß, Greifstachler und Stachelschwein), ob die auffällige Ähnlichkeit auf enge Verwandtschaft oder konvergente Entwicklung zurückzuführen ist.

> **Tipp**
>
> Suchen Sie sich Artenpaare mit großen Ähnlichkeiten und finden Sie mithilfe von Lehrbüchern bzw. Informationen aus dem Internet heraus, ob es sich um enge Verwandtschaft oder konvergente Entwicklung handelt.

Aufgabe 8

Folgende Säugetiere haben fünfstrahlige Vorderextremitäten: Dachs, Hausmaus, Wald-Spitzmaus, Kapuzineraffe, Mensch. Folgende Säugetiere haben eine zweistrahlige Vorderextremität: Reh, Auerochse, Gämse, Hausziege.

Begründen Sie, warum es sich nur bei der zweiten genannten Gruppe um eine monophyletische Gruppe handelt.

Aufgabe 9 Den Stamm der Wirbeltiere unterteilt man üblicherweise in die Klassen Fische, Amphibien, Reptilien, Vögel und Säuger. Beurteilen Sie, ob diese Klassen mono-, para- oder polyphyletisch sind.

6.4.3 Taxonomie (Systematik)

Die **Taxonomie** ist die Wissenschaft von der richtigen Benennung der Lebewesen. Ein **Taxon** (Plural **Taxa**) ist eine Klassifizierungseinheit. Die üblichen **taxonomischen Kategorien** sind:

1. Domäne
2. Reich
3. Stamm (bei Tieren)
   Abteilung (bei Pflanzen)
4. Klasse
5. Ordnung
6. Familie
7. Gattung
8. Art

Seit Carl von Linné's Species plantarum (1735) werden Arten mit einem Doppelnamen benannt **(binäre Nomenklatur)**: Dieser Artname setzt sich zusammen aus dem Gattungsnamen (großgeschrieben, z. B. *Quercus* für die Gattung Eiche) und dem Epitheton (in diesem Beispiel *robur*), das kleingeschrieben wird. So lautet der wissenschaftliche Artname der Stiel-Eiche *Quercus robur*.

6.4.4 Die systematische Einteilung der Lebewesen

Eine systematische Einteilung der Lebewesen nach streng kladistischen Regeln wäre sehr unübersichtlich, da sie aus einer unüberschaubaren Zahl taxonomischer Rangordnungen bestehen müsste.

Deshalb geht man Kompromisse ein und lässt die Bildung paraphyletischer Taxa zu, wenn ein Zweig aus der Verwandtschaftsgruppe sich sehr stark aufgegliedert hat (Beispiel: Reptilien – Vögel).

Eine heute gängige Einteilung gliedert die Organismen in drei Domänen (Prokarya, Archaea und Eukarya) und die Domäne Eukarya in vier Reiche.

Grundlegender Unterschied zwischen den Prokarya (Bacteria und Archaea, auch Prokaryota genannt) und den Eukarya (auch Eukaryota) ist, dass Letztere einen Zellkern besitzen, und die Prokaryota kernlos sind.

Bacteria und Archaea können aufgrund der unterschiedlichen genetischen Struktur, insbesondere der ribosomalen RNA, unterschieden werden.

> **Wissen — Drei Domänen und vier Reiche**
>
> Drei Domänen:
> - **Archaea** (Archäen, Urbakterien)
> - **Bacteria** (Echte Bakterien)
> - **Eukarya** (Kernhaltige)
>
> Die Domäne Eukarya wird in *vier Reiche* gegliedert:
> - **Protista** oder Protoctista (Begründer)
> - **Plantae** (Pflanzen)
> - **Fungi** (Pilze)
> - **Animalia** (Tiere)

Pflanzen, Pilze und Tiere bilden recht gut abgrenzbare Reiche, die jeweils auf einen gemeinsamen Ursprung zurückgeführt werden können. Die Protista sind eine sehr heterogene Gruppe, deren weitere Unterteilung in verschiedene Reiche korrekter wäre. Nach heutiger Kenntnis müsste man dann die Pflanzen mit einigen Algengruppen zusammenfassen, Tiere und Pilze würden mit einigen weiteren Protisten-Gruppen eine Großgruppe bilden, außerdem könnte man aber noch mindestens vier weitere Reiche unterscheiden. Als Überblickswissen ist das „Drei-Domänen-Vier-Reiche-Konzept" gut geeignet. Man muss sich nur bewusst darüber sein, dass die Protista (Begründer) eine „Mülleimergruppe" sind, in die alles gepackt wird, was nicht zu Tieren, Pflanzen oder Pilzen passt. Ob man die Pflanzen erst mit den Landpflanzen, also den Moosen, beginnen lässt, oder schon ihre Algen-Verwandten oder alle Grünalgen in die Pflanzen mit einbezieht, ist eigentlich Geschmacksache. Gut handhabbar ist es in jedem Fall, den Schnitt beim Übergang vom Wasser zum Landleben, also bei den Moosen, zu machen.

6.5 Evolution des Menschen

Schon C. VON LINNÉ vereinigte in seinem System den Menschen mit den Affen und Halbaffen in der Säugetierordnung Herrentiere (Primates). Mit etwa 200 bekannten Arten ist diese Ordnung der Säugetiere relativ klein. Dazu gehören Halbaffen (Lemuren, Loris, Galagos, Koboldmakis) und Echte Affen, die man wiederum in Altweltaffen und Neuweltaffen unterteilt. Die ersten Primaten entstanden vermutlich vor 70 bis 80 Millionen Jahren (Oberkreide) aus Formen, die heutigen Insektenfressern ähnelten. Der älteste bisher gefundene „echte Affe" *Eosimias* lebte vor etwa 55 Millionen Jahren in China.

Folgende Typen von Daten stehen zur Verfügung, um die Stammesgeschichte des Menschen zu erforschen:
- Fossilreste (Paläoanthropologie),
- Werkzeuge, Feuerspuren, tierische und pflanzliche Nahrungsreste,
- Rezente Populationen mit steinzeitlicher Lebensweise,
- Daten zur DNA-Sequenz und zum Proteinaufbau.

Insgesamt ist das Fossilmaterial lückenhaft und jeder neue Fund kann zu einer neuen Hypothesenbildung führen. Für die Evolution der Hominiden von Bedeutung war, dass das Klima in Afrika vor ca. zehn Millionen Jahren anfing, trockener zu werden. In der Folge dehnten sich Savannen und Graslandschaften aus, Regenwälder gingen zurück. Nach den bisherigen Erkenntnissen kann die Stammesgeschichte des Menschen wie folgt dargestellt werden:

Vor 25 bis neun Millionen Jahren lebten die **Dryopithecinen,** die eine Mischung von Tieraffen- und Menschenaffenmerkmalen zeigen.
 Älteste Gruppe der Menschenfamilie (Hominidae) sind die **Australopithecinen.** Hierzu gehören die Gattungen *Ardipithecus, Australopithecus* und *Kenianthropus*. Sie lebten vor ca. 4,5 bis 1,3 Millionen Jahren in Savannengebieten Afrikas.
 Die ersten Vertreter der Gattung **Homo** werden auch als Frühmenschen bezeichnet, der älteste derzeit bekannte Vertreter ist *Homo rudolfensis* (2,4 bis 1,8 Millionen Jahre) aus Kenia. Etwas jünger ist *Homo habilis,* dessen Gehirnvolumen bereits bis zu 650 ccm betrug und der bereits scharfkantige Steinwerkzeuge benutzte. Der vermutlich erste Mensch, der Afrika verließ, war *Homo ergaster* (Hirnvolumen zwischen 900 und 1000 ccm; 1,75 Millionen Jahre alter Fund aus Vorderasien).
 Die Art *Homo erectus* („Aufrechter Mensch") war bereits über weite Teile der Erde verbreitet. Mit einem Hirnvolumen von bis zu 1300 ccm war diese Menschenart in der Lage, unterschiedliche Werkzeuge aus Feuerstein herzustellen und das Feuer zu nutzen. *Homo erectus* entstand vor etwa 1,8 Millionen Jahren und ist auf Java vermutlich erst vor 40 000 Jahren ausgestorben. Eine 2004 von der kleinen, indonesischen Insel Flores beschriebene zwergwüchsige Menschenart, *Homo floresiensis,* stammt vermutlich von *Homo erectus* ab. Sie dürfte erst in jüngster Vergangenheit ausgestorben sein.
 Aus *Homo erectus* ist schließlich *Homo sapiens* hervorgegangen. Als besonders ursprünglicher Vertreter dieser Linie gilt *Homo heidelbergensis,* dessen Unterkiefer bei Heidelberg gefunden wurde. Auch der **Neandertaler** ist eine frühe Linie des *Homo sapiens (Homo sapiens*

neanderthalensis oder eigene Art *Homo neanderthalensis*). Er hatte seine Blütezeit vor 200 000 bis 30 000 Jahren und wurde etwa 1,6 m groß. Mit einem Gehirnvolumen von 1200 bis 1750 ccm konnte das Gehirnvolumen des modernen Menschen sogar etwas übertroffen werden. Aus fossilen Knochen konnten DNA-Reste des Neandertalers isoliert werden, aus denen z. B. hervorgeht, dass dieser Menschentyp bereits über das Sprachgen FOXP2 verfügte.

Die ältesten derzeit bekannten Fossilfunde des modernen *Homo sapiens* sind 195 000 Jahre alt und wurden in Äthiopien (Ostafrika) gefunden. Vor etwa 40 000 Jahren wanderte eine Teilpopulation nach Europa aus (**Cro-Magnon-Menschen,** benannt nach dem Fundort in Südfrankreich). Sie waren in der Lage, sehr gute Steinwerkzeuge herzustellen und Kunstwerke zu schaffen (Höhlenmalereien von Chauvet).

Grundlagen für die geistige und kulturelle Evolution
- Aus der Bipedie (Zweibeinigkeit) folgten weitere anatomische Veränderungen insbesondere die Entwicklung der Greifhand.
- Die verlängerte Wachstumsperiode des Schädels bei Primaten mündete in eine Vergrößerung des Gehirns, v. a. der Großhirnrinde.
- Die Verlängerung der menschlichen Kindes- und Jugendentwicklung und die damit verbundene längere elterliche Fürsorge führte zu einer umfangreicheren Weitergabe von Erfahrungen und Kenntnissen von Generation zu Generation.
- Die Überlieferung angesammelten Wissens über mehrere Generationen wurde durch die Sprache und später durch die Schrift gefördert (Traditionsbildung).

> **Wissen — Schritte der kulturellen Evolution**
> - Werkzeuggebrauch und Nutzung des Feuers (vor rd. zwei Mill. Jahren),
> - Entwicklung der Landwirtschaft (vor rd. 10 000 bis 15 000 Jahren),
> - Beginn der Industrialisierung vor rd. 250 Jahren.

Typische Aufgabestellung
Beschreiben Sie ein molekularbiologisches Verfahren, mit dem man die Verwandtschaftsverhältnisse zwischen Mensch und Menschenaffen ermitteln kann.

Aufgabe 10 Erläutern Sie, welche Vorteile mit der Bipedie verbunden sein könnten. Berücksichtigen Sie dabei die Lebensbedingungen zu jener Zeit, als der letzte gemeinsame Vorfahr von Schimpanse und Mensch lebte.

Kapitel 6 Evolution und biologische Vielfalt

Aufgabe 11

Die nächsten heute lebenden Verwandten des Menschen sind Orang-Utan, Gorilla, Schimpanse (und Bonobo, der evtl. nur eine Unterart des Schimpansen ist). In der Tabelle sind genetische Unterschiede zwischen Mensch und Menschenaffen zusammengestellt.

Konstruieren Sie daraus einen Stammbaum.

	Mensch	Gorilla	Orang-Utan	Schimpanse
Mensch		2,3	3,6	1,6
Gorilla	2,3		3,6	2,3
Orang-Utan	3,6	3,6		3,6
Schimpanse	1,6	2,3	3,6	

Aufgabe 12

Eine Methode, die genealogische Verwandtschaft von Menschengruppen zu untersuchen, ist der Vergleich der mitochondrialen DNA. Mitochondrien werden nur über Eizellen und nicht über Spermien vererbt. Forscher haben durch solche Vergleiche herausgefunden, dass alle heute lebenden Menschen auf eine gemeinsame Mitochondrien-DNA zurückgeführt werden können, die vor etwa 200 000 Jahren existierte.

Interpretieren Sie dieses Ergebnis.

7 Verhaltensbiologie

In diesem Kapitel geht es darum, was ein lebendes Tier tut und wie es dies tut. Dazu zählen u. a. Bewegungen, Lautäußerungen, Körperhaltungen, das aktive Abgeben von Duftstoffen oder Veränderungen der Form und Farbe des Körpers. Auch menschliche Verhaltensweisen lassen sich teilweise biologisch erklären.

7.1 Methoden der Verhaltensforschung

Nikolaas Tinbergen (1907–1988) formulierte vier grundlegende Fragen der Verhaltensforschung, welche die Ziele dieser Wissenschaft deutlich machen:
1. Frage nach Mechanismus und Form des Auftretens
2. Frage nach den Ursachen in der Entwicklung
3. Frage nach der biologischen Funktion
4. Frage nach der Stammesgeschichte

> **Wissen — Proximate und ultimate Ursachen**
>
> Prinzipiell können in der Verhaltensforschung zwei sehr unterschiedliche Herangehensweisen bei der Untersuchung von Verhalten unterschieden werden:
> 1. die Untersuchung der **proximaten Ursachen (Wirkursachen),** also der morphologischen, physiologischen und neurologischen Voraussetzungen für einen Verhaltensablauf
> 2. die Untersuchung der **ultimaten Ursachen (Zweckursachen)** mit der Frage nach der Funktion und dem evolutionsbiologischen Vorteil (Fitness-Erhöhung), den die Verhaltensweise für den Träger bedeutet.

Grundlegende Methoden der Verhaltensbiologie oder Ethologie sind:
- Beobachten und Beschreiben von Verhaltensweisen,
- Messen, Auswerten und Analysieren von Verhaltensweisen,
- Quantitative Registrierung in Form eines Verhaltenskatalogs **(Ethogramm),**

- Entwerfen und Durchführen von Experimenten, um Hypothesen zu überprüfen.

Klassische Experimente der Verhaltensbiologie sind z. B.:
- **Kaspar-Hauser-Experiment:** Ein Tier wird isoliert aufgezogen, um angeborenes und erlerntes Verhalten zu unterscheiden.
- **Attrappenversuch:** Mithilfe von Attrappen – das sind Objekte, die bestimmte Eigenschaften eines Gegenstandes charakterisieren – wird untersucht, welche Eigenschaften als Schlüsselreiz wirken.
- **Freilandbeobachtungen:** Die Tiere werden in freier Wildbahn zunächst aus der Ferne und nach Gewöhnung an den Beobachter auch aus der Nähe beobachtet. Diese Methode ist zwar sehr aufwändig und langwierig, liefert aber bei Wildtier-Arten die besten Ergebnisse.
- Wichtige **technische Hilfsmittel** sind Video- und Audioaufzeichnungen, Markierungen (z. B. Beringung von Vögeln) und telemetrische Verfolgung von Wanderungen durch Anbringen von Sendern.

Typische Aufgabenstellung
Beschreiben Sie eine experimentelle Anordnung mit der überprüft werden kann, ob ein (in der Klausur beschriebenes) Verhalten erlernt oder angeboren ist.

Aufgabe 1

1. Beschreiben Sie, durch welche Methode die Wanderwege der Zugvögel erforscht wurden.
2. Erläutern Sie, durch welche Versuche man herausfinden könnte, ob eine Zugvogelart das Finden des richtigen Wanderweges erlernen muss oder ob das Finden des Weges ein angeborenes Verhalten ist.

Tipp

Machen Sie sich mithilfe von Lehrbüchern mit typischen Fragestellungen der Verhaltensforschung und den zu deren Klärung verwendeten Versuchsanordnungen vertraut.

7.2
Entwicklung des Verhaltens

Für jeden Entwicklungsschritt, angefangen mit der befruchteten Eizelle, sind äußere Umweltfaktoren und innere genetische Vorgaben wichtig. Dies gilt auch für die Entwicklung von Verhaltensweisen. Welche Art von Erfahrungen bzw. welche Umwelteinflüsse im Einzelnen für eine normale Entwicklung des Verhaltens notwendig sind, ist je nach Verwandtschaftsgruppe verschieden. So beeinflussen bei Säugetieren die unterschiedlichsten Umweltfaktoren, Lern- und Sozialisationsprozesse das Verhalten der erwachsenen Tiere. Dabei spielen auch pränatale (vorgeburtliche) Einflüsse eine Rolle.

Als **Prägung** bezeichnet man eine irreversible Form des Lernens von Jungtieren in einem kurzen, genetisch festgelegten Zeitabschnitt der Individualentwicklung **(sensible Phase).** Das durch Prägung erworbene Verhalten wirkt später wie angeboren. Prägung kann auch in einem Entwicklungsabschnitt stattfinden, in dem die geprägte Verhaltensweise noch nicht vollzogen werden kann (z. B. sexuelle Prägung).
    Man unterscheidet u. a. Nachfolgeprägung, sexuelle Prägung, Ortsprägung (Biotop-Prägung), Handlungsprägung und Nahrungsprägung.
    Trennt man z. B. frisch geschlüpfte Enten- oder Graugansküken von ihrer Mutter, folgen sie einer einfachen Entenattrappe, aber auch einer menschlichen Person oder einem Kasten, der sich langsam von ihnen fortbewegt. Dieses Verhalten behalten sie die ganze Jugendphase über bei.

Tiere müssen in jeder Lebensphase optimal an ihre Umwelt angepasst sein. Deshalb zeichnen sich **Jungtiere** häufig durch **spezifische Verhaltensweisen** aus, die in ihrem späteren Leben nicht mehr beobachtbar sind. So entfernen sich Silbermöwenküken bei Gefahr von ihrem Nest und verstecken sich duckend und bewegungslos in der Vegetation. Die erwachsenen Möwen fliegen bei Gefahr vom Nistplatz auf und stoßen Alarmrufe aus.

Aufgabe 2 Zebrafinken, die von Eltern einer verwandten Finkenart („Mövchen") aufgezogen wurden, balzen später nur Mövchen-Weibchen an, auch wenn gleichzeitig Zebrafinken-Weibchen in der Voliere sind.
    Erklären Sie dieses Verhalten.

7.3
Mechanismen des Verhaltens

Organismen besitzen die Fähigkeit, Reize aufzunehmen, sie zu verarbeiten und durch eine entsprechende Reaktion bzw. Verhaltensweisen zu beantworten. Dabei müssen eine Vielzahl von Einzelreaktionen koordiniert werden, wie das Zusammenspiel und die Bewegung der Körperteile, die stabile Haltung und Fortbewegung des Körpers im Raum sowie angeborene und durch Lernen modifizierte Bewegungsprogramme (z. B. Schwimmen, Laufen, Fliegen).

7.3.1
Angeborenes Verhalten

Die einfachste Form angeborenen Verhaltens sind Reflexe. Dies sind Reaktionen, die nur von einem bestimmten Reiz ausgelöst werden und i. d. R. immer gleich ablaufen. Man unterscheidet unbedingte und bedingte Reflexe.

Unbedingter Reflex: eine Reaktion, die von einem bestimmten Reiz ausgelöst wird und in der Regel immer gleich abläuft. Wird z. B. die Handinnenfläche eines Säuglings mit dem Finger berührt, so greift der Säugling danach (Greifreflex).

Bedingter Reflex: Wird ein unbedingter Reiz mit einem neutralen Reiz kombiniert, so kann der neutrale Reiz nach einiger Zeit die gleiche Reaktion auslösen wie der unbedingte Reiz und wird dadurch zum bedingten Reiz. So schließt sich z. B. ein Augenlid, wenn ein Luftstrom das Auge streift. Wird es aber kurz vor dem Luftstrom von einem Lichtstrahl getroffen, dann reicht nach mehreren Durchgängen der Lichtstrahl alleine aus, den Lidschluss auszulösen.

Es gibt viele angeborene Verhaltensweisen, die, anders als Reflexe, auch bei Anwesenheit des zugehörigen, auslösenden Reizes nicht immer auftreten. Sie laufen nur dann ab, wenn neben dem auslösenden Reiz auch der innere Antrieb, d. h. eine Motivation oder Handlungsbereitschaft, vorhanden ist. So wird ein Tier, das satt ist, selbst ein attraktives Nahrungsangebot ignorieren.

Schlüsselreize und Auslösemechanismen

Schlüsselreize sind Außenreize, die ein spezifisches Verhalten auslösen. Sehr häufig handelt es sich dabei um relativ einfache Merkmalskombinationen, die man mithilfe von **Attrappen** simulieren kann.

In den Sinnesorganen und im Zentralnervensystem des Tieres vermutet man einen neurosensorischen Filter, der angeboren oder erworben sein kann und der dafür sorgt, dass der Organismus auf eine bestimmte Reizkonstellation reagiert. Bei diesen Auslösemechanismen werden unterschieden:
- angeborener Auslösemechanismus (AAM),
- erworbener Auslösemechanismus (EAM),
- durch Erfahrung ergänzter angeborener Auslösemechanismus (EAAM).

Solche Auslösemechanismen sorgen dafür, dass bestimmte Verhalten immer nach einem Programm ablaufen. Diese Bewegungsabläufe werden **Instinkthandlung** genannt. Sind sie ausschließlich genetisch festgelegt, werden sie als **Erbkoordination** bezeichnet.

Kapitel 7 Verhaltensbiologie

Erdkröten zeigen z. B. bei der Nahrungssuche immer die gleichen Verhaltensweisen, die in drei Etappen ablaufen:

1. **Appetenzverhalten** = ungerichtetes Suchen nach bestimmten Schlüsselreizen

2. **Einstellbewegung** = Orientierungsreaktion, sobald das Beutetier wahrgenommen wird

3. **Erbkoordinierte Endhandlung** = plötzliches Schnappen nach der Fliege; dies führt zum Absinken der zugrunde liegenden Motivation

Bei vielen Verhaltensweisen ist es kaum möglich, angeborenes von erlerntem oder umweltbedingtem Verhalten völlig zu trennen. Normalerweise bilden angeborene Verhaltensweisen einen Rahmen, innerhalb dessen sich jedes Tier seinen inneren und äußeren Bedingungen anpassen kann. Begriffe der „klassischen Ethologie" wie „Schlüsselreiz", „AAM", „Erbkoordination" und „Instinkt" werden deshalb in der Verhaltensforschung nur noch mit Vorbehalten verwendet.

Typische Aufgabenstellung
Beschreiben Sie Verlauf und Auslösung eines Verhaltens (z. B. Nahrungssuche der Erdkröte, Fluchtverhalten der Schabe).

Aufgabe 3

Bietet man einer jungen Erdkröte statt einer Fliege eine Wespe an, zeigt sie die typische Verhaltensabfolge bis zum Zuschnappen. Bietet man ihr nach einiger Zeit noch einmal eine Wespe als Futtertier an, zeigt sie keine Reaktion mehr.
Geben Sie eine Erklärung für dieses Verhalten.

7.3.2 Erlerntes Verhalten

Tiere können ihre Verhaltensweisen in zukünftigen Situationen auf Grund früher gemachter Erfahrungen verändern. Dieser Prozess wird als **Lernen** bezeichnet. Wichtige Voraussetzung für die Lernfähigkeit ist ein

Gedächtnis. Die Gedächtniskapazität bedingt die Lernfähigkeit eines Tieres. Es können verschiedene Lernmechanismen unterschieden werden.

Wissen — Lernmechanismen

- **bedingte Reaktion:** Tiere kombinieren unterschiedliche Reizsituationen und modifizieren dadurch angeborene unbewusste Handlungen **(klassische Konditionierung).**
- **bedingte Aktion:** Ein Tier lernt durch Versuch und Irrtum, dass zunächst zufällige Handlungen positive Folgen haben können **(operante** oder **instrumentelle Konditionierung).**
- **Gewöhnung:** Wird ein bestimmter Reiz immer wieder angeboten, der weder positive noch negative Auswirkungen hat, gewöhnt sich das Tier an den Reiz und reagiert immer weniger. Auf diese Weise können bedingte Reaktionen und Aktionen verlernt werden (Auslöschung oder **Extinktion**).
- **Nachahmung (Imitation):** Lernen durch Beobachten und Nachahmen von Artgenossen. Auf diesem Wege können Verhalten über Generationen weitergegeben und erhalten werden **(Traditionsbildung).** Besonders wichtig für diese Form des Lernens sind sog. Spiegelneuronen.
- **kognitives Lernen:** Viele Tierarten und vor allem Menschen sind in der Lage, ein Problem gedanklich zu erfassen und einen entsprechenden Lösungsweg, losgelöst vom Lernvorgang, nur in der Vorstellung zu planen.

Aufgabe 4

Der russische Physiologe I. P. Pawlow (1849–1936) zeigte an Hunden Folgendes: Wenn zusammen mit einem unbedingten Reiz ein bedingter Reiz angeboten wird, z. B. mit einer Futterschüssel ein Lichtsignal, so reicht schließlich das Lichtsignal alleine aus, um den zunächst unbedingten Reflex (Speichelfluss) auszulösen.
1. Um welchen der oben genannten Lernmechanismen handelt es sich?
2. Warum kann man nicht von einem einfachen „bedingten Reflex" sprechen?

Aufgabe 5

Man soll seinem Hund am Tisch nicht vom Essen abgeben, wenn man nicht will, dass er „bettelt".
1. Begründen Sie diese Empfehlung.
2. Ist es möglich, einem Hund das Betteln abzugewöhnen? Und wenn ja, erläutern Sie wie.

Kapitel 7 Verhaltensbiologie

> **Methodik   Skinnerbox**
>
> Der amerikanische Psychologe B. F. Skinner (1904–1990) entwickelte zur Untersuchung von einfachen Lernvorgängen die sog. **Skinnerbox.** Dies ist ein Käfig, in dem Tiere zu bedingten Aktionen bewegt werden. Betätigt das Versuchstier, z. B. eine Ratte bei ihrem Erkundungsverhalten in der Box die Hebel in bestimmter Reihenfolge, wird sie mit Futter belohnt. Die Ratte lernt dadurch, die Hebel in genau festgelegter Reihenfolge zu drücken, um Futter zu erhalten. Diese Untersuchungen waren Grundlage der Theorie des **Behaviourismus,** die den Organismus als „Black Box" betrachtet und nur seine Reaktionen auf bestimmte Reize untersucht.

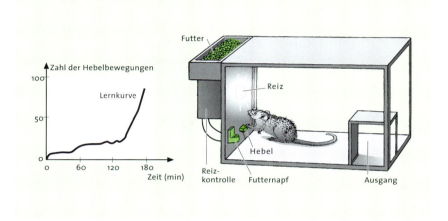

7.4 Angepasstheit des Verhaltens

7.4.1 Fitnesssteigerung

Eine wichtige Fragestellung der Verhaltenskunde ist die nach den **ultimaten Ursachen.** Wozu ist das Verhalten nützlich? Hilft es, einen hohen Reproduktionserfolg zu erzielen? Steigert es die Überlebensfähigkeit eines Individuums und seiner Nachkommen? Steigert es die **Fitness** eines bestimmten Genotyps?

Zum Beispiel ist **Altruismus,** also uneigennütziges Verhalten, vor allem zwischen genetisch verwandten Individuen zu beobachten. Es gibt z. B. Tierarten, bei denen sich einige Individuen zu Gunsten anderer Gruppenmitglieder nicht selbst fortpflanzen. Sie unterstützen dann die anderen bei der Aufzucht ihrer Jungen. Erhöht ein Individuum durch sein Verhalten die Fortpflanzungschancen eines Verwandten, kommt dies auch einem Teil seiner eigenen Gene zugute. Altruismus steigert demnach die Gesamtfitness eines Genotyps über die **Verwandtenselektion (kin selection)**. Ein solches Verhalten kann vor allem bei Staaten bildenden Insekten (Bienen, Ameisen, Wespen, Termiten), aber auch bei einigen Säugetieren (Nacktmulle, Ziesel, Murmeltiere, Krallenaffen) beobachtet werden.

> **Wissen   Fitness**
>
> Die Fitness eines Gens (Allels) bzw. eines Genotyps ist umso größer, je höher seine Überlebensrate und seine Fortpflanzungsrate sind. Häufig wird die Fitness als Relativwert beschrieben, wobei dem am besten angepassten Genotyp der Wert 1 zugeordnet wird.
>
> Die Gesamtfitness eines Genotyps ergibt sich aus der **direkten Fitness** und der **indirekten Fitness** (durch Verwandte), die einen Anteil derselben Gene tragen wie das Individuum. Daher müssen bei der Berechnung der Fitness auch die Verwandtschaftsverhältnisse der beteiligten Individuen berücksichtigt werden.
>
> Der Begriff geht auf Darwin („survival of the fittest") zurück, die missverständliche deutsche Übersetzung „Überleben des Stärksten" müsste eigentlich heißen „Überleben des Angepasstesten".

7.4.2 Kommunikation

Nach dem **Sender-Empfänger-Modell** werden sowohl das Aussenden und der Empfang von Signalen als auch die Reaktion auf diese Signale als Kommunikation bezeichnet. Es kann unterschieden werden zwischen akustischen, optischen, chemischen, mechanischen und elektrischen Signalen.

Mimikry ist ein Fall von Signalfälschung oder Signalnachahmung. Spezifische Signale werden nachgeahmt oder kopiert, um andere Arten, z. B. Beutegreifer, abzuwehren. So imitieren z. B. harmlose Tiere gefährliche Tiere; z. B. ahmen Schwebfliegen die Körperzeichnung von Wespen nach **(batessche Mimikry)**. Aber auch verschiedene gefährliche Tiere bedienen sich derselben Warntracht und damit desselben Signals **(müllersche Mimikry)**.

Aufgabe 6 Erläutern Sie am Beispiel des Beutefangverhaltens der Erdkröte, wie batessche bzw. müllersche Mimikry funktionieren könnte.

7.4.3
Soziale Strukturen

Alle Verhaltensweisen, die beim Umgang mit Artgenossen, zum Teil sogar mit Vertretern anderer Arten auftreten, werden als **Sozialverhalten** bezeichnet. Dabei spielen Tiergruppen eine wichtige Rolle:
- Familiengruppen: Mutterfamilie, Vaterfamilie, Elternfamilie,
- Verbände aus gleichartigen Individuen: z. B. Jungtiergruppen, Weibchengruppen, Junggesellengruppen,
- saisonal bedingte Gruppen: z. B. Winterschwärme, Zugschwärme bei Vögeln,
- Gruppen, die sich zu einer bestimmten Verhaltensweise zusammenfinden: z. B. Wandergruppen, Jagdgruppen, Spielgruppen, Überwinterungsgruppen,
- Fortpflanzungsgruppen. Hierbei werden im Tierreich verschiedene Paarungssysteme unterschieden:

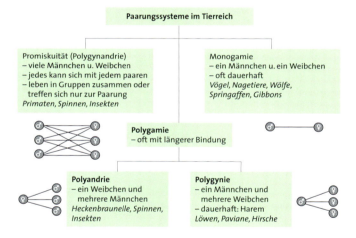

Analysiert man das Verhalten individuell unterscheidbarer Mitglieder einer Gruppe, geht es oft um die Frage, wer wem ausweicht und wer wen verjagen kann. Aus solchen Beobachtungen kann eine **Rangordnung** oder **Dominanzhierarchie** abgeleitet werden. Besonders früh wurde sie für Hühner untersucht, weshalb man auch von einer „Hackordnung" spricht. Lineare Rangordnungen, wie man sie für Hühner nachweisen konnte, sind allerdings selten. Häufig kommt es zu komplizierteren Beziehungen der Art: α ist dominant über β, β über γ, aber γ dominiert das α-Tier. I. d. R. sind Körpergröße, physische Kondition und Kampfkraft für die Ranghöhe eines Individuums ausschlaggebend. Das ranghöchste Tier sichert sich so den bevorzugten Zugang zu begrenzten Ressourcen (z. B. Nahrungsquelle oder Fortpflanzungspartner).

> **Wissen   Soziobiologie**
>
> Die Soziobiologie versucht, tierische und menschliche Verhaltensweisen, v. a. im sozialen Bereich, als Anpassungsstrategien zur **Erhöhung der eigenen genetischen Fitness** zu erklären. Verhaltensweisen, die für die Arterhaltung insgesamt schädlich sind, wie die Tötung von Konkurrenten oder von Kindern anderer Männchen, können der Weitergabe der eigenen Gene durchaus nützlich sein. Auch altruistisches Verhalten und das Auftreten von sterilen Arbeiterinnen in Insektenstaaten kann soziobiologisch erklärt werden.

7.4.4 Konfliktverhalten

Der Zugang zu einer begrenzten Ressource (z. B. Nahrung oder Fortpflanzungspartnern) führt zu Konflikten zwischen Individuen einer Art. Hieraus resultieren unterschiedliche Formen des Konfliktverhaltens (agonistischen Verhaltens):

- **Imponieren:** Ein Individuum zeigt durch Brüllen, Brusttrommeln, Aufplustern, Sträuben des Fells usw. seine physische Überlegenheit, um den Angreifer einzuschüchtern.
- **Drohen:** Ein Individuum demonstriert Kampfbereitschaft, indem es Waffen (z. B. Zähne oder Krallen) präsentiert oder Drohlaute ausstößt.
- **Beschwichtigen:** Ein unterlegenes Tier nimmt eine Demutshaltung ein und demonstriert damit seine Niederlage. Dadurch wird die Aggressionsbereitschaft des Gegners gehemmt.
- **Kommentkampf/Turnierkampf:** Eine Art Wettkampf unter Artgenossen, der stark ritualisiert ist und nach klaren Regeln abläuft. Es werden keine tödlichen Waffen eingesetzt.
- **Beschädigungskampf:** Die beteiligten Individuen nutzen alle ihnen zur Verfügung stehenden Mittel und nehmen auch die Verletzung oder sogar den Tod des Gegners in Kauf.

Viele Tiere besiedeln ein **Revier (Territorium).** Dies ist ein Gebiet, das von dem Individuum mit Hilfe agonistischen Verhaltens **(Revierverhalten)** gegen Artgenossen – seltener auch gegen andere Arten – verteidigt und besetzt wird. Meist sind Reviere ortsfest. Ihre Größe wird durch die Tierart, die Revierfunktion und die Menge der verfügbaren Ressourcen bestimmt. Neben Revieren gibt es auch **Streifgebiete.** Das sind Bereiche, in denen Tiere sich regelmäßig aufhalten, aus denen Artgenossen aber in der Regel nicht vertrieben werden. Meist handelt es sich dabei um neutrale Räume zwischen den Territorien oder Räume mit einer kostbaren Ressource, deren Verteidigung zu aufwändig wäre.

Aufgabe 7

Mit „Hassen" (engl. *mobbing*) kennzeichnen Ornithologen ein agonistisches Verhalten vieler Vogelarten gegenüber Greifvögeln und Eulen, aber auch gegen Säugetiere und andere potenzielle Feinde. Die „Gegner" werden mit lauten Alarmrufen, Scheinangriffen und anderen Methoden angegriffen.

Geben Sie eine verhaltensbiologische Erklärung für dieses Phänomen.

7.4.5
Fortpflanzungsverhalten und Brutpflege

Das Fortpflanzungsverhalten umfasst einen umfangreichen Verhaltenskatalog: Partnersuche, Kontaktaufnahme und Auswahl geeigneter Fortpflanzungspartner, Konkurrenz um die Partner (sexuelle Selektion), Elternaufwand für die Nachkommen.

Partnerwahl: Bei sehr vielen Tierarten produzieren die Weibchen große, plasmareiche und unbewegliche Eizellen, die Männchen hingegen eine riesige Anzahl kleiner, plasmaarmer Spermien. Aus diesem Unterschied lassen sich verschiedene Verhaltensstrategien der beiden Geschlechter bei der Partnerwahl ableiten:

1. Zieht die Mutter die Jungen alleine auf, investiert sie sehr viel Zeit und Energie in ihren Nachwuchs. Die richtige Partnerwahl hat für diese Weibchen einen hohen Stellenwert, damit sich der Aufwand lohnt.
Die Männchen sind, wenn sie nicht an der Jungenaufzucht beteiligt sind, in erster Linie an einer möglichst weiten Verbreitung ihres Erbguts interessiert. Sie versuchen also, sich mit möglichst vielen Weibchen zu paaren.
2. Investieren beide Elternteile gleichermaßen in die Aufzucht der Jungen, ist die Partnerwahl in der Regel ein sehr aufwändiger, wechselseitiger Prozess.

Sexuelle Selektion: Es werden zwei Formen der sexuellen Selektion unterschieden, wobei nicht selten beide Selektionsformen zusammenwirken:
1. **intrasexuelle Selektion:** Die Männchen konkurrieren kämpferisch um das Weibchen.
2. **intersexuelle Selektion:** Die Weibchen wählen sich ihren Fortpflanzungspartner anhand bestimmter Merkmale aus.

Männchen müssen sich bei vielen Tierarten durch ihr Balzverhalten um das paarungsbereite Weibchen bemühen. Dabei spielen sekundäre Geschlechtsmerkmale, wie Farbmuster, Geweihe und Gehörne, Mähnen,

Kapitel 7 Verhaltensbiologie

lange Prachtfedern, eine wichtige Rolle. Die Herausbildung solch aufwändiger Merkmale im Laufe der Stammesgeschichte lässt sich nur mit sexueller Selektion erklären.

Aufgabe 8

Die jährliche Neubildung gewaltiger Geweihe bei Hirschen stellt eine große Verschwendung von Ressourcen dar.
1. Begründen Sie diese Aussage und geben Sie eine evolutionsbiologische Erklärung.
2. Nennen Sie einige weitere Beispiele scheinbarer Materialverschwendung im Körperbau von Tierarten.

8 Ökologie

Das Kapitel behandelt die Beziehungen der Lebewesen untereinander und mit ihrer Umwelt. Energieflüsse und Stoffkreisläufe in Ökosystemen als Gliederungseinheiten der Biosphäre werden dargestellt und der Einfluss menschlicher Aktivitäten auf diese Beziehungsgefüge wird unter dem Gesichtspunkt der Nachhaltigkeit und des Schutzes untersucht.

8.1 Lebewesen in ihrer Umwelt

Lebewesen stehen mit ihrer Umgebung in ständiger Wechselbeziehung. Sie tauschen Stoffe und Energie aus, nehmen Reize auf und reagieren darauf. Um eine Übersicht über diese Abhängigkeiten zu erlangen, teilt man die Umweltfaktoren zunächst in **abiotische** und **biotische Faktoren** ein. Dabei ist eine Trennung manchmal schwierig, weil sich z. B. die Beschattung durch einen Baum auf den abiotischen Faktor Licht oder der Dung von Pflanzenfressern auf die chemische Zusammensetzung des Bodens auswirken.

Abiotische und biotische Umweltfaktoren sind dafür verantwortlich, ob ein Lebewesen gut gedeiht und sich fortpflanzen kann oder zugrunde geht. Da diese Umweltfaktoren von Ort zu Ort stark variieren, können an einem bestimmten Standort, einem **Lebensraum** oder **Biotop,** nur ganz bestimmte Arten vorkommen. Diese **Lebensgemeinschaft** wird **Biozönose** genannt. Biotop und Biozönose bilden ein **Ökosystem.**

8.1.1 Abiotische Umweltfaktoren

Wasser: Als Transport- und Lösungsmittel hat Wasser eine zentrale Bedeutung für alle Lebewesen. Vor allem in den Tropen und in den Subtropen ist es oft der wichtigste begrenzende Faktor.

Temperatur: Für viele Lebewesen der Tropen und Subtropen ist Frost ($\leq 0\,°C$) ein begrenzender Faktor. Andere Lebewesen können extrem niedrige Temperaturen im Zustand latenten Lebens überdauern. Die höchsten Temperaturen ertragen mit etwa 110 °C Archäen an untermeerischen Vulkanschloten und in Geysiren.

Chemische Faktoren: Hierzu gehören die Mineralstoffe des Bodens, die von Pflanzen in gelöster Form aufgenommen werden. Schadstoffe wie Schwermetalle oder leicht lösliche Salze werden nur von Spezialisten toleriert (Salzpflanzen, Pflanzengesellschaften auf schwermetallreichen Böden). Für limnische und marine Organismen ist der Salz- und Mineralstoffgehalt des Wassers von großer Bedeutung.

Mechanische Faktoren: Sie werden z. B. verursacht durch Wind, Schnee, Eis und fließendes Wasser und haben einen entscheidenden Einfluss auf die Vegetation.

Licht: Als Energielieferant ist Licht für Pflanzen, Algen und Cyanobakterien entscheidend, da sie für die Primärproduktion von organischen Verbindungen Licht benötigen. Aber auch viele Entwicklungsvorgänge werden vom Licht gesteuert. Über optische Sinnesorgane ist Licht wichtige Voraussetzung für die Orientierung von Tieren im Raum und für den Austausch optischer Signale. Da Licht an der Körperoberfläche teilweise in Wärme umgewandelt wird, gibt es eine enge Beziehung zum Temperaturfaktor.

Toleranzbereich und ökologische Potenz

Jedes Lebewesen kann nur innerhalb eines bestimmten Toleranzbereiches eines Umweltfaktors existieren. Trägt man die Intensität der Lebensvorgänge gegen einen Umweltfaktor auf, erhält man normalerweise einen glockenförmigen Kurvenverlauf. Toleranzkurven für Organismen in Reinkultur zeigen die **physiologische Potenz** eines Organismus. Toleranzkurven, die einen durch Konkurrenzdruck anderer Lebewesen veränderten Toleranzbereich aufweisen, zeigen die **ökologische Potenz** eines Organismus.

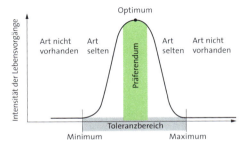

▶ *Toleranzkurve: Physiologische Potenz*

> **Wissen   Arten mit unterschiedlichen Toleranzbereichen**
>
> **Stenöke Arten:** Bezeichnung für Arten mit einem engen Toleranzbereich. Sie können zur Beurteilung von Standorten genutzt werden **(Zeigerarten, Bioindikatoren).**
> **Euryöke Arten:** Bezeichnung für Arten mit einem weiten Toleranzbereich, die Schwankungen von Umweltfaktoren innerhalb weiter Grenzen ertragen.

Aufgabe 1 Geben Sie einen Überblick über die Möglichkeiten, die Pflanzen entwickelt haben, um mit geringem Wasserangebot auszukommen.

Aufgabe 2 Begründen Sie, warum für hohen Nitratgehalt des Bodens stenöke Pflanzenarten, wie Große Brennnessel oder Indisches Springkraut, in Mitteleuropa für diesen Faktor euryöke Arten verdrängen können.

> **Tipp**
>
> Die Begriffe „physiologische Potenz" und „ökologische Potenz" werden nicht ganz einheitlich verwendet. So werden mitunter der gesamte Toleranzbereich auch als „ökologische Potenz" und der unter realen Umweltbedingungen existierende Toleranzbereich als „ökologische Existenz" bezeichnet.

8.1.2 Biotische Umweltfaktoren

Man versteht darunter alle Einwirkungen auf einen Organismus, die von anderen Lebewesen derselben Art sowie anderer Arten ausgehen. Beispiele sind:

- **Nahrungsbeziehungen:** In den Nahrungsnetzen werden Herbivoren (Phytophagen, Pflanzenfresser), Carnivoren (Zoophagen, Fleischfresser), Omnivoren (Allesfresser) und Saprovoren (Abfallfresser) unterschieden.
- **Parasitismus:** Parasiten schädigen ihre Wirte durch Stoffentzug, Verletzung oder durch Abgabe von giftigen Stoffen. Bei pflanzlichen Parasiten unterscheidet man **Halbparasiten** wie die Mistel, die nur auf Wasser und Mineralstoffe vom Wirt angewiesen sind und **Vollparasiten** wie die Hopfen-Seide, die selbst nicht assimilieren können und auch organische Stoffe ihres Wirtes benötigen.

- **Symbiosen (Mutualismus):** Das Zusammenleben von Organismen verschiedener Arten zum gegenseitigen Vorteil.
- **Probiosen, Karposen:** Nur der eine Partner profitiert von dem Zusammenleben zweier Organismen. Z. B. fressen Hyänen, Geier oder Schakale die Reste der Beute von Großraubtieren **(Kommensalismus).**
- **Konkurrenzausschlussprinzip:** Je ähnlicher die Umweltansprüche zweier konkurrierender Arten sind, umso geringer ist die Möglichkeit, dass beide dauerhaft im gleichen Biotop nebeneinander existieren. Die konkurrenzstärkere Art wird die andere verdrängen. **Koexistenz** zwischen konkurrierenden Arten mit ähnlichen Ansprüchen kann aber durch ständige mehr oder weniger regelmäßige Umweltveränderungen möglich werden.
- **Ökologische Nischen:** Konkurrenten können durch Einpassung in neue Teillebensräume (Einnischung) der Konkurrenz entgehen, so dass sie weiter im gleichen Biotop vorkommen können.

▶ *Unterschiedliche Federlings-Arten als Parasiten im Gefieder eines Ibis als Beispiel für Einnischung*

- **Innerartliche Konkurrenz:** Sind in einem Gebiet die Ressourcen erschöpft, können dort keine weiteren Individuen der gleichen Art zur selben Zeit leben. An dieser Stelle setzt die natürliche Selektion an (s. S. 98ff.). Es gibt jedoch auch innerartliche Regelmechanismen, die die Populationsdichte begrenzen, wie Auswanderung (Wanderheuschrecken, Lemminge), hormonelle Einschränkung der Fertilität (verschiedene Kleinsäuger) und Revierbildung.

Kapitel 8 Ökologie

> **Wissen — Schlüsselarten**
>
> Arten, die für das Wirkungsgefüge von Ökosystemen eine besondere Bedeutung haben, bezeichnet man als Schlüsselarten.
>
> So spielen Miesmuschelbänke eine besondere Rolle für das Beziehungsgefüge des Nordsee-Wattenmeers, da sie als Filtrierer sehr viele Stoffe binden, Nahrung für viele Tiere (Vögel, Seesterne) liefern und Siedlungssubstrat für viele Lebewesen bieten, die auf den weichen instabilen Schlick- und Sandböden des Watts nicht siedeln können.

Aufgabe 3 Geben Sie zwei Beispiele für Revierbildung und erklären Sie, wie diese regulierend auf die Populationsdichte wirkt und damit innerartliche Konkurrenz mildert.

8.2 Aufbau der Biosphäre

Als **Biosphäre** wird die dünne, etwa 20 km umfassende Schicht der Erdoberfläche bezeichnet, in der Lebewesen vorkommen. Sie umfasst den untersten Bereich der **Atmosphäre,** die gesamte **Hydrosphäre** (Flüsse, Seen, Meere) und die oberste **Lithosphäre** (Erdkruste).

8.2.1 Energiefluss und Stoffkreisläufe

Energiefluss
Bei weitem wichtigster Energielieferant ist die Sonne. Mithilfe ihrer Strahlungsenergie können **Primärproduzenten** (v. a. grüne Pflanzen, Algen, Cyanobakterien) organische aus anorganischen Verbindungen aufbauen. Die von der Sonne eingestrahlte Energie beträgt durchschnittlich 120 000 kJ pro m^2 und Tag. Unter günstigsten Bedingungen können 5 % dieser Energiemenge von Primärproduzenten aufgenommen werden. Nur etwa 1 % dieser Menge wird in Nettoprimärproduktion umgewandelt. Auf jeder weiteren **trophischen Ebene** reduziert sich die lebende Biomasse um im Schnitt weitere 90 %. Aus dieser drastischen Abnahme der Energiemenge von einem Glied einer Nahrungskette zum nächsten ergibt sich, dass die meisten Nahrungsketten in ihrer Länge stark begrenzt sind, da die Energieversorgung für Konsumenten höherer Ordnung immer unsicherer wird.

Kapitel 8 Ökologie

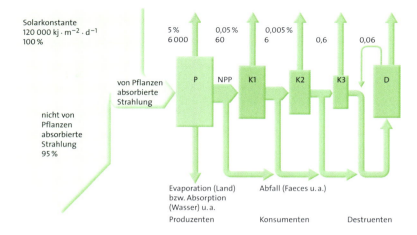

▶ *Energieflussdiagramm eines Ökosystems*

Wissen Primärproduktion

- **Bruttoprimärproduktion (BPP):** Die Gesamtstoffmenge, die bei der Fotosynthese umgesetzt wird.
- **Nettoprimärproduktion (NPP):** Die Bruttoprimärproduktion abzüglich der als Betriebsstoff für die eigenen Lebensvorgänge benötigen Stoffmenge.

Stoffkreislauf

Anorganische Stoffe werden von **Primärproduzenten** in organische Stoffe umgewandelt und an **Konsumenten** weitergegeben. **Destruenten** leben von toter organischer Substanz (organischen Abfallstoffen), die sie zum Teil wieder zu Mineralstoffen abbauen. So kommt es zu einem Stoffkreislauf. Nur ein kleiner Teil der Gesamtmasse wird diesem kurzfristigen Kreislauf entzogen und bildet als fossiles Kohlenstoffvorkommen (Kohle, Erdöl, Erdgas) und als karbonathaltiges Sediment (Kalkstein) einen Kohlenstoffpool, der erst allmählich im Laufe der Erdgeschichte wieder der Biosphäre zugeführt wird.

Den mengenmäßig größten Umsatz hat der **Kohlenstoffkreislauf.** Der jährliche Umsatz beträgt etwa 200 Gigatonnen (etwa zu gleichen Teilen verteilt auf marine und terrestrische Ökosysteme). Demgegenüber beträgt der Kohlenstoffgehalt der Atmosphäre 750 Gigatonnen. Dies bedeutet, dass sich Veränderungen der Nettoprimärproduktion bzw. der CO_2-Produktion relativ rasch auf den CO_2-Gehalt der Atmosphäre auswirken können. Bei dem um etwa drei Zehnerpotenzen geringeren Umsatz von Stickstoff spielt das große N_2-Reservoir der Atmosphäre eine wichtige Rolle. Die Umsätze von Phosphor und Schwefel sind um etwa vier Zehnerpotenzen geringer als diejenigen des Kohlen-

Kapitel 8 Ökologie

stoffs. Dabei spielt bei Stickstoff und Phosphor der interne Kreislauf eine größere Rolle. Beim Schwefel verläuft der größte Teil über marine Sedimentation und Verwitterung von Sedimenten.

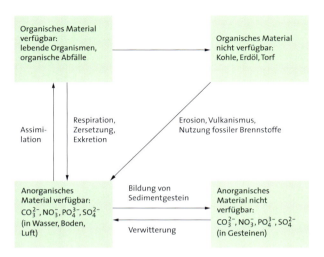

▶ *Prinzip des Stoffkreislaufs*

Typische Aufgabenstellung
Erläutern Sie Stoffkreisläufe (Stickstoff-Kreislauf, Kohlenstoffkreislauf) und Energiefluss in einem Ökosystem.

Aufgabe 4
1. Geben Sie Beispiele für je eine mögliche Nahrungskette im Meer, im Süßwasser und auf dem Land.
2. Begründen Sie, warum Nahrungsketten in Wüstengebieten in der Regel kurz sind.
3. Begründen Sie, warum Nahrungsknappheit i. A. leichter mit pflanzlichen als mit tierischen Nahrungsmitteln behoben werden kann.

Aufgabe 5
In Aquakulturen werden Fische, Krebse, Muscheln und Algen kultiviert.
1. Bewerten Sie die verschiedenen Möglichkeiten hinsichtlich ihrer Effektivität bei der Nutzung der Primärproduktion.
2. Vergleichen Sie unter diesem Aspekt einen Forellenteich mit einem Karpfenteich.

Aufgabe 6
Destruenten werden in Saprovoren und Mineralisierer (Reduzenten) unterteilt.
1. Geben Sie jeweils Beispiele für die beiden Typen.
2. Warum kann man Konsumenten auch als Mineralisierer bezeichnen?

8.2.2 Ökosysteme

Der Energiefluss und die Stoffkreisläufe in der Atmosphäre spielen sich nicht in einer gleichmäßigen Wechselwirkung aller Organismen ab. Vielmehr kann man räumlich benachbarte Organismengruppen abgrenzen, die untereinander besonders zahlreiche Wechselwirkungen zeigen. Diese Lebensgemeinschaften **(Biozönosen)** zusammen mit der unbelebten Umwelt (dem **Biotop**) werden **Ökosysteme** genannt.

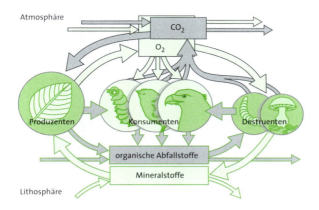

▶ *Schema eines Ökosystems*

Wie ein Organismus ist auch ein Ökosystem ein offenes System, das nur dadurch in einem Gleichgewichtszustand bleibt, dass ein ständiger Stoff- und Energieaustausch mit der Umgebung stattfindet.

> **Wissen** **Biome**
>
> Biome sind Ökosystemtypen aus ähnlichen Ökosystemen.
> - **Marine Biome:** Meeresökosysteme nehmen etwa 75 % der Erdoberfläche ein. Man unterscheidet: Gezeitenzone (Eulitoral), Flachmeerregionen über den Kontinentalschelfen (neritische Zone), Hochseebereiche (ozeanische Zone), Meeresböden (Benthal), freies Wasser (Pelagial). Besondere Biome im sublitoralen Bereich sind die Korallenriffe.
> - **Limnische Biome:** Die Gesamtheit der Süßgewässer
> - **Land-Ökosysteme:** Sie sind weitgehend nach den großen Vegetationszonen gegliedert, die ihrerseits von den Klimazonen abhängen. Biome, die entsprechend ihrer geografischen Breite aus Klimabedingungen resultieren, werden auch als **Zonobiome** bezeichnet.
> - **Orobiome:** Die Gesamtheit der Gebirgsökosysteme
> - **Azonale Biome:** Spezielle, von der geografischen Breite weitgehend unabhängige Ökosystem-Komplexe, z. B. auf Salzböden

Für die Beschreibung der Veränderung von Ökosystemen gibt es verschiedene Modelle:
1. **Sukzession:** Nach Gletscherrückzug oder nach der Entstehung einer Vulkaninsel werden die freifallenden Flächen von Lebewesen besiedelt. Dabei folgen nacheinander unterschiedliche Lebensgemeinschaften, die mit dem Einwandern und Aussterben von Arten verbunden sind. Diese Entwicklung wird Sukzession genannt. Sie endet mit einem **Klimaxzustand.** Man unterscheidet **Primärsukzessionen** von **Sekundärsukzessionen,** wie sie z. B. nach einem Waldbrand oder nach einer Schädlingskatastrophe ablaufen können.
2. **Mosaik-Zyklus-Modell:** Dem Sukzessions-Modell steht das Mosaik-Zyklus-Modell gegenüber, das zunächst vor allem an Urwald-Ökosystemen beschrieben wurde. Danach gibt es keinen Klimaxzustand eines natürlichen Urwalds. Vielmehr entwickeln sich nach dem Zusammenbruch älterer Bäume Lichtungen und dort entstehen unter heftiger Konkurrenz zunächst Gesellschaften von Pionierbaumarten, die ihrerseits nach einiger Zeit wieder zusammenbrechen. So sind nebeneinander mosaikartig ständig verschiedene Entwicklungsstadien anzutreffen. Auch großflächige Sturmschäden, Brände oder Massenbefall durch Schädlinge können eine neue Entwicklungsdynamik in Gang setzen. Dabei wird das Konkurrenzgefüge zwischen den Arten stark verändert. Die Regeneration verläuft immer wieder etwas anders ab, sodass Regeneration und Selektion zu einer allmählichen Evolution des Gesamtsystems führen. Langfristig führt dies zu einer Komplexitätszunahme von Ökosystemen.

Einige Ökosysteme sind auf regelmäßige Brände angewiesen. **Pyrophyten** sind Feuerpflanzen wie z. B. die Dreh-Kiefer im Yellowstone Nationalpark (USA). Sie vermehren sich nur nach Bränden, da sich die reifenden Zapfen oder Früchte sonst nicht öffnen. Auch wird ohne Feuer der Konkurrenzdruck von anderen Arten zu groß.

Typische Aufgabenstellungen
- Beschreiben und erläutern Sie verschiedene Faktoren, die in einem Ökosystem (z. B. Wald, See, Wiese, Kiesgrube) wirken.
- Erläutern Sie verschiedene Möglichkeiten, wie Pflanzen oder Tiere an die Bedingungen ihres Lebensraums angepasst sind.
- Definieren Sie die Begriffe Biotop, Biozönose.
- Beschreiben Sie den grundsätzlichen Aufbau eines Ökosystems.

Aufgabe 7 Erläutern Sie, warum die zonale Gliederung der Biosphäre auf dem Land deutlicher ist als in den Meeren.

Aufgabe 8 Ursprüngliche Regenwälder sind durch eine sehr hohe Artenzahl gekennzeichnet. Überlässt man gerodete Regenwaldgebiete einer natürlichen Sukzession, entstehen viel artenärmere Ökosysteme.
Geben Sie dafür eine Erklärung.

8.3 Populationsökologie

Als **Population** bezeichnet man alle Individuen einer Art, die in einem abgegrenzten Gebiet leben. Wichtige Parameter sind:
- Häufigkeit der Individuen (Populationsdichte),
- Verteilung der Individuen (räumlich und zeitlich),
- Zahlenverhältnis der Geschlechter,
- Zuwachsrate,
- Altersstruktur.

Die **Populationsdichte** ist von abiotischen und biotischen Faktoren abhängig. Ein bestimmter Lebensraum ermöglicht eine bestimmte Individuenzahl **(Umweltkapazität K)**. Das **Populationswachstum** ist von der Fortpflanzungsweise abhängig. Entscheidend sind die Geburtenrate (Natalität) und die Sterberate (Mortalität). Die Differenz bestimmt das Populationswachstum.

Exponentielles Wachstum einer Population

$$\frac{dN}{dt} = r \cdot N$$

(N = Individuenzahl; t = Zeit; r = Wachstumsrate)

Die Zunahme der Individuenzahl ist proportional der Individuenzahl und der Zuwachsrate.

Mit zunehmender Individuenzahl wächst die Mortalitätsrate immer mehr an, bis Mortalität und Natalität sich die Waage halten. Dieser Wert entspricht der Umweltkapazität K, dem maximalen Fassungsvermögen der gegebenen Umwelt. Daraus ergibt sich, dass die Population nur so lange wachsen kann, wie zwischen der erreichten Individuenzahl N und der Umweltkapazität eine Differenz besteht.

Logistisches Wachstum einer Population

$$\frac{dN}{dt} = r \cdot N \cdot \frac{(K-N)}{K}$$

(N = Individuenzahl, t = Zeit, K = Umweltkapazität, d. h. das maximale Fassungsvermögen der gegebenen Umwelt für eine bestimmte Art)

Die Gesamtheit der wachstumshemmenden Faktoren wird **Umweltwiderstand** genannt. Wächst die Population über ihre Kapazitätsgrenze hinaus, kommt es nach einer gewissen Zeit zu einem Zusammenbruch.

Nicht selten kommt es bei natürlichen Populationsdichten zu einer ständigen Schwankung um die Kapazitätsgrenze K.

Wissen — Strategien in Populationen

Populationsbiologen unterscheiden zwei unterschiedliche, durch Übergänge verbundene Strategien von Populationen:

Vermehrungsstrategie (r-Strategie): Es wird ein sehr großer Überschuss von Nachkommen erzeugt.

Anpassungsstrategie (K-Strategie): Es werden nur wenige Nachkommen erzeugt, für die jedoch optimal gesorgt wird.

Merkmal	r-Strategen	K-Strategen
Lebensdauer	kurz	lang
Individualentwicklung	schnell	langsam
Vermehrungsrate	hoch	niedrig
Nachkommenzahl	viele	wenige
elterliche Fürsorge	gering, keine	ausgeprägt
Sterberate	hoch	niedrig
Umweltbedingungen	wechselhaft	konstant
Populationsgröße	stark schwankend	konstant, nahe K
innerartliche Konkurrenz	schwach, unregelmäßig	stark
Beispiele	Feldmäuse, Hasen, viele Insekten, Kleinkrebse, einjährige Pflanzen	Wale, Elefanten, Primaten, Mensch, Bäume, Sonderfall: soziale Insekten

---

Populationen zeigen, abhängig von der Art und Weise ihres Wachstums typische Altersstrukturen.

Stark wachsende Populationen haben in der Regel eine pyramidenförmige Altersstruktur. Populationen, die sich im Gleichgewicht befinden zeigen eher eine glockenförmige, während Populationen, deren Individuenzahl zurückgeht eine urnenförmige Altersstruktur zeigen.

Die Populationsdichte wird von Umweltfaktoren, insbesondere dem Angebot an Nahrung **(bottom-up-Regulation)** und der Einwirkung von Fressfeinden reguliert **(top-down-Regulation)**.

Kapitel 8 Ökologie

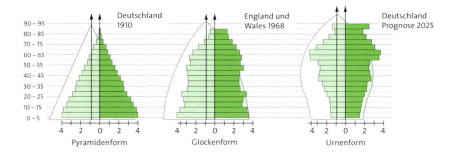

▶ *Altersstrukturen in Populationen*

Wissen — Lotka-Volterra-Regeln

Die wechselseitigen Beziehungen von Beute und Beutegreifern wurden 1925/26 von Alfred James Lotka und Vito Volterra in mathematische Gleichungen gefasst und durch die **Volterra-Regeln** beschrieben:

1. Die Populationsdichten von Beute und Beutegreifern schwanken periodisch und zeitlich gegeneinander verschoben.
2. Die Dichte beider Populationen schwankt um einen konstanten Mittelwert.
3. Nach einer gleichstarken Verminderung beider Populationen erholt sich die Population der Beute schneller als die des Beutegreifers.

Typische Aufgabenstellungen
- Erläutern Sie an einem selbst gewählten Beispiel (wird in der Klausur vorgegeben) die Lotka-Volterra-Regeln.
- Erläutern Sie, ob eine vollständige Ausrottung einer Art (z. B. Kartoffelkäfer) durch ihren Fressfeind (z. B. Raupenfliege) möglich ist.

Aufgabe 9

Die Bestände von Luchs und Schneeschuhhase in Kanada können anhand der abgelieferten und seit 1800 registrierten Felle weit zurückverfolgt werden. Es zeigte sich, dass in einem Abstand von etwa zehn Jahren besonders viele Luchsfelle abgeliefert wurden und es etwa zwei Jahre vor den Luchsen zu einer Häufung der Felle der Schneeschuhhasen, der Hauptbeute des Luchses, kam.
1. Geben Sie eine Erklärung dieser Beobachtung.
2. Würden sich die Zahlenverhältnisse ändern, wenn sich Luchse auch noch von einigen anderen Beutetieren – z. B. Eichhörnchen und verschiedenen Paarhufern – ernähren würden?

8.4
Mensch und Biosphäre

Der Mensch beeinflusst wie keine andere Art das Gefüge der Biosphäre. Durch immer neue Anpassungen und Erfindungen ist es der Art *Homo sapiens* gelungen, ihre Umweltkapazität immer wieder zu erhöhen, doch ein Ende dieser Entwicklung zeichnet sich nun immer deutlicher ab. Die Erdbevölkerung wächst derzeit pro Jahr um etwa 80 Millionen. Man vermutet, dass gegen Ende des Jahrhunderts mit elf Milliarden ein Maximum erreicht ist. Es wird jedoch kontrovers diskutiert, ob nicht schon vorher durch katastrophale Entwicklungen ein Ende des Bevölkerungswachstums herbeigeführt wird.

Die wichtigsten Umweltprobleme sind:
- Mangel an Nahrungsmitteln, Rohstoffen und Energie
- Schädigung der Umwelt durch Flächennutzung
- Schädigung der Umwelt durch Produktion und Abgabe von giftigen oder die Umwelt verändernden Stoffen
- Minderung der biologischen Vielfalt (Biodiversität).

Durch planvolles Handeln hat der Mensch die Möglichkeit, zukünftige Entwicklungen willentlich zu beeinflussen. Diese Bemühungen werden unter den Begriffen **Naturschutz, Umweltschutz** und **nachhaltige Wirtschaftsweise (Sustainability)** zusammengefasst.

8.4.1
Vom Menschen verursachte Umweltprobleme

Nicht erneuerbare **Rohstoffe** wie Erz, Kohle, Erdöl oder Erdgas werden in nicht allzu ferner Zukunft erschöpft sein. Zudem erhöht die Verbrennung fossiler Energieträger den CO_2-Gehalt der Atmosphäre und bewirkt dadurch einen Klimawandel, der eventuell zu Katastrophen führen kann. Diese Entwicklung kann gebremst werden durch
- sparsamen Umgang mit Rohstoffen und Energiequellen
- Wiederverwendung von Rohstoffen durch Aufbereitung von Abfällen
- Verwendung erneuerbarer Rohstoffe (Biomasse) und Energiequellen (direkte und indirekte Nutzung der Sonnenenergie).

Die intensive Land- und Meeresbewirtschaftung hat viele ungünstige Nebeneffekte:
- **Überdüngung** kann die biologische Vielfalt verringern. Besonders geschädigt werden Ökosysteme in Flüssen, Seen und Meeren.
- **Pestizideinsatz:** Schädlingsbekämpfungsmittel reichern sich in Nahrungsketten an und führen zu Schädigungen und zur Gefährdung v. a. der Endglieder der Nahrungsketten und des Menschen.

- **Erosion:** Werden Ackerbau, Forstwirtschaft und Viehzucht unsachgemäß und zu intensiv betrieben, kann dies zur Vernichtung von Böden führen. So führt die ackerbauliche Bearbeitung von zu steilen Hängen zur Wassererosion, v. a. in Zeiten ohne Bewuchs. Nach der Ernte unbewachsene Bodenflächen können v. a. in Gebieten mit Trockenzeiten durch Winderosion abgetragen werden, um so mehr, je größer die zusammenhängenden Ackerflächen sind.
- **Monokulturen:** der langjährige Anbau einer Kulturpflanzenart auf demselben Ackerstück führt fast immer zu einer Verschlechterung des Bodens und bei den Pflanzen zu einem vermehrten Auftreten von Krankheiten und Schädlingen.
- **Überfischung:** Insbesondere der Einsatz von kilometerlangen, engmaschigen Treibnetzen, die über Nacht in das Meer gehängt werden, führt dazu, dass alles gefangen wird, was zufällig vorbeischwimmt, auch solche Tiere, die gar nicht verwertet werden (Wale, Delfine, Haie, Schildkröten, Seevögel). Durch gezielte Aquakulturen könnte man die Nachhaltigkeit der Meereserträge steigern. Doch ist auch hier – wie bei der intensiven Bewirtschaftung des Festlands – mit Problemen durch Überdüngung und Pestizideinsatz zu rechnen. Außerdem können durch Faunenverfälschungen erhebliche Schäden hervorgerufen werden.
- **Luftbelastung:** durch Lachgas (N_2O) und FCKW (Fluorchlorkohlenwasserstoffe), die zur Zerstörung der Ozonschicht in der unteren Stratosphäre in 20 bis 30 km Höhe führen; durch Treibhausgase (CO_2, Methan, FCKW, Lachgas N_2O), die zur Erwärmung der Erdatmosphäre führen; durch NO und NO_2 (v. a. aus Emissionen von Verbrennungsmotoren), die zur Ozonbildung in bodennahen Luftschichten führen.

Atmosphäre und Erdoberfläche erwärmen sich umso mehr, je höher der Gehalt an klimawirksamen Gasen ist. Entscheidend für die Zunahme des CO_2-Gehaltes und auch einiger anderer Treibhausgase ist das Verbrennen fossiler Energieträger. Hochrechnungen sagen voraus, dass sich das Erdklima um etwa 5 °C erwärmen wird, wenn alle derzeit bekannten fossilen Energieträger verbrannt werden. Ein sparsamer Umgang mit Erdöl, Erdgas und Kohle würde diesen Vorgang zwar zeitlich strecken, aber im Prinzip nichts verändern. Eine wirkliche Änderung würde nur erreicht durch Verzicht auf fossile Energieträger und ausschließliche Nutzung regenerativer Energieformen.

Aufgabe 10

1. Welchen Einfluss haben Waldbrände auf den Klimawandel?
2. Warum wird das Abholzen von Urwäldern – z. B. in Indonesien, Malaysia oder Brasilien – als klimaschädlich angesehen?
3. Könnte man durch Aufforstungen den Klimawandel bremsen oder gar verhindern?

Trainingsklausuren

Anforderungsbereiche in den Klausuren

Um die Aufgabenstellung und die Bewertung der Abiturprüfungen durchschaubar und vergleichbar zu machen, wurden durch die Kultusministerkonferenz drei Anforderungsbereiche für die Prüfungsfragen festgelegt, die den Schwierigkeitsgrad einer Aufgabe, v. a. aber den Grad der Selbstständigkeit bei deren Bearbeitung widerspiegeln.

Anforderungsbereich I

Wiedergabe von Sachverhalten (z. B. Daten, Fakten, Regeln, Formeln usw.) aus einem begrenzten Gebiet sowie Beschreibung und Verwendung gelernter oder geübter Arbeitstechniken/Methoden in einem begrenzten Gebiet.
Beispiele: Beschreibung von bekannten Experimenten, Aufstellen von Stammbäumen nach einem Text, Wiedergabe einer gelernten Definition.
Typische Aufgabenstellungen: definieren Sie, beschreiben Sie, benennen Sie.

Anforderungsbereich II

Selbstständiges Auswählen, Anordnen oder Darstellen bekannter Sachverhalte unter vorgegebenen Gesichtspunkten in einem bekannten Zusammenhang, Übertragen des Gelernten auf vergleichbare neue Situationen.
Beispiele: Auswerten von Experimenten, Anwenden kybernetischer Modelle auf biologische Systeme, Anfertigen einer Zeichnung eines experimentell behandelten Objektes (z. B. Blattquerschnitt), Erörtern vorher nicht bekannter Versuchsergebnisse.
Typische Aufgabenstellungen: skizzieren Sie, stellen Sie … dar, wenden Sie auf ein Beispiel X eine Regel Y an.

Anforderungsbereich III

Planmäßiges Verarbeiten komplexer Zusammenhänge mit dem Ziel: selbstständige Gestaltung, Deutungen, Folgerungen, Begründungen und Wertungen.
Beispiele: Entwickeln von Arbeitshypothesen aus Ergebnissen von Experimenten, Auswählen und Entwickeln geeigneter Untersuchungsmethoden, einen Sachverhalt selbstständig beurteilen und dieses Urteil unter Verwendung von Fachwissen begründen.
Typische Aufgabenstellungen: beurteilen Sie, bewerten Sie, begründen Sie; entwerfen Sie eine Versuchsanordnung, um eine Fragestellung zu untersuchen.

Trainingsklausuren Klausur 1

Die hier abgedruckten Klausuren sind als typische Musterklausuren zu verstehen, wie sie vom Umfang und Anforderungsgrad in einer Abiturprüfung vorkommen können. Der Aufbau einer Abiturklausur kann von Bundesland zu Bundesland variieren.
Die jeweiligen Anforderungsbereiche stehen hinter den Fragen in römischen Ziffern. Eine strenge Trennung der Bereiche ist oft nicht möglich. In diesen Fällen sind zwei Bereiche angegeben (z. B. **I/II**).

Klausur 1

Ribulose-1,5-**bis**phosphat-**C**arboxylase/**O**xygenase, abgekürzt Rubisco, ist das einzige Enzym, das die Fixierung des atmosphärischen Kohlenstoffdioxids zum Aufbau von Biomasse in Form von Kohlenhydraten ermöglicht. Dieses Enzym katalysiert jedoch nicht nur die Bindung von CO_2 an Ribulose-1,5-bisphosphat (Abkürzung RuBP), sondern auch die Bindung von O_2 an dieses Molekül (Oxygenase-Wirkung).

Aufgabe 1

1. Beschreiben Sie die verschiedenen möglichen Reaktionswege des Ribulose-1,5-bisphosphats in Chloroplasten (Material 1a) und ordnen Sie die Reaktion in den Gesamtablauf der Fotosynthese ein. **(I/II)**
2. Bewerten sie im Hinblick auf das Enzym Rubisco die Aussage, dass Enzyme substratspezifisch und wirkungsspezifisch sind. **(II)**
3. Erklären Sie aufgrund der in der Tabelle angegebenen Werte, unter welchen Bedingungen die Oxygenasewirkung von Rubisco die CO_2-Assimilation erheblich beeinträchtigen kann (Material 1b). **(II/III)**

8 Punkte

Aufgabe 2

In Material 2 ist in vereinfachter Form die Rückgewinnung von Phosphoglycerat aus Glykolat dargestellt (Fotorespiration).

1. Unter welchen Bedingungen ist der Netto-CO_2-Kompensationspunkt erreicht? Wie unterscheidet sich dieser Kompensationspunkt vom Fotosynthese-Kompensationspunkt, der durch die Lichtmenge bestimmt wird? **(I/II)**
2. Unter welchen Bedingungen können Pflanzen aufgrund der Oxygenase-Wirkung von Rubisco trotz ausreichender Belichtung ausgezehrt werden, also Substanz verlieren? **(III)**

6 Punkte

Aufgabe 3

In Material 3 ist das Prinzip der CO_2-Fixierung bei C_4-Pflanzen dargestellt.

1. Vergleichen Sie die CO_2-Bindung bei C_3- und C_4-Pflanzen. **(I/II)**
2. Wie wird bei C_4-Pflanzen die Fotorespiration verringert? **(II)**
3. Welchen Vorteil haben C_4-Pflanzen bei Wasserknappheit? **(II)**
4. C_4-Pflanzen sind in den Tropen und Subtropen relativ häufig, in den gemäßigten Zonen selten. Geben Sie eine Erklärung für diese Verbreitung. **(III)**

10 Punkte

Aufgabe 4

1. Die Oxygenase-Wirkung von Rubisco scheint ein Nachteil für die heutigen Pflanzen zu sein. Er lässt sich möglicherweise stammesgeschichtlich erklären, weil die Bedingungen auf der Erde andere waren, als der Stoffwechselweg der Fotosynthese entstand. Erläutern Sie diese Hypothese. **(II/III)**
2. Man hat deshalb schon versucht, gentechnisch Rubisco so zu verändern, dass es nicht mehr als Oxygenase wirken kann. Dies ist bisher allerdings nicht gelungen. Es gibt aber auch die Auffassung, dass die Doppelfunktion der Rubisco durchaus von Vorteil für die Pflanzen sein kann.
Begründen Sie diese Hypothese unter Nutzung von Material 4. **(III)**

6 Punkte

30 Punkte

Material 1a:

▶ *Alternative Wirkung von Rubisco als Carboxylase und Oxygenase*

Material 1b: Kinetische Eigenschaften des Enzyms Rubisco als Carboxylase bzw. Oxygenase

Substratkonzentrationen bei 50 %iger Sättigung des Enzyms	
$K_m[CO_2]$	9 µM
$K_m[O_2]$	535 µM
$K_m[RUBP]$	28 µM
Maximale Wechselzahl (jeweils bezogen auf eine Untereinheit)	
$kcat[CO_2]$	3,3 s−1
$kcat[O_2]$	2,4 s−1
CO_2/O_2-Spezifität = $\dfrac{kcat[CO_2]}{K_m[CO_2]} \bigg/ \dfrac{kcat[O_2]}{K_m[O_2]}$	= 82

Zum Vergleich:
Im Gleichgewicht mit Luft (21 % O_2, 0,035 % CO_2) betragen die Konzentrationen in Wasser bei 25 °C: $[O_2]$ = 253 µM und $[CO_2]$ = 11 µM

Material 2:

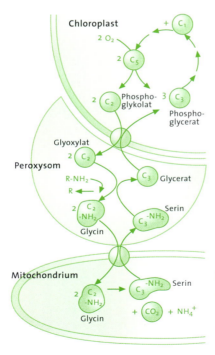

▶ Vereinfachtes Schema der Rückgewinnung von Phosphoglycerat aus Glykolat (Fotorespiration; Phosphorylierung und NADH-Aufnahme sind nicht eingezeichnet)

Material 3: Prinzip der CO_2-Fixierung bei C_4-Pflanzen

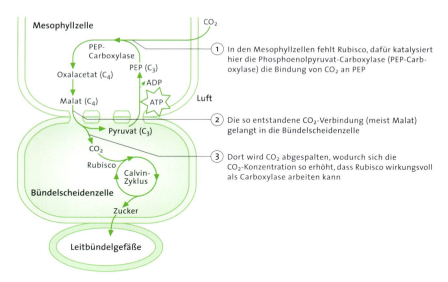

Material 4: Schädigung des Fotosynthesesystems durch hohe Konzentrationen von ATP und NADPH

Der Energieaufwand für die Fixierung von einem CO_2-Molekül beträgt 3 ATP und 2 NADPH + H⁺.

Der Energieaufwand für die Oxygenierung durch ein O_2-Molekül einschließlich der Refixierung des freigesetzten CO_2 (Kompensationspunkt der Netto-CO_2-Fixierung) beträgt 5 ATP und 3 NADPH + H⁺.

Ein generelles Problem bei Pflanzen stellt die Tatsache dar, dass bei hohen Lichtintensitäten die fotosynthetische NADPH- und ATP-Produktion durch die Lichtreaktionen der Fotosynthese den Bedarf der lichtunabhängigen Reaktionen übersteigen kann. Ein solcher Fall liegt aucht vor, wenn bei hohen Temperaturen bzw. niedriger relativer Luftfeuchtigkeit die Stomata geschlossen sind oder wenn bei tiefen Temperaturen der Stoffwechsel aufgrund der reduzierten Enzymtätigkeit verlangsamt ist. Die erhöhten NADPH- und ATP-Konzentrationen könnten zu einer irreversiblen Beschädigung der fotosynthetischen Redoxsysteme führen.

Klausur 2

Die Arten- und Individuenzahl an Pflanzenfressern ist riesengroß. Trotzdem ist die Schädigung von Pflanzen durch Tierfraß im Allgemeinen relativ gering, weil die Pflanzen zahlreiche Abwehrmechanismen entwickelt haben.

Aufgabe 1 — Nennen Sie einige Beispiele für Abwehrmechanismen von Pflanzen gegen Herbivoren und ordnen Sie die Beispiele nach gemeinsamen Kennzeichen. **(I/II)**

6 Punkte

Aufgabe 2 — Viele Pflanzenarten enthalten in ihren Geweben unterschiedliche Mengen von Protease-Inhibitoren. Das sind Polypeptide oder Proteine, die sich mit proteolytischen Enzymen (Proteasen) verbinden und deren katalytische Effektivität hemmen.

1. Auf welche Weise können Enzyminhibitoren wirken und welcher dieser Wirkmechanismen dürfte bei den Protease-Inhibitoren vorliegen? Begründen Sie Ihre Vermutung. **(II)**
2. Es wird angenommen, dass die Protease-Inhibitoren in Pflanzen eine wichtige Rolle bei der Abwehr von Herbivoren spielen. Erklären Sie diese Annahme und machen Sie einen Vorschlag, wie man dies überprüfen könnte. **(II/III)**
3. Geben Sie eine Erklärung für die Ergebnisse des in Material 1 dargestellten Experimentes. **(II)**
4. Verschiedene pflanzenfressende Insekten lassen die Gefäße weitgehend unbeschädigt. Stellen Sie eine Hypothese dazu auf, welchen Vorteil dieses Fressverhalten haben könnte. **(II/III)**

12 Punkte

Aufgabe 3 — Viele Pflanzenarten setzen bei Verletzungen auch flüchtige Substanzen frei, die auf Organismen derselben und anderer Arten eine Wirkung ausüben (Pheromone, Allomone). Geben Sie eine Interpretation der in Material 2 zusammengestellten Forschungsergebnisse. **(II/III)**

6 Punkte

Aufgabe 4 — Die hohe Spezifität vieler Herbivoren wird teilweise als Indiz für Koevolution angesehen. Erläutern und bewerten Sie diese Aussage. Berücksichtigen Sie dabei, dass es zahlreiche Beispiele dafür gibt, dass sich Pflanzenfresser sehr schnell an neue Wirtsarten, z. B. neue Kulturpflanzen oder eingewanderte Neophyten, gewöhnt haben. **(III)**

6 Punkte
30 Punkte

Material 1: Induzierte Bildung von Protease-Inhibitoren

▶ Blattfraß an jungen Tomatenblättern durch den Kartoffelkäfer führt in der Pflanze zur Bildung von Protease-Inhibitoren. Die Länge der Balken gibt jeweils die unterschiedlichen Mengen von Protease-Inhibitoren an, die an verschiedenen Blattteilen und in einer nicht befressenen Kontrollpflanze gefunden wurden.

Material 2:
a)

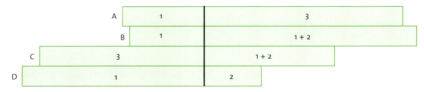

1 = künstlich beschädigt
2 = Bestreichen mit Raupen-Oralsekret
3 = Raupenfraß

▶ Die Raupen des Schmetterlings Spodoptera exigua fressen an Maispflanzen. Sie werden von der Schlupfwespe Cotesia marginiventris parasitiert. Die von Raupen befressenen Maispflanzen sondern gasförmige Terpenoide ab, die als Lockstoff für die Schlupfwespen dienen.

Die Darstellung zeigt die Ergebnisse von Präferenzversuchen. Jeweils zwei Maispflanzen wurden unterschiedlich behandelt und bei jeder der vier Varianten A–D wurden 40 Anflugversuche mit Schlupfwespen durchgeführt. Die Länge der Balken bei den zur Wahl stehenden Alternativen entspricht der Häufigkeit der jeweils erfolgten Anflüge (abgebrochene Flüge nicht mitgezählt).

b) Fernwirkung von Methyl-Jasmonat
Verletzungen führen dazu, dass viele Pflanzen wie z. B. bestimmte Beifuß-Arten *(Artemisia spec.)* Methyl-Jasmonat freisetzen. In der Nähe stehende Pflanzen auch anderer Arten (z. B. Tabak, *Nicotiana*) reagieren darauf, indem sie erhöhte Mengen von Polyphenol-Oxidase bilden. Dadurch kommt es zu deutlich weniger Fraßschäden durch Raupen und Heuschrecken.

Klausur 3

Nach Kohlenstoff, Sauerstoff und Wasserstoff ist Stickstoff ist das vierthäufigste Element in der Biomasse. Unter den als Mineralstoffe von den Primärproduzenten aufgenommenen Elementen steht es mengenmäßig an erster Stelle. Der Stickstoffkreislauf unterscheidet sich von anderen Mineralstoffkreisläufen dadurch, dass ein riesiges Stickstoffreservoir in der Atmosphäre (78 Volumenprozent) vorliegt, allerdings in einer schwer zugänglichen Form: Die beiden Atome der N_2-Moleküle sind durch eine Dreifachbindung sehr fest verbunden.

Aufgabe 1

Beschreiben Sie den in Material 2 dargestellten Stickstoffkreislauf in einem terrestrischen Ökosystem. Gehen Sie dabei auch auf im Schema nicht dargestellte mögliche Verluste und Zugewinne von außen ein und berücksichtigen sie dabei besonders die Rolle der N_2 fixierenden und der denitrifizierenden (N_2 freisetzenden) Bakterien bzw. Archäen. **(I/II)**

10 Punkte

Aufgabe 2

Für die Ertragssicherung im Ackerbau spielt Stickstoffdüngung eine große Rolle.
1. Begründen Sie die Notwendigkeit der Stickstoffdüngung. **(II)**
2. Erläutern sie vier verschiedene Möglichkeiten der Düngung und die jeweils damit verbundenen Vor- und Nachteile für die Landwirtschaft und den Naturhaushalt. **(I/II)**
3. Südostasiatische Reisfelder kommen fast ohne Stickstoffdüngung aus, obwohl sie eine ausgesprochen hohe Primärproduktion aufweisen. Begründen Sie dies mit Material 1. **(II/III)**
4. Hülsenfrüchtler (Leguminosen), zu denen die Familie der Schmetterlingsblütengewächse gehört, gehen mit N_2 fixierenden Bakterien der Gattung *Rhizobium* eine Symbiose ein.

   Geben Sie einige Beispiele für wichtige Kulturpflanzen aus dieser Familie. **(I)**
   Welche Vorteile hat die Endosymbiose für die effektive N_2-Nutzung gegenüber dem Weg über frei lebende N_2-Fixierer? **(II)**

10 Punkte

Aufgabe 3

Erklären Sie die Funktion der als Mykorrhiza oder Pilzwurzel bezeichneten Symbiose von Pilzen mit Pflanzen und erläutern Sie ihre Bedeutung für die Stickstoffversorgung von Pflanzen. **(II/III)**

4 Punkte

Aufgabe 4

Stickstoffhaltiger Mineraldünger wird heute fast ausschließlich mit dem Haber-Bosch-Verfahren aus Luftstickstoff und Wasserstoff hergestellt. Auch Braunkohle, Steinkohle und Erdöl enthalten einen geringen Anteil an Stickstoffverbindungen, aus denen bei Verbrennung verschiedene Stickstoffoxide entstehen.

Trainingsklausuren Klausur 3

Ergänzen Sie das Kreislaufschema (Material 2) um diese vom Menschen verursachten Faktoren und beschreiben und bewerten Sie mögliche Auswirkungen auf den Naturhaushalt. **(II/III)**

6 Punkte
30 Punkte

Material 1: *Azolla* im Reisfeld

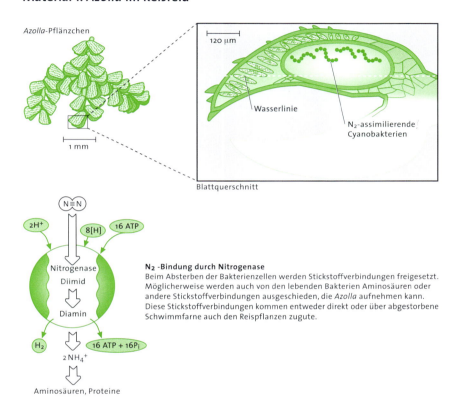

▶ **N_2-Bindung durch Nitrogenase**
Beim Absterben der Bakterienzellen werden Stickstoffverbindungen freigesetzt. Möglicherweise werden auch von den lebenden Bakterien Aminosäuren oder andere Stickstoffverbindungen ausgeschieden, die Azolla aufnehmen kann. Diese Stickstoffverbindungen kommen entweder direkt oder über abgestorbene Schwimmfarne auch den Reispflanzen zugute.

Material 2:

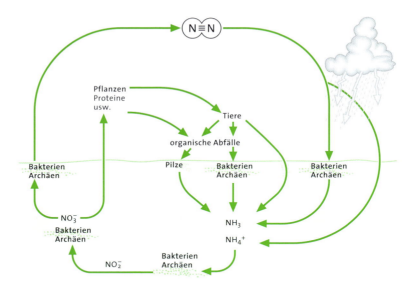

▶ *Stickstoffkreislauf in einem terrestrischen Ökosystem*

Klausur 4

Chorea Huntington ist eine neurodegenerative Erbkrankheit, die meist erst nach dem 30. Lebensjahr ausbricht. Sie führt i. d. R. innerhalb von 15 bis 20 Jahren zum Tode. Eine Heilung ist bisher nicht möglich. An Therapiemöglichkeiten wird intensiv geforscht.

Aufgabe 1

In Material 1 ist ein Familienstammbaum mit an Chorea Huntington Erkrankten dargestellt.
1. Nach welchem Erbgang wird die Krankheit vererbt? Begründen Sie Ihre Zuordnung. **(I)**
2. Welcher Erbgang ist bei Erbkrankheiten am häufigsten anzutreffen? Geben Sie dafür eine molekulargenetische Erklärung. **(II/III)**

8 Punkte

Aufgabe 2

1993 konnte das für die Krankheit verantwortliche Gen auf dem kürzeren Arm von Chromosom 4 des menschlichen Genoms nachgewiesen werden. Das Gen ist für die Produktion eines Proteins verantwortlich, dem der Name Huntingtin gegeben wurde. Das gesunde Gen enthält eine repetitive Nucleotidsequenz des Codons CAG, die etwa 5 bis 30 mal vorkommen kann. Bei dem krankmachenden, veränderten Gen kommt diese Frequenz häufiger – bis über 150 mal – vor.

Erläutern Sie, welche Folgen das für das entstehende Protein und seine Funktionsfähigkeit haben kann? (Nutzen Sie dazu Material 2) **(II)**

6 Punkte

Aufgabe 3

Nutzen Sie die in Material 3 dargestellten Befunde, um den Erbgang des mutierten Huntington-Gens zu erklären. **(II)**

8 Punkte

Aufgabe 4

Erörtern Sie unter Nutzung von Material 4, welche möglichen Folgen die Erkrankung an Chorea Huntington hat. **(II/III)**

8 Punkte

30 Punkte

Material 1:

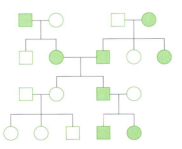

▶ (oben) Möglicher Stammbaum von Chorea-Huntington-Erkrankten

▶ (rechts) Code-Sonne (Codone der mRNA, Leserichtung von innen nach außen)

Material 2:

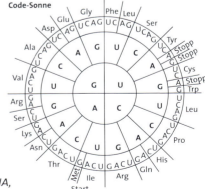

Material 3:
Molekularbiologische Untersuchungen an Mäusen und In-vitro-Kulturen von Nervenzellen haben gezeigt, dass normales Huntingtin den Einschaltregler (Promotor) eines Gens aktiviert, das einen Wachstumsfaktor für Nervenzellen – insbesondere für Nervenzellen im Streifenkörper (Corpus striatum) des Großhirns – codiert. Fehlt Huntingtin, führt dies zum verfrühten Tod der Nervenzellen. Verändertes, von mutierten Genen produziertes Huntingtin ist wirkungslos. Außerdem bewirkt die verlängerte Kette einer einzigen Aminosäure in dem Protein aber noch, dass es zu einer Verklumpung mit normalem, funktionsfähigem Huntingtin kommt. Diese Proteinaggregate können in den Nervenzellen von Chorea-Huntington-Patienten – insbesondere in Zellen des Streifenkörpers, aber auch in Zellen der Großhirnrinde – nachgewiesen werden.

Material 4:

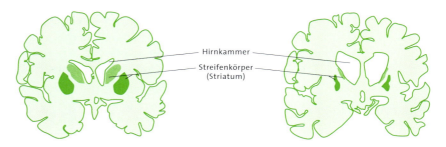

▶ Schnitt durch das Gehirn eines an Chorea Huntington Erkrankten (rechts) und eines nicht Erkrankten. Der Streifenkörper (Corpus striatum) ist bei dem an Chorea Huntington Erkrankten deutlich geschrumpft. Das Corpus striatum ist eine wichtige Schaltstelle zwischen Großhirnrinde und Thalamus. Über efferente Fasern hemmt das Corpus Striatum über den Neurotransmitter GABA (γ-Aminobuttersäure) verschiedene Teile der Basalganglien und Teile des Thalamus. Von dort gibt es Rückkopplungen zur Großhirnrinde. Hauptaufgabe des Corpus striatum ist die Hemmung von Bewegungsabläufen.

Klausur 5

Trockenheiße Wüsten sind vor allem in den Subtropen verbreitet. Sie machen weltweit etwa ein Fünftel der Landfläche aus. Hitze und Wassermangel sind die einschneidensten Umweltfaktoren, mit denen Lebewesen in diesen Regionen zurecht kommen müssen.

Aufgabe 1

1. Die in Material 1 dargestellten Kleinsäuger sind typische Wüstenbewohner. Vergleichen Sie den Körperbau der Tiere und erklären Sie, welche Merkmale als Anpassung an den extremen Lebensraum Wüste (Material 2) aufgefasst werden können. **(I/II)**
2. Schildern Sie den Tagesablauf der abgebildeten Kleinsäuger. **(II)**
3. Stellen Sie die Verwandtschaftsbeziehungen in einem einfachen Stammbaum (Kladogramm) dar. **(II/III)**
4. Handelt es sich bei den angepassten Merkmalen um Homologie oder Konvergenz? Begründen Sie Ihre Ansicht. **(II/III)**

14 Punkte

Aufgabe 2

1. Vergleichen Sie den Wasserhaushalt von Mensch und Kängururatte (Material 3) und erklären Sie, wie es der Kängururatte gelingt, ohne Trinken auszukommen. **(I/II)**
2. Erklären Sie, warum für die Kängururatte fettreiche Samen vorteilhafter sind als stärkereiche. **(II)**

8 Punkte

Aufgabe 3

Erklären Sie mithilfe von Material 3, wie beim Atmen Wasser gespart werden kann und welche Baueigentümlichkeiten der Nase sowie welche Verhaltensweisen die Einsparung begünstigen würden. **(II/III)**

8 Punkte

30 Punkte

Material 1: Wüstenspringer

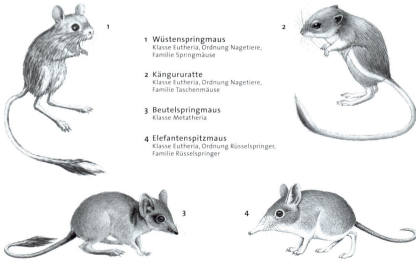

1 **Wüstenspringmaus**
   Klasse Eutheria, Ordnung Nagetiere, Familie Springmäuse

2 **Kängururatte**
   Klasse Eutheria, Ordnung Nagetiere, Familie Taschenmäuse

3 **Beutelspringmaus**
   Klasse Metatheria

4 **Elefantenspitzmaus**
   Klasse Eutheria, Ordnung Rüsselspringer, Familie Rüsselspringer

Material 2:

1. Temperaturprofil des Boden-Luft-Bereichs einer Extremwüste (Death Valley, USA)

Messstelle	Temperatur in °C
2 m über dem Boden	43
20 cm über dem Boden	44
10 cm über dem Boden	49
5 cm über dem Boden	57
1 cm über dem Boden	68
unmittelbar auf der Oberfläche	71
0,5 cm unter der Oberfläche	69
10 cm unter der Oberfläche	46

2.

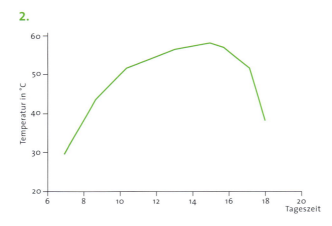

▶ Tagesverlauf der Temperatur an der Sandoberfläche in der Colorado-Wüste

Material 3:

▶ *Wasserhaushalt von Mensch und Kängururatte im Vergleich*

Material 4:

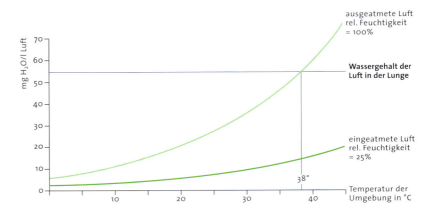

▶ *Wassergehalt von ausgeatmeter und eingeatmeter Luft*

Lösungen: Wissen und Üben

Die hier abgedruckten Lösungen bieten Vorschläge, wie eine Aufgabe bzw. Klausur gelöst werden könnte. Sie geben den Erwartungshorizont für eine gute bis sehr gute Lösung wieder.

Kapitel 1: Grundbausteine der Lebewesen

■ **Aufgabe 1**
Fast alle in Lebewesen vorkommenden **Proteine** sind aus 20 verschiedenen Aminosäuren aufgebaut. Diese Aminosäuren (AS) bestehen alle aus einem zentralen C-Atom mit vier unterschiedlichen Liganden. Drei sind bei allen gleich: $-NH_2$, $-COOH$, $-H$, der vierte ist variabel, bei der einfachsten AS Glycin ist R = $-H$, bei Alanin $-CH_3$, bei Asparaginsäure $-CH_2COOH$.

Primärstruktur: In Peptiden und Proteinen sind AS über Peptidbindungen zu AS-Ketten verbunden.

Peptidbindung

Sind mehr als 100 AS verknüpft, spricht man i. d. R. von Proteinen, bei weniger als 100 von (Poly)peptiden. Die Reihenfolge der verknüpften Aminosäurereste nennt man die Primärstruktur des Proteins.

Sekundärstruktur: Neben Peptidbindungen kommen in Proteinen schwächere Wasserstoffbrückenbindungen vor. Sie sind dafür verantwortlich, dass die AS-Ketten sich entweder zu Schrauben (α-Helix) oder zu Faltblättern aus mehreren aneinanderliegenden zickzackförmigen AS-Ketten formen. Seltener kommen auch noch andere Sekundärstrukturen vor.

Tertiärstruktur: Durch Wechselwirkungen weiter entfernter AS der Kette können sich Helices und Faltblätter (und weitere Sekundärstrukturen) zu komplizierten räumlichen Strukturen auffalten. Dabei spielen vor allem auch Wechselwirkungen zwischen den Seitenketten eine Rolle.

Quartärstruktur: Viele Proteine bestehen nicht nur aus einer sondern aus mehreren Polypeptidketten. Dabei kann es sich um gleichartige oder unterschiedliche Ketten handeln. Auch bei Bildung der Quartärstruktur spielen Wasserstoffbrückenbindungen und Ionenbindungen eine Rolle.

Die Reihenfolge der AS im Proteinmolekül ist nicht nur verantwortlich für die Primär- sondern auch für die Sekundär-, Tertiär- und Quartärstruktur. Dabei sind jedoch in einem bestimmten Rahmen Variationen möglich: So kann die Faltung zur Tertiärstruktur z. T. durch Einflüsse von außen verändert werden (vgl. Prionen, S. 15).

■ **Aufgabe 2**
Proteingerinnung: Beim Erhitzen (Eiklar), beim Zugeben von Säuren (Milch), Basen, Salzen oder bestimmten Enzymen (Labferment) kommt es zur „Eiweißgerinnung". Dabei werden die Tertiär- und z. T. auch Sekundärstruktur und damit auch die Quartärstruktur meist irreversibel verändert. Obwohl die Primärstruktur erhalten bleibt, sind die Moleküle biologisch nicht mehr wirksam, weshalb man auch von **Denaturierung** spricht. Ursache ist die Lösung der schwachen Bindungen, die für Sekundär- bis Quartärstrukturen verantwortlich sind, durch die genannten Chemikalien bzw. durch hohe Temperaturen. Es kommt durch neue Bindungen zwischen den vielen aufgefalteten Aminosäureketten zu großen Aggregaten („Gerinnung").

■ **Aufgabe 3**
1. Gelatine ist ein Protein, das aus den Bindegeweben insbesondere den Knochen und der Haut von Wirbeltieren durch Kochen oder durch Aufschluss mit Säuren oder Basen gewonnen werden kann. Dabei wird das aus einer Tripelhelix aufgebaute Faserprotein Kollagen verändert:

Lösungen Kapitel 1

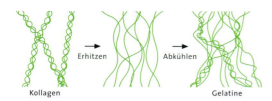

Agar ist ein quellfähiges Polysaccharid (Kohlenhydrat), das aus den Zellwandbestandteilen von Rotalgen gewonnen werden kann.

2. Aufgrund ihrer besonderen Struktur können beide Substanzen sehr viele Wassermoleküle locker binden und sind daher quellfähig. In der Lebensmittelindustrie können beide Stoffe zu ähnlichen Zwecken verwendet werden. Dies ist für Vegetarier bedeutsam („vegetarische Gummibärchen"), aber auch im Zusammenhang mit BSE: Die möglicherweise ansteckenden, pathogenen Prionen (S. 15) kommen gerade in solchen Geweben von Rindern vor, aus denen auch Gelatine gewonnen werden kann. Da sie relativ hitzebeständig sind, könnten sie den Prozess der Gelatinebildung überstehen.

■ Aufgabe 4
Lipide sind eine heterogene Gruppe, deren gemeinsames Merkmal v. a. die schlechte Löslichkeit in Wasser ist. Für den Membranaufbau von besonderer Bedeutung sind die Lipide, deren Moleküle aus einem hydrophilen und einem hydrophoben (lipophilen) Teil aufgebaut sind. In wässriger Umgebung bilden sie Micellen (Kugeln) und Lamellen (Doppelschichten). Für den Membranaufbau sind Lipidlamellen von besonderer Bedeutung. Sie bilden das halbflüssige Grundgerüst, dem Proteinmoleküle eingelagert und aufgelagert sind.

■ Aufgabe 5
Kompartimente eines Eucyten

Struktur	Funktion
Zellmembran: Lipiddoppelschicht mit ein- und aufgelagerten Proteinen	Abgrenzung nach außen, Stofftransport; Signalaufnahme und -weiterleitung
Cytoplasma: den Zellkern umgebender Inhalt einer Zelle	Ort vieler unterschiedlicher Stoffwechselprozesse
Zellkern: durch Kernmembran vom Cytoplasma abgegrenzter Bereich, mit Kernkörperchen (Nucleoli)	enthält genetische Information (DNA) in den Chromosomen; identische Replikation der DNA und Transkription in mRNA, Ribosomenbildung in Nucleoli
Mitochondrien: von Doppelmembran umgebene Zellorganelle mit eigener DNA und Ribosomen	Zellatmung (Citratzyklus in der Matrix, Endoxidation in der inneren, aufgefalteten Mitochondrienmembran)
Plastiden: von Doppelmembran umgebene Zellorganelle mit zu Grana aufgestapelten Innenmembranen, eigener DNA und Ribosomen	Fotosynthese (Chloroplasten), Stärkespeicherung (Leukoplasten), Farbstoffspeicherung (Chromoplasten)
Endoplasmatisches Retikulum (ER): reich gegliedertes Membransystem im Cytoplasma, in Verbindung mit Kernmembran, Golgi-Apparat und Zellmembran	Speicher, Transportsystem (Vesikel können abgeschnürt werden), am **rauen ER,** das mit Ribosomen besetzt ist, werden v. a. Speicher- und Membranproteine synthetisiert
Golgi-Apparat: Vesikel-Stapel (Dictyosomen), die nach außen Vesikel abschnüren	Speicherung und Transport von Polysacchariden und Proteinen
Microbodies (Cytosomen): von einer einfachen Membran umgebene Körperchen; die aus bestehenden durch Teilung hervorgehen	enthalten von freien Ribosomen synthetisierte Enzyme, **Peroxisomen** enthalten v. a. Oxidasen und Katalasen, **Glyoxisomen** u. a. die Enzyme des Glyoxylsäurezyklus
Lysosomen: wie Microbodies von einfacher Membran umgeben, werden vom Golgi-Apparat gebildet	verschmelzen mit Endocytose-Vesikeln und sorgen durch ihren Enzymgehalt für Verdauung. L. wirken bei **programmiertem Zelltod (Apoptose)** mit
Vakuolen: mit wässriger Lösung gefüllte Blasen, die bei Pflanzenzellen den größten Teil der Zelle ausfüllen können	*Pflanzen*: Wichtig für den **Zellturgor,** Depot für Abfallstoffe, lytische Enzyme. *Einzeller*: pulsierende Vakuolen zur **Osmoregulation**

■ Aufgabe 6
Bei der Teilung von **somatischen Stammzellen** entstehen eine Stammzelle und eine sich später differenzierende Zelle (inäquale Teilung). Vor der Differenzierung kann sie sich jedoch noch mehrmals in gleiche Tochterzellen (äqual) teilen. Die inäquale Teilung einer Stamm-

zelle kann durch einen einseitig wirkenden äußeren Faktor (Stoffgradient, Signal von Nachbarzellen) oder durch eine asymmetrisch in der Zelle verteilte Wirkkomponente zustande kommen.

Embryonale Stammzellen teilen sich zunächst äqual. Diese Teilungen können im Reagenzglas bei Zugabe geeigneter Wachstumsfaktoren praktisch unbegrenzt fortdauern. Werden diese Faktoren entzogen oder verändert, kommt es zur Differenzierung in verschiedene Zelltypen. Durch Zugabe von Wachstumsfaktoren kann beeinflusst werden, welche Zelltypen sich ausbilden.

■ Aufgabe 7

Wenn sich bei der Proteinsynthese an den Ribosomen die Aminosäureketten neu bilden, wird durch die Primärstruktur auch über die Sekundär-, Tertiär- und Quartärstruktur des entstehenden Proteins entschieden. Die noch nicht gefalteten Ketten sind jedoch relativ gefährdet durch Außeneinflüsse, z. B. benachbarte Proteine oder AS-Ketten, die mit ihnen in Wechselwirkung treten können, ehe sich die „richtigen" höheren Strukturen bilden konnten.

Als **Chaperone** bezeichnet man spezielle „Aufpasser-Proteine", die die entstehenden AS-Ketten umschließen und dafür sorgen, dass sich die richtigen höheren Strukturen ungestört ausbilden können. Das so stabilisierte Proteinmolekül mit Tertiär- oder Quartärstruktur ist dann gegen Außeneinflüsse relativ unempfindlich. Andere Chaperone tragen dazu bei, globuläre Proteinmoleküle durch vorübergehende Auflösung der Tertiärstruktur durch Membranen zu schleusen.

■ Aufgabe 8

Kennzeichen	Prionen	Viroide	Viren
Stoff- und Energiewechsel	–	–	–
Wachstum und Individualentwicklung	–	–	±
Identische Replikation und Vermehrung	+	+	+
Reizbarkeit und Selbstregulation	–	–	–
Bewegung	–	–	–
Evolution	?	+	+

Kapitel 2: Stoffwechsel und Energieumsatz

■ Aufgabe 1

endogonische Reaktionen: 1., 3.
exergonische Reaktionen: 2., 4.

1. Phosphorylierungen (Übertragung der terminalen Phosphatgruppe von ATP auf irgendeinen Akzeptor) sind grundsätzlich endergonische Reaktionen, d. h. es muss Energie zugeführt werden, damit die Reaktion abläuft. Gleiches gilt für Reduktionen wie die Reaktion 3. Reaktion 2 ist die Bilanzgleichung für die Milchsäuregärung, bei der ein Glucosemolekül in zwei Milchsäuremoleküle aufgespalten wird. Bei solchen Aufspaltungen größerer Moleküle in kleinere wird in der Regel Energie freigesetzt. Dasselbe gilt auch für hydrolytische Spaltungen, also die Spaltung von Molekülen unter Wasseraufnahme (4).

■ Aufgabe 2

Energetischer Verlauf einer Enzymreaktion

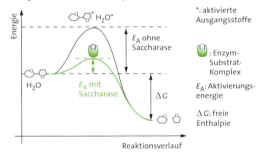

*: aktivierte Ausgangsstoffe
: Enzym-Substrat-Komplex
E_A: Aktivierungsenergie
ΔG: freie Enthalpie

Für die Wirkung des Enzyms entscheidend ist die Herabsetzung der Aktivierungsenergie durch die Bildung des Enzym-Substrat-Komplexes. Eine Reaktion, die normalerweise nur bei hohen Temperaturen ablaufen würde, kann nun bei Temperaturen ablaufen, die für Lebewesen erträglich sind.

■ Aufgabe 3

Es empfiehlt sich, folgendermaßen vorzugehen:
1. Aufstellen der Reaktionsgleichung:
   $2 H_2O_2 \rightarrow O_2 + 2 H_2O$
2. Berechnung der Mole Sauerstoff, die 1 Mol Katalase liefern würde:
   0,001 g Katalase liefern 1,3 l O_2
   250 000 g Katalase liefern:
   $250\,000 \times 1{,}3 : 0{,}001\ O_2/min = 3{,}25 \times 10^8\ O_2/min$,
   dies entspricht
   $3{,}25/22{,}4 \times 10^8\ Mol\ O_2/min = 1{,}45 \times 10^7\ Mol\ O_2/min$
3. Nach der Reaktionsgleichung müssen zwei Mol Substrat umgesetzt werden, damit ein Mol Sauer-

Lösungen Kapitel 2

stoff entsteht, pro Minute werden also $2 \times 1{,}45 \times 10^7$ Mol O_2 = $2{,}9 \times 10^7$ Mol O_2 umgesetzt. Da die Wechselzahl meist auf eine Sekunde bezogen wird, muss dieser Wert noch durch 60 geteilt werden und daraus ergibt sich: $4{,}83 \times 10^5$.

■ Aufgabe 4
Die Kurven zeigen von links nach rechts:
1. Eine durch **allosterische Regulation** aktivierte Reaktion. Dadurch, dass ein **Aktivator** an das allosterische Zentrum des Enzyms bindet, kommt es zu einer leichten Konformationsänderung des Enzyms. Diese bewirkt, dass das Substratmolekül noch besser in das aktive Zentrum passt. Deshalb ergibt sich für jede Substratkonzentration eine etwas höhere Reaktionsgeschwindigkeit als ohne Aktivator.
2. Eine durch einen **nicht kompetitiven Inhibitor** gehemmte Reaktion. Der Inhibitor macht einen Teil der Enzymmoleküle unwirksam. Sie passen nicht mehr zum Substrat.
3. Eine durch einen **kompetitiven Inhibitor** gehemmte Reaktion. Der Hemmstoff ähnelt in seinem Aufbau dem Substrat und konkurriert mit diesem um das aktive Zentrum des Enzyms. Dadurch wird die Enzymreaktion zunächst verlangsamt, bei hoher Substratkonzentration kann die Maximalgeschwindigkeit jedoch wieder erreicht werden, da die Wechselzahl für Substrat und Inhibitor etwa gleichgroß ist.

■ Aufgabe 5
C_4-Pflanzen erreichen besonders gute Fotosynthesebilanzen bei optimalen Licht- und Temperaturbedingungen, da sie Verluste durch Lichtatmung (Fotorespiration, Glycolatzyklus) minimieren. Dies geschieht dadurch, dass CO_2 nicht an Ribulose-1,5-bisphosphat gebunden wird, sondern direkt an Phosphoenolpyruvat (PEP). Dadurch wird die Konkurrenz von CO_2 und O_2 um das Enzym Ribulose-1,5-bisphosphat-Carboxylase (Rubisco) vermieden. Es entsteht als Zwischenprodukt eine organische Säure, aus der in den Gefäßbündelscheidenzellen wieder CO_2 freigesetzt wird, das dann für den Calvinzyklus zur Verfügung steht. Bei niedrigeren Temperaturen wie sie in Mitteleuropa herrschen und damit auch geringerer Lichtatmung, sind C_3-Pflanzen den C_4-Pflanzen jedoch überlegen, da die Reaktionsketten einfacher sind. CO_2 wird nur einmal fixiert und dafür wird weniger Energie benötigt als bei der doppelten CO_2-Fixierung der C_4-Pflanzen.

■ Aufgabe 6
1. Ein Wirkungsspektrum erhält man, wenn die zu untersuchende Pflanze mit Licht verschiedener Wellenlängen bestrahlt wird. Gemessen wird die Fotosyntheserate. Als Maß dafür dient entweder die produzierte Sauerstoffmenge oder die verbrauchte Menge an Kohlenstoffdioxid. Die produzierte Sauerstoffmenge wird heute meist mit Sauerstoffsonden gemessen oder mithilfe der Warburgtechnik manometrisch bei konstant gehaltenem CO_2-Gehalt im Reaktionsraum bestimmt. Der CO_2-Verbrauch kann z. B. mit der Infrarotabsorptionsspektroskopie gemessen werden.
Beim **engelmannschen Bakterienversuch** wird ein Lichtspektrum auf einen Objektträger projiziert, auf dem sich eine Fadenalge und reichlich aerobe Bakterien befinden. Die Bakterien sammeln sich vorwiegend an den Stellen an der Fadenalge, die mit rotem oder blauem Licht bestrahlt werden. Diese Bereiche fallen mit den Absorptionsmaxima von Chlorophyll zusammen.
2. Die Absorptionskurve von Chlorophyll a deckt sich deshalb nicht mit dem Wirkungsspektrum, da bei der Fotosynthese außer Chlorophyll a auch noch andere Pigmente mitwirken. Bei Grünalgen und höheren Pflanzen sind dies insbesondere Chlorophyll b, β-Carotin und Xantophylle.

■ Aufgabe 7
Bei den CAM-Pflanzen findet eine zeitliche Trennung zwischen primärer Fixierung des Kohlenstoffdioxids und sekundärer Bindung des CO_2 im Calvinzyklus statt. Dabei wird das CO_2 vorübergehend in Form einer organischen Säure (z. B. Äpfelsäure) in Zellvakuolen gespeichert. Die großen, wasserreichen Vakuolen in den Zellen sukkulenter Pflanzen können besonders viel organische Säure aufnehmen.

■ Aufgabe 8
1. Einzelne Glieder des Regelkreises:
   Regelgröße: Blutzuckerspiegel
   Sollwert: 80 bis 100 mg Glucose pro dl
   Messfühler: Sinneszellen im Blutgefäßsystem und Sensoren an den Zellen des Inselorgans **(langerhanssche Inseln)** der Bauchspeicheldrüse
   Regler: vegetatives Nervensystem und langerhanssche Inseln der Bauchspeicheldrüse
   Stellglieder: Durchlasskanäle für Glucose in den Zellen von Fettgewebe und Muskelgewebe sowie Glykogenbildung bzw. Glykogenabbau in den Leberzellen
   Störgrößen: Glucoseaufnahmen ins Blut durch Resorption aus dem Dünndarm sowie Glucoseverbrauch in Körperzellen, insbesondere im Muskelgewebe
   Signalleitung: die Hormone Insulin und Glukagon aus der Bauchspeicheldrüse sowie Adrenalin aus der Nebennierenrinde, Nervenbahnen des vegetativen Nervensystems.

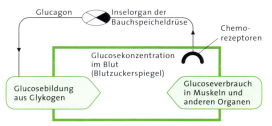

▶ Regelkreis bei erniedrigtem Blutzucker

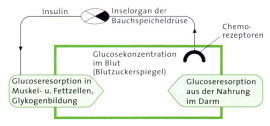

▶ Regelkreis bei erhöhtem Blutzucker

2. Beim Typ-I-Diabetes sterben die β-Zellen (Inselzellen) der Bauchspeicheldrüse vermutlich aufgrund einer Autoimmunreaktion ab, sodass zu wenig oder kein Insulin mehr produziert werden kann. Beim Typ-II-Diabetes ist v. a. die Insulinwirkung im Zielgewebe gestört, weil zu wenig Insulinrezeptoren vorhanden sind. Er wird durch Fettleibigkeit (Adipositas) gefördert.
3. Der Name „Altersdiabetes" rührt daher, dass Typ-II-Diabetes vorwiegend bei älteren Menschen auftritt und auch allmählich entsteht. Durch Fettleibigkeit und Bewegungsmangel kommt es allerdings zunehmend auch bei jüngeren Menschen zu dieser Diabetes-Form.

■ **Aufgabe 9**

Der Kohlenhydratstoffwechsel ist durch ein Zwischenprodukt der Glykolyse, das Dihydroxyacetonphosphat, und durch Acetyl-Coenzym A mit dem Fett- und Lipidstoffwechsel verknüpft. Aus Glucose können Fette aufgebaut werden. Dies geschieht, wenn durch Insulin signalisiert wird, dass die Blutglucose-Konzentration zu hoch ist. Als Folge werden die Aufnahme von Glucose aus dem Blut, die anschließende Phosphorylierung zu Glucose-6-Phosphat und weiter die Glykogensynthese in Muskel und Leber angeregt. Darüber hinaus stimuliert Insulin auch die Speicherung überschüssiger Glucose als Fett, indem es die Oxidation von Glucose-6-Phosphat zu Pyruvat (Glykolyse) und die Oxidation von Pyruvat zu Acetyl-CoA aktiviert. Dieses dient in der Leber als Ausgangssubstanz zum Aufbau von Fettsäuren, wenn es nicht zur Energieproduktion (Citratzyklus, Atmungskette) verwendet wird.

■ **Aufgabe 10**
1. Das Herz der Säuger stellt zwar einen einheitlichen synchron arbeitenden Muskel dar, in seinem Inneren besteht es aber aus zwei vollkommen getrennten Teilen, einem rechten und einem linken Herzen. Das rechte Herz (rechts vom Besitzer aus gesehen!) nimmt während der Erweiterungsphase (Diastole) das aus dem Körper kommende Blut über die Körpervene in den rechten Vorhof auf. Gleichzeitig fließt in den linken Vorhof das in den Lungen mit Sauerstoff angereicherte und von CO_2 befreite Blut. Die Kontraktion (Systole) beginnt mit der Kontraktion der Vorkammern. Sie pressen das Blut in die beiden Herzkammern. In die rechte das venöse sauerstoffarme und kohlenstoffdioxidreiche Blut aus dem Körper, in die linke das sauerstoffreiche und kohlenstoffdioxidarme Blut aus den Lungen. Im weiteren Verlauf der Systole zieht sich die kräftige Kammermuskulatur zusammen und presst das Blut aus der rechten Herzkammer in die Lungenarterien und aus der linken Herzkammer in den Aortenbogen. Die Segelklappen am Übergang von den Vorkammern in die Hauptkammern verhindern, dass Blut in die Vorkammern zurückfließt. Wenn das Herz sich anschließend wieder erweitert, verhindern die Taschenklappen der großen Arterien, dass das Blut in die Hauptkammer zurück strömt.
2. Zum einen wird durch die vollständige Trennung der beiden Herzhälften verhindert, dass es zu einer Durchmischung von sauerstoffarmem, kohlenstoffdioxidreichem und sauerstoffreichem, kohlenstoffdioxidarmem Blut kommt. Wichtiger ist der unterschiedliche Druck, der durch die Tätigkeit des Herzens in den beiden Teilkreisläufen erzeugt wird. Würde in der Körperarterie und in der Lungenarterie derselbe Druck erzeugt, so wäre er für die Lungen zu hoch und für den Körper zu niedrig. Zu hoher Druck würde in den Lungen bedeuten, dass Flüssigkeit aus dem Blut in die Lungenbläschen übertritt. Zu niedriger Druck würde im Körperkreislauf bedeuten, dass die Kapillaren nicht ausreichend versorgt werden und insbesondere die Funktion der Nieren beeinträchtigt wäre.
3. Die Herzklappen sind die Ventile im Herzen, die dafür sorgen, dass die rhythmische Herzkontraktion zu einem Blutfluss in die richtige Richtung führt. „Herzklappenfehler" ist der Oberbegriff für angeborene oder erworbene Funktionsstörungen einer oder mehrerer solcher Ventile im Herzen. Dabei kann es sich um eine Verengung (Stenose), eine Schlussunfähigkeit (Insuffizienz) oder eine Kombination aus beiden handeln. Bei einer Stenose fließt nicht genug Blut durch die Klappe. Bei einer Insuffizienz strömt Blut in die falsche Richtung. Wenn längere Zeit einer der beiden Fehler nicht behandelt

wird, kommt es häufig zu einer Kombination, d. h. die Klappe ist verengt und gleichzeitig undicht. Herzklappenfehler führen zu einer Überlastung des Herzens, weil die betroffenen Herzteile entweder einen größeren Druck erzeugen oder ein größeres Blutvolumen befördern müssen.
4. Der Herzmuskel wird von den Herzkranzgefäßen versorgt, die einen eigenen Blutkreislauf haben, durch den etwa 5 bis 10 % des gesamten Blutes strömt. Dieses dient ausschließlich der Versorgung des Herzmuskels, v. a. mit Fettsäuren und Sauerstoff. Das Herz deckt seinen Energiebedarf ausschließlich aus dem oxidativen Abbau von Fettsäuren und benötigt dafür in ausreichendem Maße Sauerstoff. Daher führen die Unterbrechung oder Verminderung der Blutzufuhr und der damit verbundene Sauerstoffmangel zum Nachlassen der Herzkraft und zum Herzstillstand. Eine Durchblutungsstörung des Herzmuskels, die länger als 20 Min. besteht, wird i. A. als Herzinfarkt bezeichnet.

■ Aufgabe 11
Kann die Glucose nicht mehr vollständig zurückgewonnen werden, wird sie teilweise mit dem Harn ausgeschieden. Glucose im Harn gilt bis heute als wichtiger Diabetesnachweis.

Durch den Glucosegehalt des Harns wird der osmotische Wert erhöht und damit die passive Rückresorption des Wassers erschwert. Folgen sind eine erhöhte Harnmenge und eine Austrocknung des Körpers, die zu ständigem Durstgefühl führt.

■ Aufgabe 12
a) Durch Verschluss der Spaltöffnung wird die Transpiration herabgesetzt. Damit verringert sich auch der Transpirationsstrom (Wassertransport) durch die Pflanze.
b) Die Pflanze benutzt das Gefälle zwischen dem hohen Wasserpotenzial im Boden und im Pflanzeninneren einerseits und dem geringen Wasserpotenzial der Luft andererseits, um ohne eigenen Energieaufwand Wasser vom Boden durch die Pflanze bis in die Atmosphäre zu transportieren. Bei hoher Luftfeuchtigkeit ist die Luft nahezu wasserdampfgesättigt und das Potenzialgefälle sehr gering. Daraus folgt eine Verminderung der Transpiration und der Wassertransportrate.
c) Starke Sonneneinstrahlung erwärmt die Blätter und die blattnahe Luft und führt damit zu einer geringeren Luftfeuchtigkeit und zu einer Verstärkung der Transpiration. Damit wird auch der Wassertransport durch die Pflanze erhöht.
d) Auch starker Wind führt dazu, dass der Wasserpotenzialgradient an der Pflanzenoberfläche sich erhöht, weil austretender Wasserdampf sofort mitgerissen wird: Dies führt zu einer Erhöhung der Wassertransportrate.
e) Geringe Verfügbarkeit von Wasser im Boden führt natürlich auch zu einer Verminderung der Wassertransportrate. Unter Umständen kann dies für die Pflanzen besonders gefährlich sein, wenn nämlich die Transpirationsrate weiter hoch ist, gleichzeitig aber der Nachschub fehlt. Bodenfrost wirkt sich für Pflanzen ähnlich aus wie Bodentrockenheit („Frosttrocknis"), da das gefrorene Wasser nicht von den Wurzeln aufgenommen werden kann.

■ Aufgabe 13
1. Siebröhrensaft von Pflanzen enthält normalerweise wesentlich mehr Kohlenhydrate als Proteine und Fette. Blattläuse, die sich ausschließlich von Siebröhrensaft ernähren, haben deshalb eine sehr einseitige Ernährung. Teilweise wird dies durch Endosymbionten im Darmsystem der Blattläuse ausgeglichen. Fehlende Elemente, wie z. B. Stickstoff, aber auch Phosphor, Schwefel, Kalium, Calcium, Magnesium, Eisen und andere Spurenelemente können aber nur dadurch in ausreichendem Maße aufgenommen werden, dass eine größere Menge Siebröhrensaft aufgenommen wird, als vom Energiegehalt her notwendig wäre. Die Blattläuse wirken gewissermaßen als Filter, sie scheiden einen großen Teil des aufgenommenen Zuckers wieder aus. Dieser süße Blattlauskot ist eine wichtige Nahrung für Sekundärkonsumenten, z. B. Ameisen und Bienen, aber auch für blattbewohnende Pilze (Rußtau).
2. Insgesamt ist der Energieverlust, der Pflanzen durch Blattläuse entsteht, nicht so schwerwiegend, dass sie daran eingehen würden. Wohl kann es aber durch Anzapfen einzelner Siebröhren dazu kommen, dass die von diesen Siebröhren versorgten Pflanzenteile, z. B. Blattränder oder Spitzentriebe, nicht genügend Nährstoffe erhalten und sich dadurch verändern (Kräuselungen, Einkrümmungen usw.). Mit dem Siebröhrensaft können Blattläuse auch Viren und andere Krankheitserreger aufnehmen, die dann beim Wechsel der Wirtspflanze übertragen werden können. Dieser Vorgang ist einer Infektion über blutsaugende Parasiten bei Tieren vergleichbar.

Kapitel 3: Steuerung, Regelung, Informationsverarbeitung

■ Aufgabe 1
Normalerweise werden die Natriumkanäle bei der Auslösung eines Aktionspotenzials innerhalb von Millisekunden wieder geschlossen. **Permethrin** verhindert die

Schließung der Natriumkanäle, dadurch strömen Natriumionen so lange ein, bis es zu einem Konzentrationsausgleich kommt. Im Weiteren kommt es auch zu einem Konzentrationsausgleich der Kaliumionen und dadurch zu einem Membranpotenzial von 0. In einem solchen Fall ist ein weiteres Aktionspotenzial nicht mehr auslösbar.

Tetrodotoxin (auch Tetraodotoxin, TTX) ist ein Nervengift, das die spannungsabhängigen Natriumkanäle von Nervenzellen blockiert, und zwar reicht ein Molekül pro Natriumkanal. Die Erregungsleitung ist gestört und dadurch können keine Aktionspotenziale mehr ausgebildet werden, die Erregung von Nerven und damit auch Muskeln wird unterbunden. Bei Aufnahme hoher Dosen des Giftes führt dies zum Tod durch Ersticken, weil die Atemmuskulatur, insbesondere das Zwerchfell, nicht mehr funktioniert. Da die Bindung des Tetrodotoxins mit den Natriumkanälen schnell und mit großer Intensität erfolgt gibt es keine wirklich wirksamen Gegengifte. TTX wird in der neurobiologischen Forschung, ebenso wie das ähnlich wirkende Saxitoxin, zur selektiven Blockade von Natriumkanälen verwendet.

■ Aufgabe 2
Wenn die Erregung bei der markhaltigen Nervenfaser von Schnürring zu Schnürring springt und sich der isolierte Abschnitt zur Breite des Schnürrings wie 2000:1 verhält, ist die Leitungsgeschwindigkeit 2000 × größer, d. h. 120 m pro Sekunde. Diese Leitungsgeschwindigkeit entspricht der tatsächlichen Leitungsgeschwindigkeit markhaltiger Nervenfasern beim Menschen.

■ Aufgabe 3
Beim Ruhepotenzial ist das Zellinnere gegenüber dem Zelläußeren negativ aufgeladen. Damit durch Öffnung von Chloridkanälen eine Hyperpolarisation auftritt, muss sich ein starker Chloridionenüberschuss auf der Außenseite der Zellmembran befinden.

■ Aufgabe 4

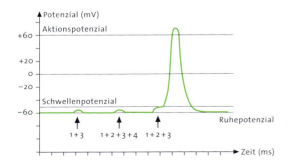

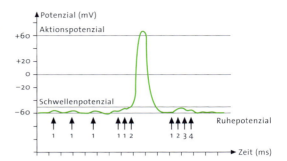

Zu einem Aktionspotenzial kommt es nur bei gleichzeitiger Erregung von 1, 2 und 3 sowie bei der Erregung von 1, 1 und 2 innerhalb von zwei Millisekunden. Bei der Erregung der gleichen Synapse innerhalb von fünf Millisekunden liegen die Einzelerregungen zu weit auseinander, um eine ausreichende zeitliche Summation zu erreichen. Bei der gleichzeitigen oder innerhalb von zwei Millisekunden ablaufenden Erregung aller vier Synapsen gleicht sich jeweils die Depolarisation einer erregenden Synapse mit der Hyperpolarisation der hemmenden Synapse aus, sodass die Depolarisation insgesamt nicht ausreicht, um ein Aktionspotenzial auszulösen.

■ Aufgabe 5
Als Totenstarre oder Leichenstarre (Rigor mortis) wird die nach dem Tod eintretende Erstarrung der Muskulatur bezeichnet. Sie gilt als sicheres Todeszeichen. Ursache ist, dass nach Stillstand des Stoffwechsels kein ATP nachgeliefert wird. Dadurch kann die Verbindung zwischen Aktin- und Myosinfilamenten nicht gelöst werden und die Muskelkontraktion bleibt bestehen. Durch Zersetzungsvorgänge löst sich die Starre nach 24 bis spätestens 48 Stunden wieder. Für die kriminalistisch wichtige Eingrenzung des Todeszeitpunktes ist die Totenstarre von besonderer Bedeutung.

■ Aufgabe 6
Die Lichtsinneszellen sind im Dunkeln leicht depolarisiert, weil die Natriumionenkanäle im Außensegment der Stäbchen bzw. Zäpfchen im unerregten Zustand geöffnet sind. Dies führt zu einem ständigen Stromfluss (Dunkelstrom), der durch die Natrium-Kalium-Pumpe aufrecht erhalten wird. Bei Belichtung wird dieser Stromfluss unterbrochen, weil es über die Erregungskaskade zum Schluss der Natriumkanäle kommt. Es dringen weniger positiv geladene Teilchen in die Zelle ein, wodurch das Membranpotenzial negativer wird (bis zu −80 mV). Statt der üblichen Depolarisation kommt es also zu einer Hyperpolarisation. Diese Hyperpolarisation bewirkt, dass die Abgabe des Neurotransmitters Glutamat in den Synapsen zu den Bipolarzellen

vermindert wird. Auf die nachfolgenden Bipolarzellen hat dies unterschiedliche Wirkung. Einmal kommt es zur Aktivierung und damit zur Weiterleitung des Lichtreizes. Bei einer zweiten Klasse von Synapsen, die für die Vernetzung der Erregung mehrerer Stäbchen verantwortlich sind, führt das Ausbleiben des Glutamats zur Hemmung (gegenseitige oder laterale Hemmung). Diese Verschaltung bewirkt eine verstärkte Wahrnehmung von Hell-Dunkel-Kontrasten.

Demgegenüber kommt es bei Erregung anderer Sinnes-, Nerven- und Muskelzellen zu einer schnellen Öffnung der Natriumkanäle und damit zu einer vollständigen Depolarisation und sogar zu einer Umkehr der Polarisation an der Zellmembran.

■ **Aufgabe 7**
1.

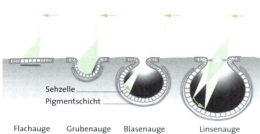

2. **Flachauge:** Hell-Dunkel-Unterscheidung und in geringem Umfang Richtungssehen möglich.
Grubenauge: Hell-Dunkel-Unterscheidung, Richtungssehen und Erkennen von Bewegung möglich.
Blasenauge: Hell-Dunkel-Unterscheidung, Richtungs- und Bewegungssehen, einfaches Bildsehen möglich, aber sehr lichtschwach. Das Bildsehen wird schärfer beim **Lochkameraauge** durch Vergrößerung des Auges bei weiterer Schließung der vorderen Öffnung.
Linsenauge: Hell-Dunkel-Unterscheidung, Richtungs- und Bewegungssehen gut, Bildsehen scharf und lichtstark durch Licht sammelnde Linse.

■ **Aufgabe 8**
1. Für die Akkommodation des menschlichen Auges ist der ringförmige Ziliarmuskel verantwortlich. Bei Kontraktion werden die Zonulafasern, an denen die Augenlinse unter Spannung aufgehängt ist, entspannt. Dadurch wird die Eigenkrümmung der elastischen Linse verstärkt. Die so bewirkte höhere Brechkraft der Linse führt dazu, dass nun nähere Gegenstände scharf gesehen werden, während entfernte Gegenstände nur unscharf wahrgenommen werden können (Nahakkommodation). Dadurch, dass die Augenlinse mit zunehmendem Lebensalter an Elastizität verliert, erreicht sie auch bei Entspannung der Zonulafasern eine immer geringere Krümmung. Die resultierende Alterssichtigkeit kann man durch eine Sammellinse („Lesebrille") korrigieren.

2. Am gelben Fleck (Macula lutea) gibt es nur Zapfen und in der Mitte des gelben Flecks, der Sehgrube (Fovea centralis), kommt auf jeden Zapfen eine bipolare Nervenzelle. Deshalb ist die Macula lutea der Bereich des schärfsten Sehens. Bei dem mit **Maculadegeneration** bezeichneten Krankheitsbild kommt es (meist altersbedingt) zu einem fortschreitenden Absterben der eins zu eins verschalteten Zapfen. Folgen sind: Abnehmen der Sehschärfe und des Kontrastempfindens, eine Verschlechterung des Farbensehen und eine erhöhte Blendempfindlichkeit. Besonders charakteristisch ist, dass man beim Fixieren eines Gegenstandes diesen nicht mehr deutlich erkennen kann. So kann man zwar einen Gesprächspartner sehen, aber seine Gesichtszüge nicht mehr richtig erkennen. Demgegenüber bleibt das äußere Gesichtsfeld und damit die Orientierungsmöglichkeit meist unverändert. Auch das Dunkelsehen ist in der Regel gut ausgebildet, da in der Macula lutea nur Zapfen betroffen sind. Eine normale Brille kann die Sehtüchtigkeit bei einer Maculadegeneration nicht wieder herstellen, weil sie nur Fehler der Linse korrigieren kann. Wohl aber kann durch eine starke Vergrößerung z. B. die Lesefähigkeit erhalten bleiben.

■ **Aufgabe 9**
1. Die Richtung einer Schallwelle kann nur mithilfe beider Ohren genau bestimmt werden. Bei diesem **Richtungshören** wird der Umstand genutzt, dass Schallwellen von einer seitlich befindlichen Schallquelle das eine Ohr früher und mit höherem Schalldruck erreichen als das andere.
Dies kann man mit der dargestellten Versuchsanordnung, der Verbindung beider Ohren mit einem Schlauch als Schallleiter, nachweisen. Die Schlauchmitte wird markiert und es wird nun vorsichtig mit einem Holzstab, z. B. mit einem Bleistift, in verschiedenen Abständen von der Mitte auf den Schlauch geklopft. Die Versuchsperson gibt an, ob sie den Schall mehr von rechts oder mehr von links kommen hört. Eine Differenz von zweimal 1 cm kann von vielen Versuchspersonen sicher unterschieden werden. Bei einer Schallgeschwindigkeit von 334 m pro Sekunde (Luft bei 20 °C) bedeutet dies, dass noch ein Zeitunterschied von etwa 0,06 ms wahrgenommen werden kann.
Mit der Versuchsanordnung kann man auch prüfen, ob Intensitätsunterschiede (Schalldruckunterschiede) bei der Richtungswahrnehmung eine Rolle spielen, z. B. indem man Watte in ein Schlauchende

steckt oder den Schlauch etwas abklemmt. Wird der Klopfversuch jetzt wiederholt, wird die Schallquelle als in der Mitte liegend empfunden, wenn tatsächlich näher an dem Ohr geklopft wird, das an dem verstopften oder abgeklemmten Schlauchende liegt. Daraus kann gefolgert werden, dass Zeitunterschied und Intensitätsunterschied beide bei der Richtungswahrnehmung beteiligt sind.

2. Da die Schallgeschwindigkeit in Wasser mit rd. 1400 m/s etwa 4,1 mal höher ist als in Luft, müsste man mit einem etwa viermal größeren Abstand von der Schlauchmitte rechnen, um die Schallrichtung bestimmen zu können.

■ Aufgabe 10

Grundlage für diese Regel ist die **synaptische Plastizität.** Sie bedeutet, dass die gleichzeitige Erregung zweier Neuronen dazu führen kann, dass sich Synapsen zwischen diesen beiden Neuronen so verändern, dass die Reizübertragung an diesen Synapsen erleichtert wird. Dies kann z. B. geschehen durch Wachstumsprozesse zur Erhöhung der Kontaktfläche, durch Vermehrung von Rezeptoren in der postsynaptischen Membran oder durch Vermehrung von Transmittersubstanz in der präsynaptischen Zelle.

■ Aufgabe 11

Sowohl das Hormonsystem als auch das Nervensystem beeinflussen die Leistung und das Verhalten eines Organismus (siehe Tab.).

Bei Tieren und Menschen findet die Kopplung des Nerven- und des Hormonsystems auf drei Ebenen statt. Es gibt **strukturelle, chemische** und **funktionelle Beziehungen.**

Strukturelle Beziehungen entstehen durch die anatomische enge Verbindung (teilweise sind aus Nervengeweben Hormon produzierende Gewebe hervorgegangen, z. B. Hypophyse).

Chemische Beziehungen sind daran zu erkennen, dass Hormone auch als Signalmoleküle im Nervensystem auftreten (z. B. Adrenalin).

Funktionelle Beziehungen schließlich werden in dem Zusammenwirken neuronaler und hormoneller Kontrollmechanismen in vielen physiologischen Prozessen z. B. bei der Kontrolle und Regelung des Blutzuckerspiegels beobachtet. Dabei kommt der Verbindung zwischen Nervensystem und Hypophysenvorderlappen eine entscheidende Bedeutung zu.

Bei der Regulation des Blutzuckerspiegels wirken Hormonsystem und Nervensystem wie folgt zusammen. Beteiligt sind zum einen die Hormone der Bauchspeicheldrüse Insulin und Glucagon und das Nebennierenhormon Adrenalin, zum anderen das vegetative Nervensystem. Chemische Sinneszellen in den Blutgefäßen werden durch zu niedrige oder zu hohe Blutzuckerwerte erregt und dies wird über das vegetative Nervensystem an die Inselzellen der Bauchspeicheldrüse bzw. die Nebenniere gemeldet. Bei Überzuckerung wird das Hormon Insulin von den Inselzellen der Bauchspeicheldrüse ins Blut abgegeben und führt zu einer erhöhten Glucoseaufnahme in Körperzellen, vor allem in den Muskeln und der Leber. Bei Unterzuckerung werden die Glucagon bildenden Inselzellen angeregt, ebenso die Adrenalin bildenden Zellen der Nebenniere. Dadurch wird z. B. in der Leber Glykogen in Glucose umgewandelt und in die Blutbahn ausgeschüttet. Längerfristig werden auch die Fettdepots im Fettgewebe zur Glucosegewinnung genutzt.

■ Aufgabe 12

Die Schilddrüsenhormone Triiodthyronin (T_3) und Thyroxin (T_4) sind **effektorische Hormone,** die direkt auf die Muskulatur, das Herz, die Leber und die Nieren wirken. Ihre Produktion und Abgabe werden durch das **glandotrope Hormon** Thyreotropin (TSH) angeregt, das vom Vorderlappen der Hypophyse (Adenohypophyse) produziert wird. Die TSH-Produktion und Freisetzung wird von einem weiteren thyreotropen Hormon des Hypothalamus, dem Thyreotropin-Releasing-Hormon (TRH) stimuliert. Die Produktion dieser glandotropen Hormone wird durch negative Rückkoppelung über den T_3- und T_4-Spiegel im Blut reguliert.

	Nervensystem	Hormonsystem
Aufgaben	Reizaufnahme und Reizleitung, Informationsweiterleitung, -speicherung und -verarbeitung, Steuerung und Regelung der Organ- und Muskelfunktionen	Beeinflussung von Stoffwechsel, Energiehaushalt und Verhalten sowie von Wachstums- und Differenzierungsprozessen, Aufrechterhaltung der Homöostase
Reizbeantwortung	schnell, lokal meist eng begrenzt, nur kurz anhaltende Wirkung	langsam, lokal weniger begrenzt, länger anhaltende Wirkung
Informationsleitung	Wanderung elektrischer Potenziale entlang von Membranen; chemische Signalstoffe am Übergang von einer zur nächsten Zelle	chemische Signalstoffe, die von Zelle zu Zelle, durch die Gewebsflüssigkeit oder über den Blutkreislauf bzw. die Körperflüssigkeiten transportiert werden

Aufgabe 13
Jasmonate (die Salze der Jasmonsäure) wirken zunächst als **Phytohormone**. Zum Wirkungsspektrum der in allen untersuchten Pflanzen gefundenen Jasmonate gehören Wachstumshemmung, Förderung der Alterung, Stimulation der Wundreaktion, Hemmung der vorzeitigen Samenkeimung, Förderung der Knollenbildung, Förderung von Fruchtreife und Fruchtabfall, Förderung der Bildung von Pigmenten sowie der Produktion von Stoffen, die für Fressfeinde giftig sind.

Jasmonate, insbesondere Methyljasmonat (Methylester der Jasmonsäure) sind leicht flüchtig und können daher auch in die Umgebung abgegeben werden. Bei anderen Pflanzenindividuen derselben Art können sie ebenfalls die Produktion von Abwehrstoffen anregen **(Pheromonwirkung)**. Wie verschiedene Untersuchungen zeigen, wirken Jasmonate jedoch auch auf Individuen anderer Arten, indem sie diese z. B. ebenfalls zur Produktion von Stoffen anregen, die für Fressfeinde giftig sind. In diesem Fall wirken sie als **Allomon**.

Kapitel 4: Genetik und Immunbiologie

Aufgabe 1
Da in der Doppelhelix jeweils die Basen Adenin und Thymin und Guanin und Cytosin gepaart sind, ist nur das Verhältnis A + T/G + C nicht konstant für verschiedene Arten, also artspezifisch.

Aufgabe 2
Die Pyrimidinbase Cytosin ist mit der Purinbase Guanin über drei Wasserstoffbrücken, die Pyrimidinbase Thymin mit der Purinbase Adenin nur über zwei Wasserstoffbrücken verbunden. Entsprechend löst sich die Bindung C-G schwerer als die Bindung A-T. Für die Auftrennung eines Doppelstranges in zwei Einzelstränge, die sog. Denaturierung, sind somit je nach Anteil dieser Basenpaare höhere oder geringere Energiemengen notwendig.

Aufgabe 3
Triplett-Code: Jeweils drei aufeinander folgende Nucleotide auf dem codogenen Strang der DNA bilden ein Codewort, ein Codogen.

Universell: Bis auf ganz wenige Ausnahmen erfolgt die genetische Codierung bei allen Arten gleich. Sie gilt vom Bakterium bis zum Menschen.

Degeneriert: Es gibt 64 (4^3) verschiedene Triplett-Codes, es werden aber nur 20 verschiedene Aminosäuren codiert. Eine Information – in diesem Fall für eine ganz bestimmte Aminosäure – kann deshalb durch verschiedene Triplett-Codes verschlüsselt sein.

Spezifisch: Von einem aus einem Triplett bestehenden Codewort wird immer nur eine Aminosäure codiert.

Kommafrei: Die Tripletts werden lückenlos in ihrer Abfolge gelesen, es gibt keine Satzzeichen zwischen den Tripletts. Allerdings gibt es bestimmte Stoppcodons, die das Ende des Ablesevorgangs markieren.

Nicht überlappend: Jedes Nucleotid gehört ausschließlich zu einem Triplett. Es kann also nicht so sein, dass das letzte Nucleotid eines Tripletts schon das erste des folgenden Tripletts ist.

Aufgabe 4
1. Retroviren sind RNA-Viren, bei denen die genetische Information als Ribonucleinsäure gespeichert ist. Bei ihrer Vermehrung wird eine einzelsträngige Genom-RNA in einem mehrstufigen Prozess in eine doppelsträngige DNA (Provirus) umgeschrieben. Dieser im Vergleich zum üblichen Informationsfluss (DNA → RNA) umgekehrte Prozess wird durch eine virusspezifische, RNA-abhängige DNA-Polymerase (Reverse Transkriptase) katalysiert. Zu den Retroviren gehören u. a. verschiedene Tumor erzeugende Viren (RNA-Tumorviren) sowie Lentiviren, die beim Menschen und verschiedenen anderen Säugetieren Immundefizienzen hervorrufen, wie z. B. das HI-Virus.
2. Mit Hilfe der Reversen Transkriptase ist es möglich, von einem RNA-Strang, z. B. einer mRNA, einen DNA-Strang zu gewinnen. Auf diese Weise wird die sog. cDNA gewonnen. Sie ist identisch mit dem Strukturgen, von dem sich die betreffende mRNA ableitet, enthält jedoch im Gegensatz zur genomischen DNA nicht die flankierenden Genbereiche und deren Signalstrukturen und auch keine Introns. Trotzdem stellt sie in der Regel den ersten Schritt zur Synthese Protein codierender Gene (in einem Bakterium) dar.

Aufgabe 5
Damit Lactose in der Milchsäuregärung bzw. in der Zellatmung bearbeitet werden kann, muss sie zunächst in die beiden Einzelzucker Glucose und Galaktose aufgespalten werden. Diese Spaltung wird durch das Enzym Lactase katalysiert. In Anwesenheit von Glucose im Medium wird diese bevorzugt abgebaut. In Abwesenheit von Lactose sind die Strukturgene für den Lactoseabbau durch einen in der Operatorregion befindlichen Repressor blockiert. Dadurch wird eine Transkription der entsprechenden Gene unmöglich gemacht. Durch Bindung eines Lactosemoleküls am allosterischen Zentrum des Repressorproteins kommt es zur Änderung seiner Konformation und der vorher durch den Induktor Lactose inaktivierte Repressor löst sich vom Operator. Nun können die für den Abbau der Lactose benötigten Enzyme synthetisiert werden, da

die erforderlichen Strukturgene für die Transkription freigegeben sind.

■ Aufgabe 6
Kommt es in der ersten meiotischen Teilung bei der Aufteilung der homologen Chromosomen auf die beiden Tochterkerne zu Fehlern, enthält ein Tochterkern eventuell zwei Homologe eines Chromosomentyps, der andere gar kein Chromosom dieses Typs. Auf diese Art und Weise kommt es zu Trisomien oder zu Ausfällen von Chromosomen (die allerdings fast immer tödlich sind). Wenn es bei einer fehlerhaften Meiose zu einem völligen Ausfall der reduzierten ersten meiotischen Teilung kommt, kann dies zur Vervielfachung von Chromosomensätzen bei den Nachkommen führen (Triploidie, Tetraploidie usw.).

■ Aufgabe 7
Die besondere Eigenschaft von Bromuracil ist, dass sich dieses Basenanalogon sowohl mit Adenin, als auch mit Guanin paaren kann, je nachdem, ob es in der Ketoform oder in der Enolform vorliegt. Die Energie, die das Bromuracil für diese tautomere Umlagerung benötigt, ist sehr gering. Wird es deshalb in der Ketoform in eine Doppelhelix anstelle von Thymin eingebaut, kann es bei der Replikation leicht zur Umlagerung in die Enolform und dann zur „falschen" Verbindung mit Guanin kommen. Bei der weiteren Replikation bindet dieses Guanin ein Cytosin und so ist aus dem ursprünglichen Basenpaar Adenin-Thymin das Basenpaar Guanin-Cytosin geworden.

■ Aufgabe 8
1. Wenn das mutierte Gen mit einer Häufigkeit von einem Promille oder 0,001 vorkommt, ist die Wahrscheinlichkeit, dass es beim Vater vorkommt 10^{-3}, ebenso gilt dies für die Mutter. Für das Zusammenkommen beider Gene bei einer Befruchtung ist die Wahrscheinlichkeit dann also 10^{-6}, also 1 : 1 000 000.
2. Vetter und Base haben dieselben Großeltern und damit $1/4$ gemeinsame Gene. Die Wahrscheinlichkeit, dass irgendein heterozygotes Gen dieser gemeinsamen Gene bei den Nachkommen homozygot vorliegt, ist demnach
$1/4 \times 1/4 = 1/16 = 0,0625$.
Für die gemeinsamen Gene ergibt sich dadurch bei Cousinenheirat eine Wahrscheinlichkeit von $0,0625 \times 10^{-3} = 62,5 \times 10^{-6}$.
Natürlich kann auch das Auftreten des mutierten Gens bei den nicht gemeinsamen Genen zur Homozygotie bei den Nachkommen führen. Hier ergibt sich dieselbe Wahrscheinlichkeit wie für die Nachkommen nicht verwandter Eltern, multipliziert mit dem Genanteil der nicht identischen Genkopien:
$10^{-6} \times 15/16 = 10^{-6} \times 0,9375$

Die Summe dieser beiden Wahrscheinlichkeiten ist $63,4375 \times 10^{-6}$
Das heißt, in diesem Falle ist das Erkrankungsrisiko bei der Cousinenehe ca. 63 Mal höher als bei einer Ehe unter nicht Verwandten. Allgemein ausgedrückt ist die Wahrscheinlichkeit für den Ausbruch einer autosomal rezessiv vererbten Krankheit $W = p^2(1-F) + pF$, wenn p die Häufigkeit des pathogenen Allels und F der Anteil gemeinsamer Gene (Inzucht-Koeffizient) ist.

■ Aufgabe 9
Stammbaum 1 gehört zu einer autosomal-dominant vererbten Krankheit, wie dies für Chorea Huntington zutrifft. Beim Stammbaum 2 kann es sich nur um eine autosomal-rezessiv vererbte Krankheit wie die Phenylketonurie handeln. Bei Stammbaum 3 schließlich ist schon beim ersten Nachkommen („Leopold von Albanien") zu erkennen, dass es sich hier um eine gonosomal-rezessiv vererbte Krankheit handeln muss, wie dies für die Bluterkrankheit (Hämophilie) zutrifft. Denn nur in diesem Fall reicht schon ein von den Eltern ererbtes Allel aus, um im männlichen Geschlecht die Krankheit ausbrechen zu lassen.

■ Aufgabe 10
Die Eizellen der Frau beginnen mit der Reifung schon vor der Geburt und die Meiose zieht sich dann bei allen Eizellen über den gesamten Zeitraum der Fruchtbarkeit hin, also bis etwa zum 50. Lebensjahr. Man nimmt an, dass die Gefahr einer fehlerhaften Meiose umso größer ist, je länger der Meiosevorgang dauert. Liegt die Wahrscheinlichkeit für eine fehlerhafte Meiose bei 25 Jahren bei 0,1 %, so steigt sie bei 35 Jahren auf 0,3 %, bei 40 Jahren auf 1,0 % und bei 48 Jahren auf 9,0 %.

■ Aufgabe 11
Man macht sich bei dieser Form der Kombinationszüchtung die unabhängige Weitergabe von Erbanlagen zunutze (Unabhängigkeitsregel, dritte mendelsche Regel), die allerdings vollständig nur für Gene gilt, die auf verschiedenen Chromosomen liegen. Durch Rekombinationszüchtung wurde z. B. 00-Raps gezüchtet, dessen Öl wenig Glucosinolate und wenig Erukasäure enthält. Ausgangssorten waren erukasäurefreie bzw. glucosinolatfreie Sorten.

■ Aufgabe 12
Zunächst stellt man mit Hilfe von Restriktionsenzymen Restriktionsfragmente her, die dann mit Gelelektrophorese aufgetrennt werden. Anschließend legt man ein Nitrocellulosepapier auf das Gel mit den DNA-Banden auf und sorgt durch darüber gelegte Papiertücher dafür, dass eine alkalische Lösung, die man unter die Gelplatte gegeben hat, die DNA denaturieren und in

das Nitrocellulosepapier einziehen kann. Die DNA-Einzelstränge werden auf der Nitrocellulose festgehalten und die DNA-Banden der denaturierten DNA liegen nun auf der Nitrocellulose (dem Blot) entsprechend der Anordnung auf dem Gel der Elektrophoresekammer. Das Nitrocellulosepapier kann nun abgezogen und zusammen mit radioaktiv markierten DNA-Sonden der gesuchten DNA in einen Beutel gegeben werden. Die DNA-Sonde bindet über Basenpaarungen dasjenige Restriktionsfragment, zu dem sie komplementär ist. Nun wird ein Röntgenfilm auf das Nitrocellulosepapier gelegt, die Radioaktivität der gebundenen Probe führt zu einer Schwärzung des Films an den Stellen, an denen Sonden an die Banden gebunden haben.

■ Aufgabe 13

Die in den Körper injizierten Bakterien werden in den sekundären lymphatischen Organen von Makrophagen und B-Lymphozyten kontaktiert und phagozytiert. Im Zellinneren werden die Antigene abgebaut (prozessiert) und die entstandenen kurzkettigen Antigenteile (Epitope) werden an MHC-Moleküle gebunden und an der Zelloberfläche präsentiert. T-Helferzellen nehmen über das Schlüssel-Schloss-Prinzip Kontakt mit den präsentierten Epitopen auf. Die T-Helferzellen aktivieren spezifizierte B-Lymphozyten zur Teilung, diese werden zu Plasmazellen und produzieren spezifische Antikörper. Außerdem werden B-Gedächtniszellen gebildet. Diese Reaktionen führen zu einem Antikörperanstieg, der sein Maximum nach fünf bis zehn Tagen erreicht.

Bei einer zweiten Injektion mit denselben Antigenen (demselben Bakterienstamm) regieren die bei der Erstinfektion gebildeten B-Gedächtniszellen sofort auf das Antigen, sodass die Antikörperkonzentration innerhalb kurzer Zeit ein Maximum erreicht. Der Kurvenverlauf, der die Konzentration des zweiten Antikörpers anzeigt, entspricht in etwa dem ersten Kurvenverlauf der Primärinfektion, da es sich hier wieder um eine Primärinfektion handelt.

Kapitel 5: Fortpflanzung und Entwicklung

■ Aufgabe 1

Als Generationswechsel bezeichnet man den Wechsel zwischen zwei Generationen, die sich auf unterschiedliche Weise fortpflanzen. Bei beiden Beispielen gibt es eine **erste Generation,** die männliche und weibliche Keimzellen bildet, die sich bei der Befruchtung zur Zygote vereinigen.

Im Falle des **Tüpfelfarns** bildet sich aus der befruchteten Eizelle durch mitotische Teilungen eine neue Farnpflanze, sie ist also diploid wie die Zygote. In den Sporangien, die sich bei den meisten Echten Farnpflanzen auf der Unterseite der Wedel entwickeln, bilden sich haploide Sporen. Da zur Bildung dieser Sporen eine Meiose nötig ist, werden sie auch **Meiosporen** genannt. Sporen, die sich durch Mitosen bilden, nennt man demgegenüber **Mitosporen.** Aus den Meiosporen entwickeln sich durch mitotische Teilungen kleine haploide Pflänzchen einer **zweiten Generation,** die man auch Vorkeim oder Prothallium nennt. Auf dem Prothallium entwickeln sich in speziellen Behältern, den Gametangien, männliche und weibliche **Keimzellen.** Im weiblichen Gametangium (Archegonium) wird nur eine Keimzelle (Eizelle) gebildet. Sie wird durch bewegliche männliche Keimzellen (Spermatozoiden) befruchtet, die in Antheridien gebildet werden und nach deren Reife schwimmend zu den Archegonien und Eizellen gelangen. Aus der befruchteten Eizelle entwickelt sich wieder eine neue Farnpflanze. Die Sporen bildende Generation wird auch Sporophyt, die Keimzellen oder Gameten bildende Generation Gametophyt genannt. Diese Art Generationswechsel ist typisch für alle Pflanzen. Man kann in diesem Falle nicht von geschlechtlicher und ungeschlechtlicher Fortpflanzung bzw. Generation sprechen, da die beiden Vorgänge „Keimzellenbildung und Befruchtung" und „Meiose", die die geschlechtliche Fortpflanzung ausmachen, auf beide Generationen verteilt sind.

Bei **Obelia** entstehen durch geschlechtliche Fortpflanzung aus den befruchteten Eizellen zunächst sog. Planula-Larven. Nach einer Phase als freischwimmende Planktonorganismen setzen sich die Planula-Larven fest und differenzieren sich zu einem Polypen, der sich zu einem Polypenstock aus vielen miteinander verbundenen Polypen weiter entwickelt. Nunmehr findet eine ungeschlechtliche Fortpflanzung durch Abschnürung (Knospung) von Einzelpolypen statt. In speziellen Polypen, den sog. Geschlechtspolypen, werden aber keine neuen Polypen sondern Medusen abgeschnürt. Diese Medusen stellen die zweite Generation dar. Sie bilden weibliche oder männliche Keimzellen, die jeweils ans Wasser abgegeben werden. Die Befruchtung findet im freien Wasser statt. Bei dieser Form des Generationswechsels**,** der für viele Tiere charakteristisch ist, wechselt eine ungeschlechtliche Abschnürung von mehrzelligen Vermehrungseinheiten mit einer sexuellen Fortpflanzung. Man nennt einen solchen Generationswechsel auch **Metagenese.**

■ Aufgabe 2

Da bakterielle Krankheitserreger Resistenzen gegen Antibiotika entwickeln können, die auf bestimmte Resistenzgene zurückzuführen sind, können sich solche Resistenzfaktoren in einer Bakterienpopulation durch horizontalen Gentransfer (Konjugation, Transformation, Transduktion, vgl. Lehrbuch) sehr schnell ausbreiten. Dies ist besonders gefährlich, da horizontaler Genaustausch bei Bakterien und Archäen auch zwischen verschiedenen Arten möglich ist. So können sich in Krankenhäusern, wo regelmäßig und häufig Antibiotika verabreicht werden, Resistenzfaktoren bei harmlosen Bakterien ausbilden und dann durch horizontalen Genaustausch auf Krankheitserreger übertragen werden.

■ Aufgabe 3
Sich durch Teilung vermehrende Einzeller, aber auch Vielzeller, die sich ungeschlechtlich, z. B. durch Aufteilung vermehren, kann man als potenziell unsterblich bezeichnen. Für alle Lebewesen gilt diese „potenzielle Unsterblichkeit" für die sog. Keimbahn, also die Zellenfolge, die bei der Keimesentwicklung zur Bildung neuer Keimzellen führt. Während alle Körperzellen spätestens beim Tode eines Organismus absterben, sind die Nachkommen einiger Keimzellen zu neuen Organismen geworden, die auch wieder Keimzellen ausbilden.

■ Aufgabe 4
Das Klonschaf Dolly wurde durch Kerntransfer erzeugt. Ein Schaf lieferte den Kern (aus einer Euterzelle), ein zweites Schaf die Eizelle, bei der außerhalb des Körpers der Kern entnommen und stattdessen der diploide Kern des anderen Schafs eingesetzt wurde. Diese Eizelle wurde durch geeignete Manipulation zur Teilung angeregt und schließlich wurde einem dritten Schaf der aus wenigen Zellen bestehende junge Embryo in die Gebärmutter implantiert. Genetisch identisch war Dolly danach mit Mutter Nr. 1, dem Schaf von dem der Zellkern stammt. Genaugenommen steuerte aber auch Mutter Nr. 2, welche die entkernte Eizelle lieferte, über die Mitochondriengene etwas zum Genom des neuen Lebewesens bei. Darüber hinaus wird die Entwicklung des jungen Keims von sog. Eipolaritätsgenen bestimmt, bei denen es sich ebenfalls um maternale Gene handelt. Diese führen bereits in der unbefruchteten Eizelle zu bestimmten Gradienten von mRNA bzw. Transkriptionsfaktoren und legen dadurch die Körperachsen fest.

■ Aufgabe 5
Bei einer diploiden Parthenogenese, wie man sie mittlerweile von Mäusen kennt, kommt es in der Eizelle zu einer Verdoppelung des ursprünglich haploiden Chromosomensatzes, z. B. durch Verschmelzung des zweiten Polkörperchens mit der Eizelle oder durch Verschmelzung der ersten Furchungszellen. In diesem Fall müsste der Chromosomensatz vollständig homozygot sein. Bei allen Lebewesen die aus einer bisexuellen Befruchtung hervorgegangen sind, sind die beiden Chromosomensätze einer Zelle heterozygot. Dieser Unterschied lässt sich genanalytisch relativ leicht nachweisen, indem man bestimmte Genabschnitte mit Gensonden markiert. Das sind relativ kurze, einsträngige DNA- (oder RNA-)Abschnitte, die mit bestimmten Markermolekülen (z. B. Floureszensfarbstoffe) gekoppelt sind (vgl. Kapitel 4, Aufgabe 12).

Allerdings ist nur eine weitgehende, nicht aber eine vollständige Homozygotie bei parthenogenetisch erzeugten Embryonen wahrscheinlich, da auch bei mitotischen Teilungen in geringem Umfang Chromosomenstücke an den Chromosomenenden ausgetauscht werden.

■ Aufgabe 6
1. **Furchung:** Amphibien haben Eier mit mäßig viel Dotter (mesolecithal), der am vegetativen Pol angereichert ist. Deshalb kommt es zu einer inäqualen Furchung, bei der die Zellen des animalen Pols kleiner sind als die des vegetativen Pols. Am Ende der Furchung hat sich eine Blastula („Bläschenkeim") gebildet, die bei diesem Typ nur einen kleinen inneren Hohlraum aufweist.
2. **Gastrulation:** Bei der Gastrulation der Amphibien werden die großen, dotterreichen Zellen des vegetativen Pols von den sich schneller teilenden Zellen des animalen Pols teilweise umwachsen und zum Teil über den Urmund (Blastoporus) nach innen geschoben. Der Urmund rundet sich ab und wird durch einen Dotterpfropf verschlossen. Am Ende der Gastrulation bildet das äußere Keimblatt (Ektoderm) die Außenwand des Embryos, das innere Keimblatt (Entoderm) umgibt den Urdarm. Zwischen beiden hat sich das mehrschichtige mittlere Keimblatt (Mesoderm) ausgebildet. Die Gastrulation der meisten Lurche ist ein Mittelding zwischen Invagination (wie sie z. B. für die Seeigelentwicklung typisch ist) und Epibolie (Umwachsung, z. B. Ringelwürmer).
3. **Neurulation und Bildung der Primitivorgane:** Durch eine Einsenkung des dorsalen Teils des Ektoderms entsteht das Neuralrohr. Aus dem Entoderm entwickelt sich der Urdarm und aus dem Mesoderm entstehen die Ursegmente (Somiten), die jeweils einen Hohlraum, die sekundäre Leibeshöhle (Cölom) umschließen.
4. **Organbildung:** Aus dem **Ektoderm** entwickelt sich bei Wirbeltieren die Oberhaut mit ihren Anhangsorganen, das Nervensystem (aus dem Neuralrohr) mit den Sinneszellen und das Außenskelett (bei Menschen Teile des Schädelskeletts). Aus dem **Entoderm** entwickeln sich der Mitteldarm mit den Anhangsdrüsen Leber und Bauchspeicheldrüse sowie Lungen, Kiemen und Schilddrüse. Das **Mesoderm** mit den Somiten ist Ausgangspunkt für die Entwicklung von Muskeln, Chorda, Innenskelett, Bindegewebe, Blutgefäßsystem, Lymphsystem, Ausscheidungs- und Geschlechtsorganen. Am Ende der

Embryonalentwicklung ist eine wasserlebende Larve, die Kaulquappe, entstanden, aus der durch komplexe Umwandlungsprozesse im Rahmen der Metamorphose das landlebende Amphibium entsteht.

■ Aufgabe 7

1. Im ersten Fall (linke Abb.) dringt das Signalmolekül durch die Zellmembran in das Cytoplasma ein und bindet an einen Transkriptionsfaktor, der dadurch aktiviert wird und ein entsprechendes Gen im Zellkern „anschaltet". Im zweiten Fall bindet das Signalmolekül an ein entsprechendes **Rezeptorprotein,** das durch die Zellmembran hindurch ragt. Dadurch kann die Information ins Zellinnere geleitet werden. Durch die Bindung mit dem Signalmolekül verändert sich das Rezeptormolekül so, dass es an dem auf der Innenseite der Zellmembran liegenden Teil mit einem weiteren Molekül reagiert. Durch eine mehr oder weniger lange Reaktionskette wird das Signal bis zu einem Transkriptionsfaktor im Zellkern weitergegeben. Bei diesem Übertragungsweg sind eine Reihe weiterer Proteine beteiligt, die jeweils in einem aktiven und in einem inaktiven Zustand existieren. (Das erste aktivierte Protein aktiviert das zweite usw.)
2. Da nur fettlösliche Moleküle die Zellmembran ohne Schwierigkeiten passieren können, muss es sich bei den Signalstoffen des ersten Typs um fettlösliche Moleküle handeln (z. B. Steroidhormone).
3. Da beim zweiten Signalweg außer dem Signalmolekül mindestens ein Rezeptormolekül in der Zellmembran und ein weiteres Protein im Zellinneren zur Übertragung des Signals notwendig sind, kann sowohl eine Mutation, die zur Veränderung des Rezeptormoleküls führt, als auch eine Mutation, die zur Veränderung des Transkriptionsfaktors im Inneren führt, denselben phänotypischen Effekt haben. Meist geht die Übertragung bis zum Transkriptionsvorgang im Zellkern über wesentlich mehr Stufen, sodass entsprechend mehr Mutanten denselben Phänotyp bewirken können.

■ Aufgabe 8

Die maternalen Gene des Eies regulieren als Erstes die nachfolgend wirkenden Mastergene des Embryos, z. B., indem sie, wie in der Zeichnung dargestellt, zwei Gene anregen und ein Gen hemmen. Durch diese Gene entsteht nun ein Konzentrationsmuster, wie es in Abbildung b dargestellt ist. Durch weitere, einem anderen Muster folgende Förderung und Hemmung, kommt es zur Konzentrationsverteilung der Transkriptionsfaktoren E und D, wie in Abbildung c dargestellt. Ein weiteres Muster aus Aktivität und Hemmung führt zu der in Abbildung d dargestellten Verteilung und schließlich zu einem molekularen Vormuster, das schon an die spätere Metamerie, d. h. die segmentale Gliederung von *Drosophila* erinnert.

■ Aufgabe 9

Unter „gefüllten Blüten" versteht man normalerweise Blüten, bei denen die Anzahl der Kronblätter mehr oder weniger stark vermehrt ist. Die Wirkungsweise der Organidentitätsgene kann man sich so vorstellen, dass die Gene A, B und C jeweils Untereinheiten von Transkriptionsfaktoren kodieren, die als Dimere aktiv sind. Man kann in diesem Fall von einer **kombinatorischen Genregulation** sprechen. Die Zusammensetzung des Dimers entscheidet darüber, welche anderen Gene von dem Transkriptionsfaktor aktiviert werden. Besteht im Beispiel ein Transkriptionsfaktor nur aus A, werden Kelchblätter produziert, besteht er aus A und B, bilden sich Kronblätter aus, besteht er aus B und C, werden Staubblätter gebildet und besteht er nur aus C, entstehen Fruchtblätter. Wenn nun durch eine Mutation der Transkriptionsfaktor, der normalerweise Gen C aktiviert, Gen A aktiviert, bilden sich statt Staubblättern Kronblätter aus. Bei Blüten mit zahlreichen Staubblättern, wie dies z. B. für Rosen charakteristisch ist, kann es so zur typischen „Blütenfüllung", also zur Bildung einer großen Zahl von Kronblättern kommen.

Kapitel 6: **Evolution und biologische Vielfalt**

■ Aufgabe 1

Bei geeigneten Voraussetzungen müsste eine Lebensentstehung aus Unbelebtem jederzeit möglich sein. Für die derzeitigen Bedingungen auf der Erde kann man dies jedoch weitgehend ausschließen, da die entsprechende chemische Evolution, die einer biologischen Evolution vorausgehen müsste, nicht zuletzt wegen der überall vorhandenen Lebewesen in der Biosphäre nicht stattfinden könnte. Die energiereichen organischen Verbindungen hätten nur eine geringe Lebensdauer, da sie sofort von Lebewesen genutzt würden. Auch der hohe Sauerstoffgehalt von Atmosphäre, Hydrosphäre und Geosphäre würde eine solche Entwicklung verhindern, da komplexere Lebensstufen sehr schnell oxidativ abgebaut würden.

■ Aufgabe 2

1. Es treten **Mutationen** und **Rekombinationen** auf (1). Es ist anzunehmen, dass die Rekombination bei der Bereitstellung der genetischen Vielfalt in einer Population eine große Rolle spielt. Die Reproduktionsraten der Individuen in einer Population sind unterschiedlich (2). So kommt es zur **„natürlichen Zuchtwahl"** oder **„Anpassungsselektion"**. Die Indi-

viduen, die in ihrer Umgebung am besten zurecht kommen, haben die meisten Nachkommen, und diese Nachkommen tragen ihre Gene.

Die Population besteht aus einer endlichen Zahl von Individuen. Dies bedeutet, dass Zufallsereignisse über die Weitergabe von Genen von einer Generation zur nächsten entscheiden können. Z. B. kann durch eine Naturkatastrophe eine große Anzahl von Individuen einer Generation vernichtet werden. Deren Gene stehen dann für die Weitergabe nicht mehr zur Verfügung. Aber auch der große Überschuss an Keimzellen, von denen immer nur eine relativ kleine Anzahl zur Befruchtung beiträgt, führt bei endlichen Populationen zur **Zufallsselektion** oder „Gendrift" (3).

Es findet eine Einkreuzung aus fremden Populationen statt **(Genfluss, Migration)**. Normalerweise sind Populationen, also Individuengruppen, die sich sexuell miteinander fortpflanzen, genetisch nicht vollständig isoliert. Es kommt ständig zu Einwanderungen von Individuen aus Nachbarpopulationen und damit auch zur Einwanderung von Genen und Allelen (4). Die Paarungschancen für verschiedene mögliche Paare sind unterschiedlich (5), d. h. Teile einer Population sind von anderen Teilen mehr oder weniger stark isoliert **(Isolation)**. Hierunter fallen alle Hemmnisse, die den Genfluss innerhalb einer Population einschränken. Dies können geografische Barrieren sein, ebenso aber auch morphologische, verhaltensbiologische oder ökologische.

2. Reproduktive Isolation bedeutet, dass genetisch voneinander isolierte Teilpopulationen entstehen. Dies kann dazu führen, dass die jeweiligen Populationen sich so verändern, dass die Individuen der beiden Populationen sich nicht mehr miteinander fortpflanzen können. Bei einer geografischen Isolation, etwa durch Inselbildung oder Gebirgsbildung, Vulkanausbrüche o. Ä. wird der Genaustausch zunächst nur durch geografische Barrieren verhindert. Anschließend entwickeln sich die Populationen unterschiedlich, was dazu führen kann, dass keine Fortpflanzung zwischen den Individuen der verschiedenen Populationen mehr möglich ist. In diesem Falle sind zwei Arten entstanden **(allopatrische Artbildung)**. Bei der **sympatrischen Artbildung** kommt es zunächst zur Ausbildung von Reproduktionsbarrieren, z. B. aufgrund von Verhaltensänderungen oder Anpassungen an veränderte ökologische Gegebenheiten und dadurch zu einer reproduktiven Isolation.

■ **Aufgabe 3**

Je geringer die Individuenzahl einer Population, desto größer ist der Einfluss zufälliger Ereignisse auf ihre Genzusammensetzung bzw. auf die Zahl der Nachkommen einer Generation. Werden z. B. bei einer Überflutung 100 Individuen einer Population getötet, die aus einer Million Individuen besteht, so hat dies kaum einen Einfluss auf den gesamten Genpool der Population. Besteht die Population aber nur aus 1000 Individuen, so sind immerhin 10 % aller Gene betroffen.

■ **Aufgabe 4**

Mit der Vernichtung von Unterarten wird der Evolutionsfaktor der Migration eingeschränkt und damit die Plastizität der Arten und ihre Anpassungsfähigkeit an sich ändernde Umweltbedingungen eingeschränkt. Ein Massenverlust von Arten, wie er in der Erdgeschichte mehrmals auftrat und wie er derzeit, durch menschlichen Einfluss verursacht, beobachtet werden kann, hat in der Erdgeschichte häufig zu einer adaptiven Radiation, also zu einer sehr starken evolutiven Aufspaltung anderer, vorher nur in geringer Artenzahl vorhandener Verwandtschaftsgruppen geführt.

■ **Aufgabe 5**

1. Die Lactose-Toleranz durch die lebenslange Produktion von Lactase hat sich erst im Zusammenhang mit der Domestizierung von Haustieren und der Nutzung ihrer Milch entwickelt. Speziell bei Bevölkerungen in gemäßigten Klimaten gab es vermutlich einen starken Selektionsdruck zum Erhalt der Lactasefunktion. Der Vorteil, der sich daraus ergibt, wenn man Frischmilch als Nahrungsmittel verwenden kann, besteht in der Versorgung mit Nährstoffen, Mineralstoffen und Wasser, auch in Jahreszeiten, in denen andere landwirtschaftliche Produkte knapp sind.
2. Die neue „ökologische Nische" ist die des Milchwirtschaft betreibenden Viehzüchters.

■ **Aufgabe 6**

1. Korallenpolypen enthalten in ihrem Gewebe eingeschlossene endosymbiotische Algen, auf deren Fotosyntheseprodukte sie angewiesen sind. Durch hohe Temperaturen (über 30 °C) werden zunächst die Endosymbionten geschädigt und ausgeschieden, dann sterben auch die Polypen ab und die weißen Kalkskelette bleiben übrig.
2. Es wäre z. B. denkbar, dass temperaturresistentere Mutanten, die bei höheren Temperaturen einen Selektionsvorteil haben, die Oberhand gewinnen, oder dass die frei werdende ökologische Nische durch andere Arten, auch aus ganz anderen Verwandtschaftsgruppen, besetzt wird.

■ **Aufgabe 7**

Lebende Fossilien sind rezente Organismen, die über lange geologische Zeiträume (Mio. von Jahren) weitgehend unverändert geblieben sind. Sei es, weil sich ihr

Lebensraum wenig verändert hat oder sei es, weil kein Selektionsdruck durch mögliche Feinde oder Konkurrenten ausgeübt wurde.

Beispiele sind: **Pfeilschwanzkrebs** *(Limulus polyphemus)*, ein Gliederfüßer, der in seiner heutigen Gestalt weitgehend seinen mehr als 200 Mio. Jahre alten Vorfahren gleicht. **Quastenflosser** *(Latimeria chalumnae)* galten bis zu ihrer Entdeckung 1938 als seit mehr als 60 Mio. Jahren ausgestorben. Ihre Blütezeit hatten sie im Erdaltertum vor mehr als 300 Mio. Jahren. *Latimeria chalumnae* unterscheidet sich im Aussehen kaum von seinen 300 Mio. Jahre alten Vorfahren. Weitere Beispiele sind das Perlbot *(Nautilus)*, die Brückenechse *(Sphenodon)* und das Schnabeltier *(Ornithorhynchus anatinus)*.

Auch unter den Pflanzen gibt es lebende Fossilien: Der **Ginkgobaum** *(Ginkgo biloba)* aus der weiteren Verwandtschaft der Nadelgehölze ist der einzige Überlebende einer ebenfalls im Erdmittelalter und bis ins Tertiär weit verbreiteten Nacktsamergruppe. Lebende Fossilien bei den Nadelgehölzen sind u. a. die Mammutbäume *(Sequoia, Sequoiadendron)* und die Araukarien *(Araucaria)*.

■ **Aufgabe 8**

Die fünfstrahlige Vorderextremität ist für Säugetiere ein ursprüngliches (plesiomorphes) Merkmal, das sie mit anderen Landtetrapoden gemeinsam haben. Die zweistrahlige Vorderextremität ist ein abgeleitetes (apomorphes) Merkmal. Deshalb sind die Arten mit der zweistrahligen Vorderextremität näher miteinander verwandt als mit anderen Säugetieren, die dieses Merkmal nicht haben. Allerdings muss man ausschließen können, dass sich das Merkmal parallel mehrfach aus dem ursprünglichen Merkmal entwickelt hat.

■ **Aufgabe 9**

Zumindest die Klasse der Fische und die Klasse der Reptilien, eventuell auch die Amphibien, sind paraphyletische Taxa, da sie nur einen Teil der von der Stammart abstammenden Folgearten enthalten.

Begründung: Alle Landtetrapoden stammen von Fischen ab und alle Vögel und Säugetiere stammen von Reptilien ab. Reptilien wiederum hatten amphibienartige Vorfahren. Monophyletische Taxa sind die Säugetiere und die Vögel, da sie sämtliche von der Stammart abstammenden Arten enthalten.

■ **Aufgabe 10**

Durch die aufrechte Fortbewegung auf zwei Beinen werden die Vordergliedmaßen frei zur Manipulation von Gegenständen, d. h. beim Gehen können Objekte getragen werden. Zudem gelangen die Augen in eine höhere Position. Das verbessert die Möglichkeit, über eine hohe Vegetation hinweg (Steppe, Savanne) nach Beute und Feinden Ausschau zu halten. Aufrechte Haltungen kennt man auch von Grasländer bewohnenden Tiere, z. B. Zieseln und Erdhörnchen. Weiterhin ist bei Schrittgeschwindigkeit die Fortbewegung energetisch sehr viel ökonomischer als auf vier Beinen. In den Lebensräumen Afrikas, in denen sich vor sieben bis vier Mio. Jahren die *Australopithecinen* entwickelten, breiteten sich in diesem Zeitraum klimatisch bedingt Savannen auf Kosten der Regenwälder aus. Damit bot die aufrechte, bipede Lebensweise eindeutige Vorteile gegenüber dem Lebensformtyp „Schwinghangler", der für Wald bewohnende Affen typisch ist, aber auch gegenüber vierfüßiger Fortbewegung auf dem Boden.

■ **Aufgabe 11**

Aufgrund der Distanzdaten sind Mensch und Schimpanse die nächsten Verwandten, mit diesen beiden ist der Gorilla näher verwandt als der Orang-Utan. Daraus könnte folgendes Kladogramm (Stammbaum, der nur die Verwandtschaftsbeziehungen wiedergibt) konstruiert werden:

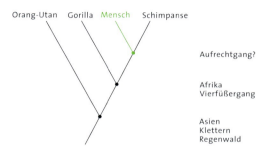

■ **Aufgabe 12**

Vergleicht man die Mitochondrien-DNA, so erhält man einen Stammbaum, der auf rein weiblicher Vererbung beruht. Man kommt durch diese Untersuchungen zu einer Stammmutter („Eva"), die vor etwa 200 000 Jahren in Afrika lebte. Dies heißt allerdings nicht, dass in der Ahnenlinie der heutigen Menschen nicht auch andere Frauen zu finden wären. Sie haben sich aber nur über männliche Nachkommen in den heutigen Genpool eingebracht.

Kapitel 7: Verhaltensbiologie

■ **Aufgabe 1**

1. Die Wanderwege der Zugvögel wurden durch Individualmarkierung mithilfe von Aluminiumringen (Beringung) erforscht. Die Vögel werden systematisch von Vogelwarten und von geschulten Beringern (z. T. noch als Nestlinge) gefangen und es wird

ein Aluminiumring mit Daten zum Fang- und Entlassort am Bein des Vogels befestigt. Wenn bei Wiederfang oder bei Wiederfund die Daten an die Vogelwarte oder den Beringer zurückgemeldet werden, können daraus Rückschlüsse über den Wanderweg gezogen werden. Moderne Methoden der Vogelzugbeobachtung sind z. B. Radarortungen. Damit können auch Vogelschwärme, die in sehr großer Höhe ziehen, geortet werden.
2. Um festzustellen, ob ein Verhalten angeboren oder erlernt ist, gibt es prinzipiell zwei Möglichkeiten.
    1. Ausschalten der Lernmöglichkeiten, z. B. durch isolierte Aufzucht („Kaspar-Hauser-Versuch")
    2. Kreuzungsversuche, bei denen Tiere mit unterschiedlichen Verhaltensausprägungen gekreuzt werden und man dann feststellt, inwieweit das Verhalten der Nachkommen den Vererbungsregeln entspricht. Bei Zugvögeln hat man z. B. die Möglichkeit, die Jungen frühzeitig ohne Eltern aufzuziehen und dann die Entwicklung der Zugbereitschaft, die Zugrichtung und schließlich auch das gesamte Zugverhalten zu untersuchen. Die Frage, ob das Zugverhalten angeboren oder erlernt ist, lässt sich in mehrere Teilfragen aufgliedern: Einmal geht es darum, ob der Zugtrieb an sich etwas Erlerntes ist und dann darum, inwieweit die mit dem Zugverhalten zusammenhängenden Verhaltensmerkmale angeboren oder erlernt sind. Dies sind v. a. Erkennen des richtigen Zeitpunkts für den Zugbeginn, Zugrichtung und Orientierung während des Zuges.

■ Aufgabe 2
Bei Zebrafinken gibt es während der Jugendentwicklung eine sensible Phase, in der sie sexuell geprägt werden. Normalerweise werden sie in dieser Phase von ihren Eltern betreut und dadurch werden sie auch wieder auf Zebrafinken geprägt. Werden Zebrafinken jedoch von einer anderen Vogelart, wie im Beispiel von Mövchen, aufgezogen findet eine „falsche" sexuelle Prägung statt.

■ Aufgabe 3
Die Erdkröte reagiert auf einen bestimmten Schlüsselreiz mit einem angeborenen Auslösemechanismus, der sich in ungerichtetes Suchen, Orientierungsreaktion und plötzliches Zuschnappen gliedern lässt. Normalerweise wird eine Wespe bei einer Erdkröte als Schlüsselreiz wirken und dieses Verhalten auslösen. Hat die Kröte jedoch mit einer stechenden Wespe unangenehme Erfahrungen gemacht, kann der angeborene Auslösemechanismus durch Erfahrung verändert werden (EAAM). Nur deshalb funktioniert z. B. Mimikry. In unserem Beispiel würde die Kröte nach der unangenehmen Erfahrung vermutlich auch eine entsprechend gefärbte Schwebfliege nicht fangen.

■ Aufgabe 4
1. Bei dem von Pawlow beschriebenen Verhalten des Hundes handelt es sich um eine bedingte Reaktion. Der Hund kombiniert unterschiedliche Reizsituationen und verändert dadurch angeborene unbedingte Handlungen. Dies nennt man auch klassische Konditionierung.
2. Es handelt sich allerdings nicht um einen einfachen bedingten Reflex, denn der Speichelfluss (und auch die Magensekretion) tritt bei Erscheinen des Lichtsignals nur auf, wenn das Tier hungrig ist. Ein einfacher bedingter Reflex würde aber in jedem Fall bei Erscheinen des Lichtsignals ausgelöst.

■ Aufgabe 5
1. Das Betteln von Haustieren ist ein typischer Fall von operanter oder instrumenteller Konditionierung. Die Tiere lernen durch Versuch und Irrtum, dass bestimmte, zunächst eher zufällige Handlungen (z. B. vor dem Tisch sitzen) positive Folgen haben können (sie bekommen etwas vom Essen).
2. Man kann einem Hund das Betteln abgewöhnen, wenn man „seinen Wünschen" nie nachkommt, d. h. ihm ganz konsequent nichts mehr gibt. Denn bedingte Aktionen können ebenso wie bedingte Reaktionen auch wieder gelöscht werden (Extinktion).

■ Aufgabe 6
Dem Beutefangverhalten der Erdkröte liegt ein durch Erfahrungen veränderbarer angeborener Auslösemechanismus zugrunde. Hat die Erdkröte auf diese Art und Weise gelernt, dass ein Schlüsselreiz – z. B. eine Wespe als Beutetier – unangenehme Folgen hat, funktioniert die Wespe nicht mehr als Schlüsselreiz für die Auslösung des Beutefangverhaltens. Ähnlich aussehende andere Insekten werden ebenso gemieden. So wird eine Erdkröte nach unangenehmer Erfahrung mit einer Wespe i. A. auch keine Schwebfliege fangen, die eine ähnliche Zeichnung aufweist wie die Wespe. In diesem Fall handelt es sich um **batessche Mimikry,** da eine ungefährliche Art eine gefährliche Art nachahmt. Die Erfahrung, die die Kröte mit einer Wespenart gemacht hat, wird aber auch dazu führen, dass sie andere gefährliche Wespenarten meidet. In diesem Falle profitieren alle Wespenarten von ihrer ähnlichen Warntracht **(müllersche Mimikry).**

■ Aufgabe 7
Das „Hassen" vieler Vogelarten gegen mögliche Beutegreifer ist weit verbreitet. Dabei fliegen die hassenden Vögel Scheinangriffe, geben Alarm- und Warnrufe ab, einige Vogelarten schießen auch gezielt ihre Exkre-

mente oder Erbrochenes auf den Gegner. Da viele Greifvögel bei ihrem Beutegreifverhalten einen gewissen Überraschungseffekt ausnutzen, werden sie durch das Hassverhalten stark beeinträchtigt. Denn ist ein Beutegreifer auf diese Art und Weise erst einmal entdeckt, wird er auch von allen möglichen anderen Beutetieren bemerkt, so auch von solchen, die vielleicht noch unerfahren sind und sich deshalb nicht vorsichtig verhalten würden. Das anhaltende Hassen ist dem Beutegreifer zudem sehr lästig und er wird versuchen ihm zu entkommen. Demgegenüber haben die angreifenden Vögel ein nur geringes Risiko, da sie allein durch ihre große Zahl einen Angriff des Beutegreifers erschweren. Zum Hassen oder Mobben gehört auch eine innere Motivation. So sind Hassreaktionen besonders ausgeprägt während der Brutzeit, wenn Jungvögel von einer großen Anzahl von Beutegreifern bedroht werden. Außerdem hat das Hassverhalten auch eine Lernkomponente. Vögel können die Hassreaktion gegen alle möglichen Objekte richten, auch wenn diese ihnen eigentlich nicht gefährlich werden können. Auslöser kann z. B. das Hassen anderer Vögel gegen diese Objekte sein.

■ Aufgabe 8
1. Die jährliche Neubildung der Geweihe der Hirsche bedeutet eine große Belastung des Gesamtstoffwechsels. Ihr enormes Gewicht verlangt darüber hinaus eine starke Nackenmuskulatur und bedeutet für die Geweihträger nicht nur einen ständigen Aufwand an Muskelarbeit sondern auch eine gewisse Schwerfälligkeit und z. B. eine Beeinträchtigung bei einer Fluchtreaktion vor Beutegreifern. Eine Erklärung für solche Exzessivorgane fand schon DARWIN. Normalerweise kommen bei Hirschen die Geweihe nur im männlichen Geschlecht vor. Während der Brunft kommt es zu Kommentkämpfen zwischen männlichen Hirschen, bei denen die Größe des Geweihs eine entscheidende Rolle spielt. Als „Platzhirsch" kann sich nur derjenige behaupten, der ein großes, gut ausgebildetes Geweih hat und nur er kann die empfängnisbereiten Hirschkühe des Rudels begatten. Auf diese Weise wird das Exzessivorgan Geweih durch „sexuelle Selektion" begünstigt.
2. Weitere Beispiele für Exzessivorgane, die im Dienst der sexuellen Selektion stehen sind u. a. die Schwanzfedern des männlichen Pfaus. Sie sind beim Flug hinderlich, bei der Balz jedoch sehr wichtig. Die riesigen geweihförmigen Mandibeln männlicher Hirschkäfer sind eine unnötige Behinderung für ihre Träger, aber auch hier gibt es Kommentkämpfe, die Käfern mit großen Mandibeln zu größeren Chancen bei Weibchen verhelfen. Besondere Färbungen und Farbmuster werden ebenfalls durch sexuelle Selektion begünstigt, auch wenn sie andererseits ihre Träger auffälliger machen und dadurch die Gefahr erhöhen, dass sie durch Beutegreifer gefasst werden.

Kapitel 8: Ökologie

■ Aufgabe 1
Pflanzen trockener Standorte müssen, um ihre Wasserbilanz auszugleichen, die Wasserabgabe möglichst niedrig und die Wasseraufnahme möglichst hoch halten. Dazu haben sie folgende Möglichkeiten:
1. Erhöhung des Transpirationswiderstandes an der Pflanzenoberfläche u. a. durch Verdickung der Cuticula und der äußeren Zellwände, Einsenkung der Spaltöffnungen, Behaarung der Oberfläche, Wachsüberzüge, Schuppen, Stellung der Blätter zur Sonne.
2. Verminderung der transpirierenden Oberfläche durch Verkleinerung und Verdickung der Blätter, Verlust von Blättern (Rutensträucher), Blatt- oder Stammsukkulenz, im Extremfall bis zur Kugelform (z. B. Kakteen).
3. Erhöhung der Aufnahmefähigkeit durch Wurzeln, z. B. durch Erhöhung des osmotischen Druckes in den Zellen der Rhizodermis und der Wurzelrinde, durch Vermehrung der wurzelhaarreichen Endverzweigungen der Wurzel oder durch besonders tief reichende Wurzeln
4. Physiologische Anpassungen, z. B. derart, dass die Spaltöffnungen tagsüber geschlossen bleiben und nachts bei geöffneten Spaltöffnungen CO_2 aufgenommen wird, das als organische Säure gespeichert wird (CAM-Pflanzen). Auch C_4-Pflanzen kommen aufgrund ihres besonderen Fotosynthesemechanismus mit weniger Wasser aus (S. 24).

■ Aufgabe 2
Zum einen sind viele Pflanzenarten, die keine besondere Präferenz für hohe Nitratgehalte des Bodens haben, meist nicht so wuchskräftig wie nitrophile Arten. Sie werden deshalb bei sonst gleichen Bedingungen von diesen verdrängt. Zum anderen sind viele nitrophile Arten euryök hinsichtlich anderer Standortfaktoren, z. B. der Bodenreaktion. Sie können deshalb z. B. an sauren Standorten Kalk liebende Arten verdrängen, wenn das Stickstoffangebot ausreichend groß ist.

■ Aufgabe 3
Ein Revier ist ein Gebiet, das von einem Individuum mithilfe agonistischer Verhaltensweisen gegen Artgenossen, in manchen Fällen auch gegen andere Arten, verteidigt und besetzt wird. Meist sind Reviere ortsfest und ihre Größe ist insbesondere von der Menge der

verfügbaren Ressourcen anhängig. Individualreviere werden nur von einem Individuum bewohnt, Gruppenreviere von mehreren Tieren. Nach der Funktion werden Reviere für Jagd oder Nahrungssuche, Schlaf-, Balz-, Paarungs- oder Brutreviere unterschieden.

Beispiel 1: Amselpärchen bilden zur Brutzeit im Frühjahr Reviere, die vor allem durch den Gesang der Amselmännchen und deren agonistisches Verhalten abgegrenzt und verteidigt werden. Die Reviere sind so groß, dass sie für die Aufzucht der Brut ausreichen. Durch die Revierbildung wird verhindert, dass ein Überbesatz entsteht und die Umweltkapazität für die Art Amsel deutlich überschritten wird.

Beispiel 2: Wölfe leben normalerweise in einem Rudel, das aus einem Familienverband besteht und zwar aus dem Elternpaar und den vorjährigen und diesjährigen Jungtieren. Die Reviere, die ein solches Wolfsrudel besetzt, können 150 bis 300 km^2 groß sein. Auch hier wird durch die Revierbildung eine Überpopulation verhindert.

■ **Aufgabe 4**
1. Nahrungsketten stellen Energie- und Stoffflüsse in Ökosystemen dar.
Mögliche Nahrungskette im Meer: einzellige Alge, Zooplankton, Hering, Kabeljau, Seehund
Mögliche Nahrungskette im Süßwasser: einzellige Grünalge, Wasserfloh, Plötze, Hecht, Mensch
Mögliche Nahrungskette auf dem Land: Eichenspanner (Schmetterlingsraupe), Kohlmeise, Sperber
In artenreichen Lebensgemeinschaften sind zahlreiche Nahrungsketten zu Nahrungsnetzen verknüpft. Die jeweils zustande kommenden Nahrungsketten können stark variieren und es kommt häufig auch zur Einbeziehung von Destruenten.
2. Die mögliche Länge der Nahrungsketten ist vom Umfang der Primärproduktion abhängig. Bei einer auf die Fläche bezogenen geringen Primärproduktion wie in einer Wüste müssten die Reviere der Konsumenten höherer Ordnung sehr groß sein, damit sie noch genügend Nahrung erhalten können.
3. Da mit jeder trophischen Ebene etwa 90 % der Energie verloren gehen, können auf gleicher Fläche weit mehr pflanzliche als tierische Nahrungsmittel produziert werden.

■ **Aufgabe 5**
1. Algen sind Primärproduzenten, d. h., bei Algen-Aquakulturen werden die eingesetzten Rohstoffe und die eingestrahlte Energie am besten genutzt. Bei allen anderen Kulturen handelt es sich um Konsumenten, bei Krebsen und noch mehr bei Fischen zudem häufiger um Konsumenten höherer Ordnung. Muscheln als Filtrierer sind überwiegend Konsumenten erster Ordnung und man kann deshalb i. A. davon ausgehen, dass ihre Produktivität in Beziehung zur Primärproduktion relativ hoch ist. Bei Aquakulturen von Raubfischen, wie Lachsen oder Forellen, werden i. d. R. tierische Futtermittel eingesetzt. Energetisch betrachtet handelt es sich also immer um Konsumenten höherer Ordnung. Dass sich dies derzeit wirtschaftlich trotzdem lohnen kann, liegt daran, dass häufig billige Schlachtabfälle zur Fütterung eingesetzt werden.
2. In einem Forellenteich müssen die Forellen mit tierischen Futtermitteln gefüttert werden, zu deren Produktion schon relativ viel Primärenergie notwendig war. Karpfen sind demgegenüber „Friedfische", d. h., sie ernähren sich außer von Kleintieren auch von Algen und Pflanzen. Deshalb wird die Primärproduktion bei einer Karpfenkultur besser ausgenützt als bei einer Forellenkultur.

■ **Aufgabe 6**
1. Als Saprovoren werden Lebewesen bezeichnet, die sich von organischen Abfällen ernähren, aber vorwiegend auch organische Stoffe abgeben. Solche Abfallfresser sind z. B. Regenwürmer, Asseln, viele Springschwänze und andere Bodenarthropoden. Als Mineralisierer bezeichnet man demgegenüber Lebewesen, die organische Stoffe zu anorganischen Stoffen reduzieren bzw. abbauen. Diese Bezeichnung „Reduktion" stimmt nicht mit dem chemischen Begriff überein, denn in der Regel handelt es sich bei solchen Abbaureaktionen chemisch gesehen um Oxidationen. Typische Reduzenten sind z. B. Bakterien, etwa solche, die Eiweißstoffe und Aminosäuren zu Ammoniak abbauen, sowie Pilze.
2. In gewissem Umfang sind die meisten Lebewesen auch Mineralisierer, selbst Primärproduzenten. Auch Pflanzen bauen bei der Zellatmung organische Stoffe, z. B. Glucose, zu Wasser und Kohlenstoffdioxid ab. Alle Konsumenten haben ein Exkretionssystem, mit dem sie insbesondere überschüssigen Stickstoff aus dem Abbau der Proteine in Form von Harnstoff, Harnsäure oder Ammoniak ausscheiden. Auch andere Mineralstoffe werden mit dem Harn und mit dem Schweiß abgegeben.

■ **Aufgabe 7**
Die zonale Gliederung der Biosphäre in verschiedene Biome ist weitgehend klimaabhängig. Die Klimazonen sind aber auf dem Land wesentlich ausgeprägter als im Meer, da das Wasser ausgleichend auf die Temperatur wirkt. Dies wird durch Meeresströmungen noch verstärkt und außerdem spielen andere saisonale Veränderungen, etwa stark schwankende Niederschläge, im Meer keine Rolle. Insbesondere die Tiefseebereiche unterscheiden sich hinsichtlich der geografischen Breite überhaupt nicht. Lediglich in den Flachmeerregionen

und über den Kontinentalschelfen wirken sich die zonalen Klimaregionen auch stärker auf die Meeresbiome aus. So sind z. B. Korallenriffe weitgehend, aber nicht vollständig, auf die subtropischen und tropischen Meere begrenzt.

■ Aufgabe 8

Bei den heute vorkommenden Regenwäldern, insbesondere der tropischen Regionen, handelt sich fast durchweg um sehr alte Ökosysteme, in denen ständig kleine mosaikartige Sukzessionen ablaufen, die durch das Zusammenbrechen einzelner oder weniger Bäume, durch sporadische Überflutung und Bergrutsche oder Ähnliches zustande kommen. Im Laufe dieser kleineren Sukzessionen kommt es zu einer stetigen Veränderung und Anpassung und damit auch zu einer Diversifizierung der Arten, die sich aber über Jahrtausende und zum Teil wahrscheinlich sogar über Jahrmillionen erstreckt. Bei kurzfristiger Wiederbewaldung einer gerodeten Fläche durch „Pionierarten" gewinnen i. d. R. wenige schnellwüchsige und gut an diese Situation angepasste Arten rasch die Oberhand und verhindern eine größere Artenvielfalt. Zusätzliche Biotopveränderungen – etwa durch Bodenerosion – tragen ebenfalls dazu bei, dass eine Regeneration höchstens in sehr langen Zeiträumen möglich ist.

■ Aufgabe 9

1. Das Beispiel zeigt, dass in diesem Fall die Prädatorenpopulation von der Beutepopulation reguliert wird (Top-up-Regulation). Eine Zunahme der Hasenpopulation führt infolge der sich daraus ableitenden besseren Ernährungssituation auch zu einer Zunahme der Luchspopulation. Beim Ausschluss weiterer Faktoren könnte man natürlich auch von einem „Regelkreis" ausgehen. Die Zunahme der Luchse führt wieder zu einer Reduktion der Hasen und diese wieder zu einer Reduktion der Luchse usw. Dies würde allerdings voraussetzen, dass die übrigen Lebensbedingungen für die Entwicklung der Hasen konstant bleiben, also z. B. ihr Nahrungsangebot, mögliche Brutplätze usw. und dass sie auch von keinem anderen Beutegreifer gefressen werden. Dies gilt auch für die Luchse.
2. Sobald sich Luchse auch noch von anderen Tieren, wie etwa Eichhörnchen oder verschiedenen Paarhufern, Hirschen, Rehen usw. ernähren, kann man keine so eindeutigen Verhältnisse mehr erwarten. Umgekehrt kann man aus den vorliegenden Auszählergebnissen darauf schließen, dass Schneehasen tatsächlich die weitaus wichtigsten Nahrungstiere für die Luchse in Kanada darstellen.

■ Aufgabe 10

1. Beim Verbrennen von großen Holzmengen wird in kurzer Zeit viel Kohlenstoffdioxid (CO_2) freigesetzt. Zusätzlich werden durch solche Brände große Waldflächen vernichtet und die Folgevegetation assimiliert i. d. R. weniger CO_2 als die vorher vorhandene Primärvegetation.
2. Dieser zweitgenannte Punkt gilt auch für das Abholzen von Urwäldern. Da in der Folge häufig durch Weidewirtschaft, Landwirtschaft und der damit verbundenen Bodenerosion Ökosysteme mit deutlich geringerer Primärproduktion entstehen, führt die Vernichtung primärer Urwälder in aller Regel zur Verminderung der CO_2-Bindung. Häufig wird bei dem Roden der Wälder zur Nutzholzgewinnung auch ein Teil des Abraums verbrannt. Schließlich kommt es darauf an, was mit dem gerodeten Holz weiter passiert. Soweit es verbrannt wird, steigt damit der CO_2-Gehalt. Wenn es als Nutzholz weiterverarbeitet wird, bleibt der Kohlenstoff vorerst gebunden und hat kurzfristig keinen Einfluss auf den CO_2-Gehalt der Atmosphäre.
3. Heranwachsende Bäume binden besonders viel Kohlenstoff. Da es Jahrzehnte oder sogar Jahrhunderte dauert, bis die Bäume absterben und natürliche Zersetzungsprozesse den Kohlenstoff als Kohlenstoffdioxid wieder freisetzen, könnten massive Aufforstungen den Klimawandel durchaus bremsen. Da langfristig die so aufgebaute Biomasse jedoch auch wieder abgebaut wird, wäre dies nur eine vorübergehende Lösung.

Lösungen Trainingsklausuren

Klausur 1

■ Aufgabe 1

1. Ribulose-1,5-bisphosphat kann mithilfe des Enzyms Ribulose-1,5-bisphosphat-Carboxylase ein Kohlenstoffdioxidmolekül anlagern und sich dann in zwei Moleküle Phosphoglycerat bzw. Phosphoglycerinsäure aufspalten. Diese Reaktion ist Teil der lichtunabhängigen Reaktionen der Fotosynthese, des Calvin-Zyklus. Bei diesem Zyklus werden jeweils aus zwölf Phosphoglyceratmolekülen wieder sechs Moleküle Ribulose-1,5-bisphosphat und ein Molekül Glucose aufgebaut, in der Bilanz also aus sechs CO_2 ein $C_6H_{12}O_6$. Dabei werden 18 ATP und zwölf NADPH + H$^+$ genutzt, die bei den lichtabhängigen Reaktionen der Fotosynthese gebildet wurden. Das Enzym Rubisco kann aber auch als Oxygenase wirken und in diesem Fall wird an das Ribulose-1,5-bisphosphat ein Sauerstoffmolekül angelagert. Darauf spaltet sich das aus fünf C-Atomen bestehende Molekül in ein aus drei C-Atomen bestehendes Phosphoglycerat und ein aus zwei C-Atomen bestehendes Phosphoglykolat.
2. Das Beispiel zeigt, dass sowohl die Aussage, dass Enzyme substratspezifisch sind als auch, dass sie wirkungsspezifisch sind, nicht absolut gültig ist. Beim Enzym Rubisco ist zwar in beiden Fällen das Ribulose-1,5-bisphosphat das Substrat, doch als Cosubstrat fungiert in einem Fall CO_2 und im anderen Fall O_2. Im ersten Fall handelt es sich um eine Carboxylierung und im zweiten Fall um eine Oxygenierung.
3. Aus der Tabelle geht hervor, dass das Enzym Rubisco die halbe maximale Reaktionsgeschwindigkeit (Michaelis-Menten-Konstante) schon bei einer Konzentration von 9 µMol CO_2 erreicht, während für die halbe Maximalgeschwindigkeit der Oxygenasereaktion 535 µMol Sauerstoff notwendig sind. Da zudem auch noch die Wechselzahl der Oxygenasereaktion etwas geringer ist als der der Carboxylierung ergibt sich eine 82 Mal höhere Spezifizität für CO_2. Da jedoch die Sauerstoffkonzentration in der Luft, und damit auch in der Pflanze, wesentlich höher ist, als die Kohlenstoffdioxidkonzentration, kann schon unter normalen Bedingungen ein erheblicher Teil der Enzymaktivität auf die Oxygenierung entfallen. Dies verstärkt sich noch, wenn bei starker Belichtung die Produktion von O_2 hoch und wegen geschlossener Spaltöffnungen bei Wassermangel die CO_2-Konzentration niedrig ist.

■ Aufgabe 2

1. Das Schema zeigt, dass bei einer Oxygenasereaktion mit zwei Molekülen Sauerstoff ein Molekül CO_2 freigesetzt wird, also verloren geht. Der Netto-CO_2-Kompensationspunkt wird also erreicht bei einem Verhältnis von Oxygenierung zu Carboxylierung wie 2 zu 1. Unter dem Fotosynthese-Kompensationspunkt, der bei einer bestimmten Mindestlichtmenge erreicht wird, versteht man den Punkt, bei dem sich CO_2-Fixierung durch Fotosynthese und CO_2-Freisetzung durch Zellatmung die Waage halten. Man kann davon ausgehen, dass unter diesen Bedingungen die Fotorespiration gering ist, da wegen der relativ geringen Fotosyntheseauslastung wenig O_2 freigesetzt wird.
2. Wenn das bei der Oxygenasereaktion freisetzte CO_2 die Pflanze verlässt, bevor es fixiert wird, kommt es über längere Zeit zu einem Substanzverlust. Künstlich kann dies z. B. dadurch hervorgerufen werden, dass ein gut belichtetes abgeschlossenes Reaktionsgefäß mit KOH-Lösung beschickt wird, die CO_2 absorbiert.

■ Aufgabe 3

1. Bei C_3-Pflanzen wird CO_2 an Ribulose-1,5-bisphosphat gebunden, wodurch ein C_6-Körper entsteht, der sofort in zwei Phosphoglycerat-Moleküle (C_3-Körper, daher der Name C_3-Pflanzen) zerfällt. Bei den C_4-Pflanzen wird das CO_2-Molekül zunächst an Phosphoenolbrenztraubensäure (Phosphoenolpyruvat, Abk. PEP) gebunden, wodurch ein C_4-Körper entsteht. Dieser C_4-Körper wird dann wieder gespalten und das freigesetzte CO_2 wird ganz normal im Calvinzyklus über Ribulose-1,5-bisphosphat zur Glucosesynthese genutzt. Die Besonderheit der C_4-

Pflanzen ist, dass diese beiden Vorgänge in zwei verschiedenen Zelltypen ablaufen. Die Fixierung an PEP erfolgt in den Mesophyllzellen, die bei C_4-Pflanzen kein Rubisco enthalten, die Bindung im Calvin-Zyklus erfolgt in den Zellen der Gefäßbündelscheiden, in die der C_4-Körper – in der Regel Äpfelsäure (Malat) – diffundiert und dort wieder in CO_2 und PEP gespalten wird.

2. Durch das hohe CO_2-Angebot in den Zellen der Gefäßbündelscheiden wird dort die Fotorespiration sehr niedrig gehalten. In den Mesophyllzellen gibt es die Konkurrenz nicht, da die PEP-Carboxylase keine Oxygenasereaktion katalysiert.
3. Da der C_4-Mechanismus noch bei niedrigerer CO_2-Konzentration arbeitet als der C_3-Mechanismus, können C_4-Pflanzen bei Wasserknappheit die Spaltöffnungen länger geschlossen halten als C_3-Pflanzen.
4. An hellen, relativ trockenen Standorten, wie sie in den Subtropen besonders häufig sind, haben C_4-Pflanzen eindeutig einen Vorteil. An weniger lichtreichen Standorten, wie sie in höheren Breiten normal sind, haben C_3-Pflanzen einen Vorteil, da bei ihnen die CO_2-Fixierung weniger Energie benötigt. Bei C_4-Pflanzen wird CO_2 zunächst fixiert, dann wieder abgespalten und dann erneut fixiert, was etwa den doppelten Energieaufwand bedeutet.

■ **Aufgabe 4**

1. Die Fotosynthese in der heutigen Form entstand vermutlich schon vor mehr als zwei Milliarden Jahren. Damals enthielt die Atmosphäre deutlich weniger Sauerstoff als heute, sodass die für heute typische Konkurrenzsituation am Enzym Ribulosebisphosphat-Carboxylase nicht entstand. Die unter Einbeziehung von Peroxisomen und Mitochondrien ablaufende Rückreaktion des Glykolats könnte sich dann im Laufe der Stammesgeschichte als Reaktion auf die veränderten O_2-Konzentrationen in der Atmosphäre herausgebildet haben.
2. Der hohe Verbrauch von ADP und NADPH durch die Oxygenase-Reaktion erscheint zunächst als Nachteil (Leerlauf der Fotosynthese). Unter bestimmten Bedingungen könnte er für die Pflanzen aber auch Vorteile bringen. Bei starker Belichtung und geringem CO_2-Angebot, wie es z. B. unter Wasserstress gegeben ist, könnten sich Sauerstoff, ATP und NADPH in den Chloroplasten stauen und dann in dieser reaktiven Mischung zu irreversiblen Schäden an Enzymsystemen und Membranen führen. Durch die Oxygenierung würden nicht nur der Sauerstoff entsorgt sondern auch hohe ATP- und NADPH-Konzentrationen abgebaut.

Klausur 2

■ **Aufgabe 1**

Zahlreiche Pflanzenarten schützen sich durch **mechanische (strukturelle) Bildungen** vor Pflanzenfressern, vor allem vor größeren Tieren (Megaherbivoren):
- Dornen (umgebildete Sprossachsen oder Blätter): Schlehe, Weißdorn
- Stacheln (Bildungen der äußeren Rindenschichten oder Blattteile): Brombeere, Rose, Distel

Eine weitere Möglichkeit ist die Ausbildung **chemischer Barrieren**. Sie wirken auch gegen kleine Pflanzenfresser wie Raupen und Käfer und gegen stechend-saugende Parasiten wie Blattläuse, Zikaden und Wanzen:
- Klebrige Sekrete (z. B. aus Drüsenhaaren) verkleben die Mundwerkzeuge der Insekten: Klebriger Salbei, Pechnelke,
- Bitterstoffe und andere unangenehm schmeckende Inhaltsstoffe: Wermut, Enzian-Arten,
- Giftstoffe: Nicotin im Tabak, Atropin in der Tollkirsche.

Die Brennhaare der Brennnesseln sind eine Kombination aus struktureller und chemischer Abwehr.

■ **Aufgabe 2**

1. Bei Enzymen unterscheidet man zwischen kompetitiver und nichtkompetitiver Hemmung. Im ersten Fall handelt es sich um Moleküle, die mit dem Substrat um das aktive Zentrum konkurrieren. Im zweiten Fall um ebenfalls kleinere Moleküle, die durch Anlagerung an das Enzym dessen Form und dadurch die Form des aktiven Zentrums so verändern, dass das Enzym weniger wirkungsvoll ist. Außerdem gibt es die Möglichkeit der allosterischen Regulation. Bei solchen Enzymen existiert ein weiteres Zentrum neben dem aktiven Zentrum. An dieses allosterische Zentrum können sich auch größere Moleküle, wie Proteine, als Effektoren oder Inhibitoren anlagern. Da es sich bei Protease-Inhibitoren um Polypeptide oder Proteine handelt, dürfte allosterische Regulation vorliegen.
2. Als Proteasen bezeichnet man proteolytische, also Eiweiß zersetzende Enzyme, wie sie z. B. zur Eiweißverdauung im Darmtrakt von Tieren vorkommen (z. B. Pepsin, Trypsin). Protease-Inhibitoren können solche Eiweiß verdauenden Enzyme hemmen und dadurch den Verdauungsvorgang behindern oder blockieren. Um die Wirkung zu überprüfen, kann man isolierte Protease-Inhibitoren aus Blättern oder Blattextrakt im Reagenzglas mit Verdauungsenzymen wie Trypsin, Pepsin oder Chymotrypsin zusammenbringen und beobachten, ob die Enzymaktivität dadurch gehemmt wird.

3. Das Experiment zeigt, dass die Bildung von Protease-Inhibitoren im Blatt durch den Fraß des Kartoffelkäfers induziert wird. Dass der Fraß die Ursache für die Proteasebildung ist, kann durch einen unter gleichen Bedingungen durchgeführten Kontrollversuch mit einer nicht befressenen Pflanze belegt werden. Da auch in entfernteren Blattteilen ein Anstieg der Proteaseinhibitor-Konzentration festgestellt werden kann, muss man eine Signalübertragung von den angefressenen Stellen der Pflanze zu anderen Pflanzenteilen annehmen. Zum einen könnten natürlich die Inhibitormoleküle selbst der Signalstoff sein, zum anderen wäre es aber auch denkbar, dass ein eigener Signalstoff gebildet wird, der schnell in unterschiedliche Zonen der Pflanze transportiert wird und dann auch dort zur Bildung von Inhibitoren führt (Letzteres konnte nachgewiesen werden).

4. Da Abwehrstoffe der Pflanzen häufig über die Leitbündel, vor allem das Phloem, transportiert werden, kann ein Herbivor den Kontakt mit Giftstoffen oder unangenehmen Stoffen vermeiden, wenn er nur die Blattzellen zwischen den Leitbündeln frisst und eine Verletzung der Leitbündel unterbleibt. Dieses Verhalten ist besonders wirkungsvoll gegen präformierte chemische Abwehrstoffe, die in der ganzen Pflanze vorhanden sind. Bei Abwehrstoffen, die durch die Verletzung am Verletzungsort gebildet werden, ist die Strategie vermutlich weniger effektiv.

■ Aufgabe 3

Das erste Versuchsergebnis zeigt, dass Pflanzen auch flüchtige Signalstoffe besitzen, deren Abgabe als Hilferuf verstanden wird. Die Versuche lassen erkennen, dass bei der Bildung der Lockstoffe für die Raupen-Parasiten – die Schlupfwespe *Cotesia marginiventris* – sowohl die Verletzung als auch das Oralsekret der Raupen wichtig ist. Dabei zeigt sich, dass das Raupen-Oralsekret alleine auf der unverletzten Pflanze keine Wirkung hat. Dies könnte darauf hindeuten, dass das Oralsekret auch noch mit einer Substanz aus der Pflanze zusammenkommen muss, um seine Wirkung zu entfalten. Dies konnte im Übrigen tatsächlich nachgewiesen werden. Den Ausgangsstoff für die Wirksubstanz des Oralsekrets, die Linolensäure, beziehen die Raupen aus den Pflanzen. Daraus produzieren sie das Volucitin, das wiederum die Maispflanzen zur Produktion der Lockstoffe für die Schlupfwespen anregt.

Im zweiten Beispiel werden Befunde vorgestellt, die zeigen, dass pflanzliche Pheromone auch als Allomone (Kairomone) wirken können. Da die Jasmonsäure ein bei vielen verschiedenen Pflanzenarten vorkommender Signalstoff ist, der die Bildung von Abwehrstoffen induziert, ist es nicht verwunderlich, dass das gasförmige Methyljasmonat eine interspezifische Wirkung entfalten kann.

■ Aufgabe 4

Unter Coevolution versteht man einen evolutionären Prozess der wechselseitigen Anpassung zweier deutlich voneinander abhängiger Arten. Coevolution kann z. B. zwischen Phytophagen – insbesondere Pflanzen fressenden Insekten – und bestimmten Pflanzenarten angenommen werden. Pflanzen schützen sich vor dem Gefressenwerden durch die Entwicklung bestimmter für die Fresser giftiger Inhaltsstoffe, die für die Pflanze artspezifisch sein können. Pflanzenfressern gelingt es nun unterschiedlich gut, auf diese unterschiedlichen Giftstoffe zu reagieren, d. h. Gegenmittel zu finden. Daher werden sie dann Pflanzen mit den Abwehrstoffen, die sie am besten neutralisieren können, in Zukunft bevorzugt fressen. Dies führt zu einem Selektionsdruck, der bei den Pflanzen eine weitere „Verbesserung" ihrer Toxine bewirkt und dies kann wieder zu einer entsprechenden Anpassung bei dem Phytophagen führen. Da die entsprechende gegenseitige Anpassung auch auf Teilpopulationen wirken kann, kann darüber auch eine ökologische Isolation und damit eine Bildung neuer Arten einhergehen. Die Fähigkeit vieler Pflanzenfresser, sich an neue Wirtspflanzen in kurzer Zeit anzupassen, spricht allerdings dafür, dass die Angepasstheit an ganz bestimmte Wirtspflanzen unterschiedliche Gründe haben kann. Denn solche Evolutionsprozesse nehmen lange Zeit in Anspruch.

Klausur 3

■ Aufgabe 1

Stickstoff wird von den Pflanzen i. d. R. als Nitrat aus dem Boden aufgenommen und assimiliert, d. h. in körpereigene Stoffe, vor allem Proteine, eingebaut. Die organischen Stickstoffverbindungen der Pflanzen oder Primärproduzenten werden über Nahrungsketten von Konsumenten und Destruenten – vorwiegend Tieren – aufgenommen. Organische Abfallstoffe werden schließlich von Reduzenten – Bakterien, Archäen und Pilzen – wieder zu anorganischen Stickstoffverbindungen abgebaut. Auch von vielen Tieren wird Ammonium bzw. Ammoniak ausgeschieden. Für die Oxidation von Ammonium zu Nitrit und Nitrat sind verschiedene Bakterienarten verantwortlich.

Bei dem dargestellten Kreislauf handelt es sich nicht um einen vollständig geschlossenen Kreislauf, da Nitrate als leicht lösliche Salze mit dem Wasser ausgewaschen werden können und Ammoniak als Gas das System ebenfalls verlassen kann. Auch organische Abfallstoffe können – vor allem durch Wasser und Wassererosion der obersten Bodenschichten – aus dem System transportiert werden. Auf gleichem Wege können dem System aber Stickstoffverbindungen von außen zugeführt werden. Außerdem ist auch eine Anbindung an das große Reservoir des Luftstickstoffs vorhanden. Zum einen können bei den elektrischen Entladungen von Gewittern aus N_2 und O_2 Stickstoffoxide entstehen, die im Boden zu Ammonium reduziert werden. Zum anderen gibt es Archäen und Bakterien, die N_2 assimilieren können. Andere Bakterien gewinnen aber auch Lebensenergie aus der Reduktion von Nitrat zu N_2 (Denitrifikanten).

■ **Aufgabe 2**

1. Durch die Ernte wird mit der geernteten Biomasse auch ein erheblicher Teil des Stickstoffs dem Stoffkreislauf im System entzogen. Daher muss Stickstoff von außen zugeführt werden, denn sonst wird Stickstoffmangel sehr schnell zum begrenzenden Faktor der Primärproduktion.
2. Als **organische Dünger** bezeichnet man alle organischen Abfallstoffe, die als Düngemittel eingesetzt werden. Um den enthaltenen Stickstoff den Primärproduzenten zugänglich zu machen, bedarf es der Mineralisierung durch Reduzenten. Tierische Exkremente (Stallmist, Gülle, Jauche) sind die traditionellen organischen Düngemittel der Landwirtschaft, die in gewissem Umfang einen Stoffkreislauf im bäuerlichen Betrieb ermöglichen. Durch die Größe der modernen Viehzuchtbetriebe kommt es jedoch zu einem starken Überangebot an solchen organischen Düngemitteln, die nicht mehr alle vor Ort ausgebracht werden können, ohne die Umwelt zu schädigen: Vor allem die Belastung von Oberflächenwasser und Grundwasser mit Stickstoffverbindungen (u. a. Stoffen, insbesondere Phosphaten) sowie flüchtige Stickstoffverbindungen (NH_3, N_2O) können zum Problem werden.
Eine weitere Möglichkeit ist die **Gründüngung**, insbesondere durch die Einsaat und das nachfolgende Unterpflügen von „Zwischenfrüchten" wie Senf, Phacelia, Lupinen, Klee.
Vor allem in Gartenbaubetrieben und in Hausgärten spielt die **Kompostwirtschaft** eine große Rolle: Vorwiegend pflanzliche Gartenabfälle werden im Komposthaufen so gelagert, dass sie von Abfallfressern und Mineralisierern schnell in mineralstoffreiche „Komposterde" umgewandelt werden. Kompostwirtschaft sorgt für Stoffkreislauf im Garten und ist eine Umwelt schonende und Rohstoffe sparende Düngemethode.
Als **Mineraldünger** bezeichnet man vor allem industriell hergestellte mineralische Düngemittel. Sie können von den Pflanzen sofort aufgenommen werden. Damit wird eine an Zersetzern und Mineralisierern reiche Humusschicht überflüssig. Mit Mineraldüngerlösungen kann man Pflanzen sogar ohne Boden kultivieren („Hydrokultur"). Der Nachteil ist, dass die Herstellung von Mineraldünger, v. a. von Stickstoffdünger sehr energieaufwändig ist und dass die gut wasserlöslichen Mineraldünger leicht ausgewaschen werden können und dann Oberflächengewässer und Grundwasser belasten.
3. Die mit dem Schwimmfarn *Azolla* in enger Verbindung lebenden Cyanobakterien können N_2-Moleküle assimilieren und dadurch auch für andere Primärproduzenten aufnehmbare Stickstoffverbindungen bereitstellen. Dazu dient der Enzymkomplex der Nitrogenase. Die N_2-Assimilation benötigt allerdings mit 16 ATP pro N_2-Molekül sehr viel Energie. Auf den stark besonnten Reisfeldern ist dies jedoch – zumindest während des Wachstumsbeginns der Reispflanzen – kein Problem.
4. Weltweit ist die wichtigste Kulturpflanze aus der Familie der Schmetterlingsblütengewächse die Sojabohne. Weitere Beispiele sind: Ackerbohne, Gartenbohne, Erbse, verschiedene Linsenarten, Kichererbse, Erdnuss, Johannisbrot, Klee, Luzerne.
Bei den frei lebenden N_2-Fixierern sind die leicht löslichen mineralischen Stickstoffverbindungen zunächst in der Bodenlösung. Dort können sie leicht ausgewaschen werden. Außerdem stehen sie auch allen Konkurrenzpflanzen zur Verfügung. Dadurch, dass die Stickstoff-Fixierer in besonderen Wurzelknöllchen in das Pflanzengewebe integriert werden, sind Verluste so gut wie ausgeschlossen. Außerdem haben Konkurrenten keinen Zugang zu dem Stickstoffreservoir.

■ **Aufgabe 3**

Viele Pflanzen – auch viele Waldbäume – bilden im Wurzelbereich eine Symbiose mit Pilzen. Die Pilzhyphen umspinnen die Wurzelspitzen und dringen in die Interzellularen der Rinde, z. T. auch in die Wurzelzellen ein. Sie erhalten von den Pflanzen Kohlenhydrate und geben an die Pflanzen stickstoff- und phosphorhaltige Verbindungen ab, außerdem helfen sie bei der Wasseraufnahme. Da die Pilze wichtige Reduzenten organischer Abfallstoffe sind, erhalten ihre pflanzlichen Symbiosepartner durch sie einen direkten Zugang zu den Stickstoff- (und Phosphor-) Verbindungen der Abfallstoffe. Dadurch können Verluste stark reduziert werden. Außerdem bedeutet die Symbiose – wie die Symbiose mit N_2fixierenden Bakterien – einen Konkurrenzvorteil gegenüber Pflanzen ohne Mykorrhiza.

■ **Aufgabe 4**

Unter natürlichen Bedingungen existiert ein Gleichgewicht zwischen Stickstoff fixierenden und denitrifizierenden Prokaryoten. Durch die in großem Maßstab durchgeführte industrielle Stickstoff-Fixierung wird dieses Gleichgewicht verschoben. Da die industrielle N_2-Bindung vor allem der Düngemittelproduktion dient, kommt es zu einer zusätzlichen Nitratanreicherung in den Böden, vor allem aber in den Gewässern. Eine Folge ist die Eutrophierung der Gewässer. Die hohe Primärproduktion in den Gewässern führt zur verstärkten Faulschlammbildung und über anaerobe Archäen zur Bildung des hochwirksamen „Klimagases" Methan (In Biogasanlagen macht man sich diesen Prozess zunutze).

Bei der Verbrennung von fossilen Energieträgern, v. a. von Braunkohle, Steinkohle und Erdöl (Erdgas enthält kaum Stickstoffverbindungen) werden vor allem Stickstoffoxide gebildet. Diese Stoffe führen letzten Endes ebenfalls zu einem höheren N-Angebot für Primärproduzenten (Eutrophierung). Außerdem sind die hochreaktiven Stickstoffoxide Atemgifte, bei UV-Einwirkung fördern sie zudem in bodennahen Schichten die Ozonbildung, während sie in der Stratosphäre an der Zerstörung der Ozonschicht beteiligt sind. Mit der Nahrung und insbesondere mit dem Trinkwasser aufgenommene Nitrite und Nitrate sind krebserregend.

Klausur 4

■ **Aufgabe 1**
1. Bei dem Erbgang handelt es sich um einen autosomal-dominanten Erbgang, denn nur bei einem solchen Erbgang ist es möglich, dass die Kinder von zwei erbkranken Eltern gesund sind.
2. Am häufigsten kommen autosomal-rezessiv vererbte Erbkrankheiten vor. Dies deshalb, weil die Ursache der meisten Erbleiden darin liegt, dass ein bestimmtes Protein nicht mehr in seiner funktionsfähigen Form produziert werden kann. Ist noch ein intaktes Allel vorhanden, kann das Protein auch noch produziert werden und seine normale Funktion erfüllen.

■ **Aufgabe 2**
Die repetitive Sequenz CAG codiert die Aminosäure Glutamin. Das veränderte Protein enthält also eine sehr lange Sequenz dieser Aminosäuren. Man kann davon ausgehen, dass diese deutlich veränderte Primärstruktur auch eine Auswirkung auf die Sekundärstruktur hat. Die Polyglutaminkette wird z. B. vermutlich keine α-Helix ausbilden. Damit ändert sich auch die Tertiärstruktur und somit die gesamte räumliche Gestalt des Moleküls. Dies wiederum dürfte Auswirkungen auf seine Funktion haben, da die Formänderung dazu führt, dass es nicht mehr zu den Molekülen passt, mit denen es normalerweise reagiert, ähnlich, wie ein verbogener Schlüssel nicht mehr ins Schloss passt.

■ **Aufgabe 3**
Der Promotor für das Gen des Wachstumsfaktors kann von dem veränderten Huntingtin nicht mehr aktiviert werden. Dies alleine würde jedoch bei heterozygoten Trägern des mutierten Allels noch keine ernsteren Folgen haben, da ja immer noch vom gesunden Allel normales Huntingtin gebildet wird. Der zweite Befund erklärt jedoch die Dominanz des mutierten Gens: Das veränderte Huntingtin mit der langen Glutaminsequenz reagiert mit dem normalen, funktionsfähigen Huntingtin.

Es bildet Proteinaggregate, die nicht oder zu langsam abgebaut werden. Dadurch wird der Wachstumsfaktor nicht mehr gebildet und es kommt zu einem vorzeitigen Absterben der Nervenzellen.

■ **Aufgabe 4**
Aus der Abbildung kann man erkennen, dass die Erkrankung mit Chorea Huntington eine Degeneration des Streifenkörpers zur Folge hat. Der Streifenkörper (Corpus striatum) ist Bestandteil der subcorticalen Basalganglien, die für Rückkopplungen zwischen Großhirnrinde und tiefer liegenden Gehirnteilen von Bedeutung sind. Diese Rückkopplungen ermöglichen die Regulation von willkürlichen Aktionen. Dies betrifft z. B. die Willkürmotorik, also alle willkürlichen Bewegungen. Ihr geordneter und gezielter Ablauf setzt eine ständige Regelung voraus. Ist sie gestört, können keine zielgerichteten Bewegungen mehr ausgeführt werden, Bewegungen werden unkoordiniert, Bewegungsabläufe – wie geradliniges Gehen oder Treppensteigen – nahezu unmöglich. Auch ungewollte Bewegungen, Zuckungen und Grimassen können auftreten.

Neben der Willkürmotorik sind die durch die Basalganglien und den Streifenkörper vermittelten Rückkopplungen auch für die Regelung anderer bewusster Aktionen verantwortlich und der Ausfall hat deshalb auch Auswirkungen auf das Verhalten, die intellektuellen Fähigkeiten und die Persönlichkeit.

Klausur 5

■ **Aufgabe 1**
1. Die Tiere haben alle
   ■ stark verlängerte Hinterbeine, wobei vor allem der Mittelfuß, der Abschnitt zwischen Zehen und Sprunggelenk (Ferse) stark verlängert ist,
   ■ einen auffällig langen Schwanz mit einer mehr oder weniger deutlichen Endquaste,
   ■ relativ große, nackte Ohren.

Die ersten beiden Merkmale befähigen die Tiere dazu, große Sprünge zu machen und dabei mit Hilfe des Schwanzes zu steuern und die Balance zu halten. Diese Fortbewegungsweise ist nicht nur energetisch günstig, sie erlaubt in dem offenen Wüstengelände auch effektive Fluchtbewegungen vor Beutegreifern. Wie aus Material 2 ersichtlich ist, kann sich die Bodenoberfläche der Wüste sehr stark aufheizen. Die zweibeinig-springende Fortbewegungsweise führt nur zu einem geringen Bodenkontakt und dadurch zu einer geringeren Wärmeaufnahme von der Bodenoberfläche. Die nackten Ohren können vermutlich stark durchblutet und abgestellt werden und dienen dann der Wärmeabgabe zur Verhinderung von Überhitzung.

2. Der Tagesverlauf der Temperatur lässt vermuten, dass die Tiere nachtaktiv sind. Den Tag über ist es am günstigsten, wenn sie sich mehr als 10 cm unter der Bodenoberfläche aufhalten, da die Temperaturen mit zunehmender Tiefe schnell zurückgehen. Die kräftigen Sprungbeine eignen sich vermutlich auch zum Graben.

3. Aufgrund der Familienzugehörigkeit ergibt sich folgendes Kladogramm:

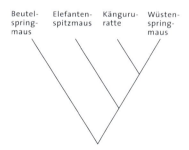

4. Aus dem Kladogramm kann geschlossen werden, dass es sich allenfalls bei den beiden Nagetieren um Homologie handeln könnte. Das unterschiedliche Verbreitungsgebiet und die Zugehörigkeit zu zwei verschiedenen Familien innerhalb der Nagetiere sprechen jedoch dafür, dass es sich auch hier um eine konvergente Entwicklung handelt.

■ Aufgabe 2

1. Während der Mensch den größten Anteil seines Wasserbedarfs durch Trinken deckt, kommt die Kängururatte ganz ohne Trinken aus. Sie stillt den Wasserbedarf zu 100 % aus der Nahrung, wobei das in der Nahrung enthaltene Wasser mit 10 % nur einen geringen Anteil hat. Der größte Teil des Wassers kommt aus dem Stoffwechsel, das heißt aus der Veratmung von Nährstoffen. Dazu ist allerdings ein relativ hoher Stoffumsatz notwendig, der sich aber für Kleinsäuger ohnehin aus der geringen Körpergröße und der aktiven Lebensweise ergibt.

2. Bei der Veratmung von Fett wird wesentlich mehr Wasser gebildet (und auch mehr Sauerstoff benötigt) als bei der gleichen Gewichtsmenge Kohlenhydrat. Dies ergibt sich aus dem viel geringeren Sauerstoffanteil: Bei Kohlenhydraten ist das Verhältnis von Wasserstoffatomen zu Sauerstoffatomen im Molekül 2 : 1, bei Fetten mindestens 10 : 1.

■ Aufgabe 3

In dem Diagramm ist der Wassergehalt eingeatmeter und ausgeatmeter Luft bei verschiedenen Temperaturen dargestellt. Bei der eingeatmeten Luft wird von einer relativen Luftfeuchtigkeit von 25 % ausgegangen.

Beim Einatmen wird die Luft bis auf Körpertemperatur erwärmt und nimmt von den feuchten Wänden der Lungenbläschen bis zur Sättigung Wasser auf. Sie enthält dann bei 38 °C 65 mg Wasser pro Liter. Beim Ausatmen wird die Luft mehr oder weniger stark abgekühlt. Je stärker die Abkühlung, d. h. je niedriger die Temperatur in den Gängen der Nasenhöhlen ist, desto mehr Wasser kondensiert und kann dadurch zurückgewonnen werden.

Eine große innere Nasenoberfläche würde dazu führen, dass die Einatemluft sich an den Nasenschleimhäuten schnell mit Wasser sättigt, das verdunstende Wasser würde eine Abkühlung der Nasenschleimhäute bewirken. Beim Ausatmen würde der Ausatemluft umso mehr Wasser durch Kondensation entzogen, je stärker sie sich an den Nasenschleimhäuten abkühlen würde.

Die Spanne zwischen oberer und unterer Kurve gibt den Wasserverlust durch Transpiration an. Er ist umso geringer, je niedriger die Umgebungstemperatur ist. Deshalb wäre es günstig, wenn die Kängururatte während der heißen Tageszeit ihren Erdbau nicht verlassen würde. Auch bei sehr niedriger Luftfeuchtigkeit wäre der Flüssigkeitsverlust durch Atmung bei kühlen Nachttemperaturen viel geringer.

Register

A
Abscisinsäure 58
Acetylcholin 41
Acetyl Coenzym A 26
adaptive Radiation 105 f.
Akkomodation 47
Aktionspotenzial 38 f.
alkoholische Gärung 28
Allele 68
Allergene 80
Alles-oder-Nichts-Regel 39
Allianz 102
Allogenese 105 f.
Allomone 57
allosterische Enzyme 19 f.
Altersbestimmung 106
Altruismus 120 f.
Aneuploidie 65, 70
Anpassungsselektion 101
Antennenkomplex 22
Antigen 76 ff.
Antikörper 77 ff.
Arogenese 105
Atavismen 97
Atmungskette 26 f.
Attrappenversuch 115
Augenkrankheiten 47
Auslesezüchtung 72
Auslösemechanismen 117 f.
Autosomen 67 f.
Auxin 58

B
binäre Nomenklatur 109
Biome 133
Bipedie 112
Biotop 126, 133
Biozönose 126, 133
B-Lymphocyten 78 ff.
Brückenorganismen 97

C
C_4-Pflanzen 24
Calvinzyklus 23 f.
CAM-Pflanzen 24
cDNA 73 f.
Chaperone 15, 63
chemolithoautotrophe Bakterien 28
chemoorganoheterophe Bakterien 28
Chromosomenaberrationen 65 f., 70
Citratzyklus 26

Coenzyme 18
Coevolution 104
Cofaktoren 18
Cytokinine 58

D
Darwinismus 98
Destruenten 131
DNA-Sequenzierung 74 f.

E
Eipolaritätsgene 92
Ektoderm 90
embryonale Stammzellen 13 f., 87
Embryotransfer 86
endergonisch 16
endokrine Drüsen 55
Endosymbiontentheorie 103
Endprodukthemmung 20
Entoderm 90
Erbkoordination 117 f.
Erhaltungszüchtung 72
Ethylen 58
Euploidie 65, 70
euryök 128
exergonisch 16
exokrine Drüsen 55

F
Fitness 120 f., 123
Fortpflanzungswechsel 83
Fossilien 96 f.
Fotophosphorylierung 23
Fotosystemkomplex 22
fotoautotrophe Bakterien 28
Furchung 89

G
Gameten 83
Gärungen 28
Gastrulation 89
Gedächtniszellen 78
Gen 61 f., 68
Genbibliothek 74
Gendrift 100
Generationswechsel 83 f.
Genexpression 64 f.
Genom 68
Genomanalyse 75
Gensonde 74
Genotyp 68
Gibberelline 58
Gleichgewichtsorgan 48 f.
Gleitfilamentmodell 44
Gliazellen 40
Glykolyse 25 f., 28
Gonosomen 67 f.

H
Hardy-Weinberg-Regel 100
heterozygot 68
Hominiden 111 f.
Homologiekriterien 108
Homöobox 92
Homöodomäne 92
Homöostase 22
homöotische Gene 92
homozygot 68
Hox-Gene 93 f.
humorale Immunantwort 77 f.
Hybridisierung 74
Hybridzüchtung 72

I
Immunität 76 ff.
Instinkthandlung 117 f.
In-vitro-Fertilisation 86 f.
Isolation 98, 104 f.

K
Karposen 129
Kerntransfer 87
Kin selection 121
Klon 85
Klonen 87
Klonieren 87
Kohlenhydrate 7, 29
Kompartimente 12
kompetitive Hemmung 19 f.
Komplement 77
Konkurrenz 129
Konsumenten 131
Kreuzungszüchtung 72
K-Strategie 136
Kurzzeitgedächtnis 52

L
Langzeitgedächtnis 52
Lateralinhibition 88
lebende Fossilien 106
Lebensgemeinschaft 126, 133
Lebensraum 126
Leitfossilien 106
Lernmechanismen 119
Ligasen 61, 73
Linsenauge 46
Lotka-Volterra-Regeln 137
Lückengene 92

M
MADS-Box 94
Malpighische Gefäße 34
Mastergene 92
Maternaleffektgene 92
Mediatoren 81

183

Register

mendelsche Regeln 68 f.
Mesoderm 90
Metabolismus 21
Metamerie 89
Metamorphose 91
Metanephridien 34
MHC-Proteine 78
Michaelis-Menten-Konstante 18 f.
Milchsäuregärung 28
Mimikry 121
Mitose 10, 12, 66
Modifikationen 66
monoklonale Antikörper 79
monophyletisch 107
Mosaik-Zyklus-Modell 134
motorische Endplatte 41
Musterbildung 13, 88
Mutagene 66
Mutationszüchtung 72
Mutualismus 129

N

Nahrungskette 130, 138
Nahrungsnetze 128
Neandertaler 111 f.
Nervenzelle s. Neuron
Netzhaut 46 f.
Neuralrohr 90
Neuron 37, 39 f., 45, 50
Neurotransmitter 41
Neurulation 90
nichtkompetitive Hemmung 19 f.
Nieren 34

O

ökologische Existenz 128
ökologische Nische 102, 129
ökologische Potenz 127
Okazaki-Fragmente 61
Operon-Modell 64
Opsonierung 77
Organidentitätsgene 94
Osmoregulation 33 f.

P

Paarkernmycel 83
Paarregelgene 92
Paarungssysteme 122
paraphyletisch 107, 109
Parasitismus 128 f.
Parasympathikus 50 f.
Partnerwahl 124
Patch-Clamp-Technik 42
Parthenogenese 86
Phän 68
Phänotyp 68

Phloem 35
Phosphoenolpyruvat-Carboxylase 24
physiologische Potenz 127
Phytohormone 35, 58
Plasmide 87, 73 f., 76
Plasmodesmen 12
Polaritätsgene 92
Polymerase-Kettenreaktion (PCR) 75
polyphyletisch 107
Population 99 f., 105, 135 ff.
Populationswachstum 135
Positionsinformation 88
Prägung 116
Primärproduktion 131
Primärproduzenten 130 f.
Primitivorgane 90
Probiosen 129
Processing 62, 65
prosthetische Gruppen 18
Proteine 7 f., 15, 29, 59
Protonephridien 34
Purinbasen 60
Pyrimidinbasen 60

R

Rangordnung 122
Reflexe 117 f.
Resistenz 77
Resorption 29
Restriktionsendonucleasen (Restriktasen) 73
Retina 46
Reverse Transkriptase 73
Revier 123
rezessiv 68
Ribulose-1,5-bisphosphat-Carboxylase 24
r-Strategie 136
Rubisco 24
rudimentäre Organe 97
Ruhepotenzial 37 f.

S

Schlüsselarten 130
Schwannzellen 40
Segmentierungsgene 92
Selektion 100 f., 124 f., 134

Sinneszellen 37, 45
Skinnerbox 120
Southern-Blotting-Technik 74
Stäbchen 46
Stasigenese 106
stenök 128
Streifgebiete 123
Strukturgene 64
Substratspezifität 17
Sukzession 134
Symbiosen 102 f., 129
Sympathikus 50 f.
Synapsen 37, 40 ff.

T

T-Helferzellen 78
therapeutisches Klonen 87
T-Lymphocyten 78
Toleranzbereich 127 f.
transgene Organismen 73
transgene Pflanzen 75 f.
Transkription 59, 61 f.
Transkriptionsfaktoren 65, 88, 92 ff.
Transkriptionskontrolle 65
Translation 59, 61 ff.

U

Übergangsformen 98
Umweltkapazität 135
Umweltwiderstand 136

V

Vektoren 73
Vermehrungsstrategien 136
Verwandtenselektion 121

W

Wirkungsspezifität 17

X

Xylem 35

Z

Zapfen 46
zelluläre Immunantwort 78
Zellverbindungen 12
Zellzyklus 13
Zufallsselektion 101
Zygote 82 ff.

Bildquellennachweis

Erhard Friedrich Verlag: Unterricht Biologie 266, 2001, S. 35–39: S. 154
Erhard Friedrich Verlag: Unterricht Biologie 266, 2001, S. 35–39: S. 155
Diener/Gluszak: S. 13, 87
DUDEN PAETEC GmbH: S. 155
Alle weiteren Abbildungen: Bibliographisches Institut GmbH